W0086100

Das verlorene Audikular

Das verlorene Audikular

Eine Advents-Geschichte mit 24 Kapiteln
Zum Vorlesen, Zuhören und Miträtseln

Als sich Leo Winterfeld kurz vor dem ersten Advent auf den Weg zu seinem Freund Hannes macht, ahnt er noch nicht, welches aufregende Abenteuer an diesem Nachmittag dort seinen Anfang nehmen wird. Hannes, ein kauziger Trödelhändler, der allein mit seinem Hund in einem alten Bauernhaus lebt, hat aus einer aufgelösten Uhrmacherwerkstatt ein uraltes verstaubtes Metallschränkchen mitgebracht, das sofort das Interesse des gewitzten Elfjährigen weckt. Die Vorderseite ist überaus kunstvoll verziert, das Schränkchen hat 24 nummerierte Klappen, die wie Bücher gestaltet sind und von denen die ersten vier offen stehen. Eigenartigerweise befinden sich hinter den Klappen keine Fächer, die Türen scheinen überhaupt nichts zu verschließen, obwohl der Schrank schwer wie ein Banktresor ist. Auch entdecken die beiden auf der letzten Klappe eine seltsame Inschrift, die auf ein verlorenes Audikular hinweist.

Niemand jedoch weiß, was ein Audikular ist und es bleibt vorerst auch ein Rätsel, was sich hinter den verbliebenen zwanzig Türchen verbirgt. Leo lässt nicht locker. Er will unbedingt dem Geheimnis des Schränkchens auf die Spur kommen, denn er hat längst verstanden, dass dieses Schränkchen wie ein Adventskalender aufgebaut ist.

Sein Vater bringt ihn auf die Idee, eventuell in einer nahe gelegenen Klosterbibliothek etwas über dieses Audikular zu erfahren. Und er hat Glück: Der ehrwürdige Pater Jakob ist ein exzellenter Kenner alter Werke und findet tatsächlich Hinweise aus dem 18. Jahrhundert auf das Audikular, in denen es als wundersame Apparatur erwähnt wird, die das Hören als vollkommenen Genuss möglich macht.

Der Pater setzt sie auf die richtige Spur und bald finden sie in einem Uhrenmuseum Pläne zu dem Schränkchen, die es als den berühmten Holzhauser Adventskalender aus der Mitte des 19. Jahrhunderts beschreiben, der seit Langem als verschollen gilt. Der Erbauer des Kalenders, ein bekannter Uhrenmacher seiner Zeit, hat einen komplizierten Mechanismus ersonnen, der das Öffnen der Türchen von Zahlenrätseln abhängig macht, die in Geschichten stecken, deren Titel jeweils auf der Innenseite des vorherigen Türchens zu finden sind. Aber der alte Uhrenmachermeister hat damals bewusst hohe Hürden für das Öffnen eines Türchens eingebaut, sodass es sehr schwierig ist, bis zum Geheimnis des Audikulars hinter dem letzten Türchen vorzudringen.

Jetzt sind die Spielregeln klar, und mit der Hilfe alter und neuer Freunde gelingt es Leo tatsächlich, eine dieser uralten Geschichten nach der anderen aufzutreiben und zu entschlüsseln.

Aber die aufwendige Suche des Jungen nach den Geschichten bleibt nicht unbemerkt. Plötzlich tauchen seltsame Leute auf, die Erkundigungen einziehen und Leo beobachten. Was führen sie im Schilde und warum? Als sie einen Versuch unternehmen, Hannes' Hund zu vergiften und heimlich eine Abhörlage neben dem Holzhauser Adventskalender im alten Bauernhof anbringen, ist den Freunden endgültig klar, dass sie sich gegen diese unheimlichen Fremden zur Wehr setzen müssen.

Nun beginnt ein aufregender Wettlauf gegen gleich zwei Gegner: Zum einen müssen die Freunde versuchen, den Angreifern immer eine Nasenlänge voraus zu sein, zum anderen müssen sie Tag für Tag die neue Geschichte finden und enträtseln, damit das strenge Uhrwerk des Kalenders die weiteren Eingaben nicht für ein ganzes Jahr sperrt. Zum Glück enthalten die alten Geschichten nicht nur die Lösungen für das nächste Türchen, sondern helfen auch mit unerwarteten Hinweisen bei der Jagd auf die Ganoven.

Bernd Rade

DAS VERLORENE AUDIKULAR

Eine Advents-Geschichte
in 24 Kapiteln

Überarbeitete Neuausgabe 2018

Copyright © 2018 Kleegarten Verlag e.K. Freiburg

Cover-Gestaltung: Oleg Ignatjew
Zeichnungen: Lilli Eckmann
Satz: Burger Druck, Waldkirch
Druck: Burger Druck, Waldkirch
Internet: www.die-adventsgeschichte.de

Printed in Germany 2018

ISBN 978-3-9813764-1-8

Für

Lara

und

Kilian

Inhaltsverzeichnis

Vorwort 7

1. Dezember 9
2. Dezember 17
3. Dezember 25
4. Dezember 31
   Die Schwalbe, die einen Winter probieren wollte 37
5. Dezember 41
   Vom Wunsch, der nicht in Kisten passt 45
6. Dezember 51
   Abseits von Bethlehem 54
7. Dezember 61
   Der Wanderer 65
8. Dezember 73
   Die Fabel von der weisen Vogelscheuche 77
9. Dezember 83
   Das Lied des Clowns 89
10. Dezember 95
    Das Märchen vom weiten Kleegarten 99
11. Dezember 105
    Die wundersame Erleuchtung 109
12. Dezember 119
    Himmelwärts 124
13. Dezember 133
    Alle Jahre wieder 136
14. Dezember 143
    Wie ein Tropfen Zeit 149
15. Dezember 155
    Brief an einen Hellsichtigen 159
16. Dezember 165
    Der falsche Zauber 171
17. Dezember 177
    Das Märchen vom Bündel 180
18. Dezember 185
    Der Kreis 187
19. Dezember 195
    Vollmond 201
20. Dezember 207
    Der Nussknacker 215
21. Dezember 221
    Draußen im Regen 228
22. Dezember 233
    Alexander der Große 240
23. Dezember 245
    Geht auf allen Wegen 252
24. Dezember 259

Vorwort

Anwesenheit ist eng mit der Adventszeit verbunden, und wirkliche Anwesenheit war auch Motivation und Ziel für dieses Buch.

Am Ausgangspunkt steht eine Tradition in meiner Familie, sich an jedem der Adventskalendertage abends zu treffen und gemeinsam eine Geschichte zu lesen. Und gerade in der Vorweihnachtszeit mit ihren Anforderungen und Terminen ist es für eine vierköpfige Familie nicht leicht, täglich eine halbe Stunde Anwesenheit zu organisieren, in der es um gemeinsam verbrachte Zeit geht, um das Teilen von Gedanken und Gespräche im Sinne von Annäherung.

Aber wie ist es zu schaffen, über das Anwesendsein hinaus wirklich für etwas Zeit aus dem Alltag herauszutreten? Wir brauchten dazu jede Menge spannender Geschichten, die Fragen aufwerfen und Antworten anbieten, die von ihrem Temperament in diese besinnliche Zeit passen und möglichst auch etwas mit dem bevorstehenden Weihnachtsfest zu tun haben.

So entstand die Geschichte von dem elfjährigen Leo, der auf der Suche nach dem verlorenen Audikular eine aufregende Adventszeit erlebt, der jeden Tag einer anderen Geschichte in der Geschichte ihr Rätsel entlocken muss, um das nächste Türchen in dem wiederentdeckten Holzhauser Adventskalender öffnen zu können.

Wird er hinter dem letzten Türchen Hinweise auf das Audikular finden, und was ist überhaupt dieses geheimnisvolle Audikular?

Wir werden es erst am 24. Dezember herausfinden, und bis dahin muss unser Leo noch manches Rätsel lösen und Abenteuer bestehen.

Die 24 Abschnitte von Leos Abenteuer folgen der Gesetzmäßigkeit eines Adventskalenders. Jeder Tag treibt die Geschichte weiter, wobei jedes Kapitel zwischen 20 und 30 Minuten Vorlesezeit beansprucht und dabei eine gute Konzentration seiner Zuhörer fordert, denn nur mit genauem Hinhören können die Kinder selbst hinter die versteckten Rätsel in den Innengeschichten kommen.

Damit während dem Vorlesen jederzeit klar ist, auf welcher der beiden Erzählebenen wir gerade sind, haben wir das „Geschichtenlicht" erfunden, eine Kerze, die immer nur während der Innengeschichte brennt.

Und diese Geschichten in der Geschichte sind es auch, für die die Anwesenheit der Erwachsenen wichtig ist. Es sind Geschichten, bei denen je nach Alter der Zuhörer eine Erklärung oder Auslegung der Eltern angebracht sein kann. Es sind Geschichten, deren Kern sich jungen Lesern und Zuhörern erst über die Jahre hinweg mehr und mehr erschließen mag. Es sind Geschichten, die nicht immer nur harmonisch ausgehen, wie eben das Leben auch, und die so ein anschließendes Gespräch zwischen den Generationen provozieren wollen.

Aber neben einem möglichen Erkenntnisgewinn ist dieses Buch in erster Linie ein Plädoyer für das Lesen und Vorlesen, für das Zuhören und für die Freude an Geschichten und Literatur.

Anmerkungen zur 2. Auflage:

Zehn Jahre sind vergangen, seit unsere Kinder erstmals ihrem Altersgenossen Leo in dem damals noch unfertigen Manuskript begegnet sind und in den darauffolgenden Jahren diese Geschichte mit der Adventszeit verbunden haben. Mittlerweile studieren diese Kinden oder fahren auf Motorrädern durch die Welt, und es ist wunderbar, dass viele Bilder und Begebenheiten aus dem Buch in ihr Verständnis und ihren Sprachgebrauch eingesickert sind.
Eine besondere Freude ist es auch für mich, dass eine junge Künstlerin, die ebenfalls mit diesem Buch groß geworden ist, jede Innengeschichte für diese neue Auflage illustriert hat.

DEZEMBER

1

"Ich komme, so schnell ich kann!", rief Leo aufgeregt ins Telefon.

„Es ist genau das, was du dir schon immer gewünscht hast – aber mehr wird nicht verraten", hörte er gerade noch die tiefe Stimme seines Freundes, aber da hatte Leo schon fast aufgelegt.

Er lief in die Küche, aus der es himmlisch nach Pfefferkuchen roch. Seine Mutter stand in einer hellen Schürze am Tisch und knetete gerade den Teig für ein weiteres Blech. Normalerweise trug seine Mutter nie Schürzen, Leo kannte sie meist nur in schicken Sachen, auch wenn sie in der Küche in Töpfen rührte. Aber heute war es anders, heute waren Berge von Mehl und Teig zu verarbeiten. Das Fenster des Backofens war hell erleuchtet und aus den Schlitzen kam in kaum sichtbaren Wölkchen der erste Weihnachtsduft in diesem Jahr.

„Mama, ich muss noch mal schnell zu Hannes fahren – darf ich?"

Carola Winterfeld sah ihn fragend an, sie konnte es nicht besonders gut leiden, wenn Verabredungen nicht eingehalten wurden.

„Du wolltest mir doch noch beim Backen helfen? Morgen ist schon erster Advent!"

„Aber Hannes hat eine Überraschung für mich. Er will am Telefon nicht mehr sagen, ich muss es selbst sehen – bitte!"

Frau Winterfeld strich sich mit ihrer mehligen Hand eine dunkelbraune Locke aus dem Gesicht und sah auf die Küchenuhr an der Wand – ein *Nein*, das wusste sie nur zu genau, würde die gute Laune ihres Sohnes in ähnlicher Weise ändern wie Leberwurst statt Nougatcreme auf dem Pausenbrot.

„Na gut, aber du bist spätestens um sechs Uhr zurück. Elfjährige Jungen dürfen abends im Dunkeln nicht mehr so spät alleine unterwegs sein."

„Danke, Mama!"

Leo gab seiner Mutter noch im Hinauslaufen einen Kuss und stürmte in den Flur.

„Zieh deinen dicken Anorak an und vergiss Mütze und Handschuhe nicht", hörte er es noch aus der Küche rufen, aber da hatte er schon alles das an, seine Batterielampe fürs Fahrrad geschnappt, und warf die Haustür von außen ins Schloss. Beim

Laufen zog er den Reißverschluss zu und rempelte dabei an das Kaminholz, das er kürzlich zusammen mit seinem Vater an der Hauswand aufgeschichtet hatte. Ein paar Holzscheite polterten zu Boden. Leo kickte sie eilig vom Weg herunter und rannte weiter in die Garage, die eigentlich mehr dem Geräteraum einer Turnhalle glich: Fahrräder standen kreuz und quer, Stelzen lagen auf dem Boden herum und der Rodelschlitten wartete schon auf seinen Einsatz – hier noch ein Auto abzustellen hatten seine Eltern schon längst aufgegeben.

Leo schob die Lampe in die Halterung am Lenker und radelte durch das offene Garagentor davon. Ein kalter Wind blies ihm ins Gesicht, sodass er seine Mütze tiefer über die Ohren zog.

Was konnte das für eine Überraschung sein? Bei dem Beruf, den Hannes hatte, war alles möglich.

Als er am Rathaus vorbei fuhr, wurde dort gerade die Festbeleuchtung an der riesigen Tanne angebracht. Wie jedes Jahr wartete die freiwillige Feuerwehr bis zum letzten Tag, um mit dem Drehleiterwagen dicht an den Baum heranzufahren und die vielen Glühbirnen in den Zweigen zu befestigen. Leo mochte es, wenn die Weihnachtslichter erst pünktlich zur Adventszeit auftauchten, anders als die Armeen der Schokoladenweihnachtsmänner, die schon in den Läden standen, wenn er noch kurze Hosen trug.

Leo winkte den Feuerwehrmännern zu und trat fester in die Pedale. Hannes wohnte oben an einem Hang außerhalb des Dorfes in einer alten Bauernkate, und da war es eine gute Taktik, mit möglichst viel Schwung nur kurze Zeit im kleinsten Gang strampeln zu müssen. Oben auf der Kuppe bog Leo in einen kleinen Wirtschaftsweg ein und ließ seine Füße auf den Pedalen stehen. Jetzt ging es wieder leicht bergab, und das Rad holperte von alleine dem verwitterten Haus entgegen.

Hannes war draußen auf seinem alten Lastwagen beschäftigt, als Leo in den Hof gerollt kam. Die Plane des Lasters war hochgesteckt und sein großer Freund schob gerade ein Metallschränkchen an den Rand der Ladefläche. Es musste schwer sein, denn Hannes ächzte ordentlich beim Schieben, und dabei war er furchtbar stark.

„Hallo Leo, komme gleich", rief er und sprang von der Ladefläche herunter. Der Lastwagen wippte ein bisschen nach wie ein Sprungbrett, von dem der Klassenclown gerade eine Wasserbombe gemacht hat. Hannes griente verschmitzt, während er in seinem dunkelgrünen Arbeitsanzug mit struppigen rotblonden Haaren und wehendem Bart auf Leo zukam.

„Irgendwie ist Hannes ein komischer Kauz", dachte Leo.

Schon ewig lebte Hannes alleine in diesem alten, halb verfallenen Fachwerkhaus. Angeblich hatte er Schlosser gelernt, aber auf der grauen verwitterten Plane seines Lastwagens war gerade noch der Schriftzug ‚Hannes Schenker – Haushaltsauflösun-

gen und Entrümpelungen' und eine Telefonnummer zu erkennen. Die Diele seines Hauses war voll von altem Trödel. Hannes bekam kein Geld, wenn er zu einer Entrümpelung bestellt wurde, dafür durfte er alles behalten, was er in dem Haus oder der Wohnung fand. Meistens war ein alleinstehender Mensch gestorben und die Nachkommen konnten sich nicht um die Auflösung der Wohnung kümmern. Nur einmal hatte er riesiges Glück gehabt: Im doppelten Boden einer Kommodenschublade hatte er einige wertvolle Schmuckstücke entdeckt, sie einem Juwelier angeboten und sehr viel Geld dafür bekommen. Meistens aber waren die alten Sachen nicht mehr viel wert und Hannes brauchte eine Menge Geduld, bis ein Käufer für die alten Schränke, Tische, Bilder, Stehlampen oder Waschmaschinen gefunden war.

Aber im Gegensatz zu vielen Altersgenossen, die mit vierzig alles für ein dickes Bankkonto taten, schien es ihm kaum etwas auszumachen, dass er wenig Geld besaß. Wenn er nicht arbeiten musste, bastelte er immer an irgendwas herum, fütterte seine Hühner oder las in einem Buch. Und er hatte meistens Zeit, wenn Leo ihn besuchen kam. Dann spielten sie Dame, schnitzten einen Flitzebogen oder gingen mit Nudel spazieren, einem vierbeinigen Durcheinander von Riesenschnauzer, Schäferhund und anderen Rassen. Hannes behauptete daher, dass dieser zottelige Wirbelwind überhaupt nur deshalb als Hund zu erkennen sei, weil er bellte und den Katzen nachjagte. Nudels dickes Fell war bunt gescheckt wie das einer Kuh, keine zwei Pfoten hatten eine gleiche Färbung und die Ohren standen hoch oder hingen herunter, je nachdem aus welcher Richtung gerade der Wind wehte.

„Hallo Hannes", rief Leo und sah den Freund fragend an, „komm, mach' es nicht so spannend. Was ist es denn?"

Hannes tat so, als müsse er furchtbar nachdenken, was Leo meinte, kratzte sich geheimnisvoll am Hinterkopf, suchte nach gewichtigen Worten und raunte Leo dann zu:

„Ich habe eine goldene Taschenuhr, eine richtig alte Sprungdeckeluhr, verstehst du. Sie geht noch und spielt sogar eine Melodie!"

„Echt!", strahlte Leo, „hast du sie im Haus?"

„Klar, liegt drinnen auf dem Küchentisch – komm mit."

Hannes legte seine Pranke auf Leos Schulter und schob ihn sanft dem Haus zu. Leo konnte gerade noch einen Blick auf das Metallschränkchen werfen, das völlig verstaubt und zum Teil schon angerostet oben auf der Ladefläche stand. Trotz der dicken Schmutzschicht waren deutlich kunstvoll emaillierte Buchstaben und Noten an der Vorderseite zu erkennen, dazwischen gab es kleine Klappen oder Türchen, von denen einige aufstanden, die meisten aber verschlossen waren. Oben prangten drei silberne Stellräder, wie Leo sie schon an Banktresoren gesehen hatte, eines genau in der Mitte, die beiden anderen etwas tiefer rechts und links daneben.

„Mensch Nudel, hast du mich erschreckt!"

Leo war so sehr von dem kleinen Schränkchen fasziniert, dass er die Hündin gar nicht bemerkt hatte, die aus dem Haus gekommen war und ihn laut kläffend begrüßte.

Die Taschenuhr blitzte Leo schon von Weitem entgegen, als er von der Diele in die Küche trat. Hannes hatte sie geputzt und nun leuchtete sie golden im Licht der untergehenden Wintersonne, die schräg durch das Butzenfenster in die Küche schien. In Hannes' Bauernküche herrschte wie immer ein völliges Durcheinander. Im Spülstein standen Unmengen ungespülter Tassen, Teller und Töpfe, von denen jedes aus einem anderen Haushalt zu kommen schien. Der Tisch war voller Krümel und Gläser mit unterschiedlichen Brotaufstrichen, und auf der durchgesessenen Küchenbank lagen Berge alter Zeitungen. Aber die Tischecke, auf der die Uhr lag, war frei geräumt und sogar sauber gewischt worden.

Leo nahm die Uhr an der Kette hoch und ließ sie in der Luft pendeln. Dann hielt er sie ans Ohr und hörte einige Zeit ihrem gleichmäßigen Ticken zu.

„Die ist ja toll!", Leo war begeistert.

„Mach' erstmal den Deckel auf", sagte Hannes stolz.

Leo klappte vorsichtig den goldenen Deckel auf, und bevor er überhaupt das altertümliche Ziffernblatt mit den verschnörkelten Zeigern und Ziffern näher betrachten konnte, spielte die Uhr mit hellem Glockenklang eine Melodie. Leo lauschte andächtig. Er kannte diese Melodie, kam aber nicht auf den Namen des Liedes.

„Weißt du, was das für eine Melodie ist?", fragte er Hannes.

„Nein Leo, habe sie aber schon mal gehört."

„Komisch, so geht es mir auch. Woher hast du denn die Uhr?"

Hannes ließ sich auf die Küchenbank fallen, die unter seinem Gewicht wie eine alte Treppe knarrte, stützte seine Ellenbogen auf die Tischplatte und erzählte Leo von der Wohnung eines verstorbenen Uhrmachers in einem anderen Dorf, die er den Tag zuvor leer geräumt hatte. Der alte Meister sei fast hundert Jahre alt geworden und sein Geschäft war schon lange geschlossen. Seit seine Frau vor vielen Jahren gestorben war, hätte der alte Mann sehr einsam gelebt und in seiner Werkstatt nur an irgendwelchen Apparaten gearbeitet, die niemand verstand. Hannes hatte auch viele unfertige Geräte mit Zahnrädern und Spiralfedern gefunden, leider jedoch nur wenige intakte Uhren.

„Die einzigen wirklich wertvollen Dinge sind die große Standuhr in der Diele und diese schöne Taschenuhr", sagte Hannes, „schade – ich hatte gehofft, dort viele seltene Antiquitäten zu finden, als der Neffe des Uhrmachers mir den Auftrag gab."

„Ist das bunte Metallschränkchen mit den vielen Türen draußen auf deinem Lastwagen auch aus diesem Haus?", wollte Leo wissen.

„Ach, das ist ein komisches Ding", brummte Hannes, „es stand ganz hinten in der Werkstatt und ist so schwer, dass ich es am liebsten stehengelassen hätte. Ich weiß gar nicht, was das sein soll. Aber es ist massiv und bringt zumindest beim Altmetallhändler etwas Geld, falls ich sonst nichts damit anfangen kann."

„Kannst du es nicht reinholen?", fragte Leo, „ich würde es mir zu gerne näher angucken"

Hannes überlegte eine Sekunde.

„Nur, weil ich heute gut gefrühstückt habe", grinste er, „räum' du inzwischen den Tisch ab, dann werden wir diesen komischen Kasten einmal untersuchen."

Leo hatte gerade das letzte klebrige Marmeladenglas in das windschiefe Küchenbuffet gestellt, als Hannes schon mit dem Schränkchen vor dem Bauch zur Tür hereingeschnauft kam und das schwere Möbel mit einem lauten Krachen auf der dicken Küchentischplatte abstellte.

„Junge, Junge", sagte er keuchend, „da muss entweder Blei oder Gold drin sein."

Er hatte das Schränkchen draußen schon tüchtig abgefegt, holte aber trotzdem noch einen nassen Lappen und begann, damit die Vorderseite abzuwischen. Leo schaute mit staunenden Augen zu, wie immer mehr Einzelheiten zum Vorschein kamen. Er konnte einzelne Noten, aber auch kurze Melodien auf Notenlinien erkennen. Das Gleiche galt für Texte. Es gab vereinzelte Buchstaben, die dort in Schönschrift auf die glänzende emaillierte Oberfläche aufgebracht waren, aber auch ganze Wörter. ‚Gleichnis' stand dort an einer Stelle, ‚Fabel' an einer anderen, und als Hannes in der Nähe der drei Stellräder putzte, kam plötzlich das Wort ‚Geschichte' in blauer Schrift ans Tageslicht.

„Hannes, das da sieht ja aus wie ein aufgeschlagenes Buch, das mit dem Deckel nach oben hingelegt wurde", rief Leo überrascht, als der Lappen wieder die Mitte der Fläche zur Betrachtung freigab.

„Tatsächlich", Hannes fuhr mit dem Finger über das Relief, spürte den senkrechten Grad, der den Buchrücken darstellte.

„Schau mal, auch die anderen Klappen sehen aus wie Bücher, wie zugeklappte Bücher!"

Leos Wangen glühten vor Aufregung. Und wirklich, beim genauen Hinsehen fanden die beiden heraus, dass die Klappen zwar ein unterschiedliches Format hatten, alle aber wie ein Buch bemalt und graviert waren. Jedes dieser geheimnisvollen Bücher trug eine Zahl auf seinem Deckel und hielt vielleicht eine Geschichte in seinem Inneren unter Verschluss.

Aber was bedeuteten die Zahlen, warum war der Schrank so schwer und konnten dort wirklich Schriftrollen oder Bücher verborgen sein?

Da fiel Leo ein, dass draußen auf dem Lastwagen einige der Klappen ein wenig aufgestanden hatten; vermutlich waren sie beim Tragen zugefallen und dann beim Putzen ganz zugedrückt worden

„Hannes, kannst du dich erinnern, welche der Klappen offen standen, als der Schrank noch draußen auf dem Laster stand?"

„Nein, aber du hast recht", sagte Hannes nachdenklich, „ein paar davon waren nicht verriegelt."

Er ließ den Blick von einer Buchdeckelklappe zur anderen wandern, aber alle schienen gleich fest verschlossen zu sein.

„Hier oben, die Klappe mit der Nummer *3*, die stand offen", sagte er schließlich.

Er holte sein Taschenmesser heraus, fuhr mit der Klinge in den dünnen Spalt an der Längsseite der Klappe und bewegte sie ein wenig hin und her. Plötzlich sprang die Klappe mit einem kaum hörbaren Quietschen auf. Die beiden spähten sofort hinein – das kleine Fach dahinter war leer, vollkommen leer. Eigentlich war es überhaupt kein Fach, sondern nur eine hell-violette Wand, die hinter dem Türchen sichtbar wurde. Es war, als ob man eine Tür zu einem zugemauerten Gang geöffnet hätte. Die beiden schauten sich erstaunt an – eine dicke Metallklappe verschließt ein Nichts?

Hannes nahm die Verriegelung der Klappe näher unter die Lupe.

„Schau mal, Leo, das Türchen war wirklich nur zugefallen, der Schließmechanismus ist grundsätzlich auf. Vielleicht sind alle anderen Klappen auch nur zugefallen?"

Er steckte die Klinge in die Spalte des Nachbartürchens, das die Nummer *17* trug, aber so sehr er auch drehte und hebelte, das Türchen blieb fest verschlossen.

„Versuch es doch mal mit einer kleineren Nummer als *3*", schlug Leo vor.

Sie fanden die *2* unten rechts, Hannes setzte die Klinge an und die Klappe sprang sofort auf. Wieder sahen sie auf eine violette Wand, wieder hatte das Türchen etwas verborgen, was sehr klein und flach hätte gewesen sein müssen, wenn überhaupt etwas dahinter gewesen war.

Auch die *1* ließ sich ohne Mühe öffnen, das Violett der Wand dahinter war allerdings dunkler.

„Sieh mal hier", sagte Leo zu Hannes, als er das Türchen wieder etwas zugedrückt hatte und von vorne betrachtete, „neben der großen *1* stehen noch weitere Zahlen, links daneben eine kleine *2* und rechts eine kleine *24*. Was kann das bedeuten?"

Hannes hatte die Stirn in Falten gelegt, was so viel heißen sollte, dass die Erklärung ihm ähnlich schwerfiel wie die Deutung eines Textes in Keilschrift.

„Wir probieren jetzt, bis wohin die Klappen aufgehen", sagte er, „hast du die *4* gesehen?"

„Hier", Leo deutet auf eine Klappe, die wie ein dunkelgrüner Buchdeckel mit rätselhaften Zeichen und einer roten *4* in der Mitte aussah.

Hannes konnte auch diese Klappe aufhebeln. Die beiden stellten kurz fest, dass die Verblendung dahinter nun blau war, und suchten die *5*, die sie in der Mitte neben der Doppelklappe fanden. Hannes setzte sein Messer an, bewegte und drehte es, aber die Klinge drohte abzubrechen; die Klappe blieb zu.

„Merkwürdig, ein schwerer Schrank hat Klappen mit den Nummern von *1* bis *23*, die wie Bücher aussehen und hinter denen farbige Blenden sind", grübelte Leo, „die ersten vier davon gehen auf. Dann gibt es noch ein großes Klappenpaar, das wie ein aufgeschlagenes Buch aussieht."

Plötzlich fuhr er hoch.

„Hannes, wenn auf der Doppelklappe eine *24* stehen würde, dann wäre das Schränkchen wie ein Adventskalender!"

„Na, das wäre ja ein toller Adventskalender, den eine Mutter mit dem Gabelstapler aus dem Laden holen müsste", sagte Hannes trocken, während Leo ganz nah mit dem Kopf an die Doppelklappe ohne Nummer heranging und mit dem Finger über das Relief strich.

„Da steht doch was geschrieben", sagte er, „hast du eine Lupe?"

Hannes kramte in einer Schublade seines Küchenbuffets und kam mit einem verstaubten Vergrößerungsglas zurück. Sie schauten abwechselnd hindurch, aber Leo konnte die alten deutschen Buchstaben nicht entziffern, die so verschnörkelt und unleserlich wie in einem alten Kirchengesangbuch waren. Zum Glück hatte Hannes in der Grundschule noch Sütterlinschrift gelernt und konnte sich zum Schluss mit viel Mühe die Wörter zusammenreimen.

‚Das verlorene Audikular', stand auf dem linken Buchdeckel und auf dem rechten in noch kleinerer Schrift: *‚Von der Kunst zuzuhören'.*

„Was ist ein Audikular?", fragte Leo.

Hannes zuckte mit den Schultern.

„Ich habe keine Ahnung."

2

„Papa, was ist ein Audikular?"

Leo hatte seinen Anorak noch an und die Mütze in der Hand, als er in das Arbeitszimmer seines Vaters geplatzt kam, der dort in seiner dunkelroten Lieblingsstrickjacke hinter dem Computerbildschirm saß und auf der Tastatur klapperte. Herr Winterfeld sah seinen Sohn, der mit zerzausten Haaren und keuchend vom Radfahren vor dem Schreibtisch stand, erstaunt über den runden Rand seiner Gelehrtenbrille an.

„Ein was?"

Gerd Winterfeld nahm die Hände von der Tastatur und lehnte sich in seinem Schreibtischsessel zurück. Das war für Leo ein Zeichen, dass er eine Antwort nicht gleich zur Hand hatte, und das kam eher selten vor. Meistens verharrte er in seiner Schreibtischhaltung, sprudelte die Antwort sofort heraus und wandte sich Leo erst zu, wenn eine längere Erklärung auf eine Frage notwendig war. Leo fand, dass sein Vater ein ungeheuer großes Wissen besaß, das im umgekehrten Verhältnis zu seiner Körpergröße stand. Er war fast einen Kopf kleiner als Hannes, betrieb lieber Denksport als zu schwitzen, und vom vielen Lesen und Nachdenken waren seine schwarzen krausen Haare am Hinterkopf schon etwas licht geworden. Und eines war sicher, Leo hatte so manches von seinem Vater geerbt: Er gehörte unter Gleichaltrigen meistens zu den Kleineren, hatte eine Leidenschaft für Bücher, war feingliedrig und beim Sport in der Schule keine besondere Leuchte; außer beim Schach, aber Schach gehörte ja nur in den Zeitungen zum Sportteil.

„Ein Audikular! Hannes weiß es auch nicht", schnaufte Leo, „er hat in einer alten Uhrmacherwerkstatt ein Schränkchen aus Metall gefunden, das so schwer ist wie ein Geldschrank und Türchen hat wie ein Adventskalender."

Und dann erzählte er seinem Vater von den seltsamen Klappen, die wie Bücher aussahen, von denen nur die ersten vier aufstanden und die nichts außer farbigen Blenden zu verbergen schienen. Er beschrieb die Vorderseite mit den Noten, Buchstaben und Wörtern und die drei Stellräder mit Nummernskalen, die über allem wie eine Krone prangten.

„Die Türchen von *1* bis *23* tragen alle Nummern, nur das vierundzwanzigste nicht. Das sieht aus wie ein aufgeschlagenes Buch mit dem Titel: *Das verlorene Audikular,* und auf dem anderen Deckel steht: *Von der Kunst zuzuhören",* beendete Leo seinen Bericht.

Herr Winterfeld dachte einem Moment nach.

„Wie schreibt man denn das genau?", wollte er wissen.

„Es steht dort in alter deutscher Schrift, aber Hannes ist sich sicher, dass es dieses Wort ist", sagte Leo, während er *A-u-d-i-k-u-l-a-r* auf ein weißes Blatt Papier schrieb. Der Vater betrachtete die Buchstaben eine kurze Zeit, dann klickte er ein paar Mal mit seiner Computer-Maus und tippte die Buchstaben ein.

„Nichts", sagte er dann, „die Suche im Internet hat nichts ergeben. Vielleicht schreiben wir *Audikular* einfach mal mit ‚c' in der Mitte?"

Er änderte den Begriff ab und startete eine neue Suche.

„Jetzt lande ich auf südamerikanischen Seiten in spanischer oder portugiesischer Sprache, das kann wohl kaum richtig sein. Aber klar – die Vorsilbe *audi* hat immer etwas mit *Hören* zu tun. Lass es uns einmal in einem alten Wörterbuch versuchen."

Leos Vater liebte Bücher. Deswegen war für ihn auch nur ein Beruf infrage gekommen, in dem er mit Wörtern, Texten und Schrift zu tun haben konnte. So war er Journalist geworden und schrieb jetzt Artikel für verschiedene Zeitungen und Magazine. Herr Winterfeld stand auf, setzte seine Nickelbrille ab und ging zu einem wuchtigen Bücherregal, das fast eine ganze Zimmerwand verdeckte. Die vielen Bücher standen teilweise schon in zwei Reihen auf einem Bord, lagen oben quer auf stehenden Büchern, sodass Leo sich immer wieder fragte, welche geheime Ordnung es seinem Vater ermöglichte, in diesem kunterbunten Durcheinander überhaupt ein bestimmtes Buch zu finden. Nach wenigen Sekunden zog sein Vater ein dickes braunes Buch mit völlig abgestoßenem Rücken heraus und begann darin zu blättern.

„Das Wörterbuch hier ist fast hundert Jahre alt, habe es mal in einem Antiquariat gekauft", erklärte er Leo, „wenn wir da nichts finden, dann weiß ich auch nicht weiter."

Er fuhr mit dem Finger über eine Seite.

„Hier ... *Audienz, Auditorium* .... aber kein *Audikular*. Tut mir leid, Leo, da kann ich dir wohl nicht helfen."

„Du weißt doch sonst immer alles, kannst du nicht jemanden fragen?"

„Wer ist schon schlauer als das ganze Internet?", Herr Winterfeld schüttelte den Kopf, „vielleicht seid ihr nur irgendeinem Unsinn aufgesessen."

Aber Leo ließ sich nicht beirren.

„Ich bin mir ganz sicher, dass es ein Audikular geben muss. Auf ein so kunstvolles altes Schränkchen schreibt niemand Quatsch. Gibt es nicht noch ältere Wörterbücher als deines hier?"

Leos Vater setzt sich wieder hinter seinen Schreibtisch, stützte sein Kinn auf die Hand und grübelte.

„Man könnte es mal in der alten Klosterbibliothek von St. Marieneck probieren", sagte er nach einer Weile.

„Au ja, fährst du mit mir da hin?", Leos braune Augen strahlten, „am besten gleich morgen."

Herr Winterfeld lachte.

„Langsam, langsam, morgen ist Sonntag und dazu erster Advent, da ist die Bibliothek bestimmt geschlossen. Außerdem sind wir zum Kaffee bei deinen Großeltern eingeladen."

Aber da hatte sich Leo längst die Tastatur herangezogen und die Begriffe ‚St. Marieneck', ‚Bibliothek' und ‚Öffnungszeiten' in das kleine Suchfenster eingetippt.

„Siehst du, sonntags von 9 bis 13 Uhr geöffnet", sagte er triumphierend, „wenn wir um kurz nach acht losfahren, sind wir pünktlich da."

Der Vater nahm seinen Sohn liebevoll in den Arm.

„Erst fahren wir morgen bei Hannes vorbei und ihr zeigt mir einmal dieses geheimnisvolle Schränkchen, bevor ich den weiten Weg nach St. Marieneck fahre. Und Hannes ist bestimmt vor zehn Uhr nicht wach!"

Das war sicher richtig und Leo musste unweigerlich schmunzeln, weil ihm einfiel, wie er Hannes am Anfang ihrer Freundschaft einmal aus dem Bett geholt hatte. Er war vor der Schule noch schnell bei ihm vorbei geradelt, um etwas abzugeben. Und weil keine Klingel zu finden war, hatte Nudel auf sein lautes Klopfen hin innen wild getobt, bis Hannes in seinem abgestoßenen grün-braunen Morgenmantel und mit zerzausten Haaren an die Tür geschlurft kam.

„Das nächste Mal kommst du einfach rein", hatte er verschlafen gegrummelt, seinen Besucher aber gleich wieder so freundlich wie am Vortage angelacht, als er ihn nun völlig verunsichert von sich stehen sah.

Leo war seinem großen Freund immer noch für seine spontane Hilfe dankbar, obwohl Hannes auch einfach an einem Handgemenge zwischen fremden Jungen hätte vorbeifahren können. Damals hatte ihn eine Straßenbande umzingelt, um ihm sein neues Fahrrad zu klauen, ein Geschenk zu seinem zehnten Geburtstag, das er keinesfalls loslassen wollte, obwohl die gemeinen Kerle ihm schon auf die Nase gehauen hatten. Bestimmt wäre das schöne Rad jetzt weg, wenn Hannes nicht geistesgegenwärtig mit quietschenden Bremsen angehalten und wie ein Springteufel aus seinem alten Laster geschnellt wäre. Augenblicklich war die feige Bande verduftet, während Hannes mit einem Handtuch aus seiner vorsintflutlichen Reisetasche erst Leos blutende Nase versorgt und ihn dann nach Hause gefahren hatte, wo Leos Mutter das blutverschmierte Handtuch gleich in der Waschmaschine verschwinden ließ. Am Abend hatten sie zum Dank einen Erdbeerkuchen gebacken – wie hätte er damals wissen können, dass man selbst eine Delikatesse bei Hannes besser erst ab Mittag abgeben sollte?

Die Uhr im Turm des Klosters St. Marieneck schlug drei Mal für jede Viertelstunde, als Leo mit seinem Vater in dessen silbernem Kleinwagen auf den Parkplatz vor dem Kloster fuhr. Das große Gebäude ragte mit seinen weißen Mauern vor ihnen empor, es würde schon bald 12 Uhr Mittag sein, bis sie die Bibliothek in diesem riesigen Anwesen gefunden hatten.

Hannes war tatsächlich noch im Morgenmantel gewesen, als sie um kurz nach zehn bei ihm ankamen. Ohne elektrische Klingel lief man einfach in die Diele und klopfte an die Tür zur Küche, falls Nudel die Besucher nicht schon bemerkt und mit lautem Bellen angekündigt hatte. Das Schränkchen auf dem Küchentisch stand unangetastet, nur die Marmeladen- und Honiggläser hatten schon wieder zusammen mit Kaffeetassen und Frühstücksbesteck den übrigen Teil der Tischplatte bevölkert. Zu dritt hatten sie vor dem Schränkchen gestanden und gerätselt, was es wohl mit den Buchstaben und Noten, mit den Türchen und den Stellrädern auf sich haben könnte, waren aber zu keiner Lösung gekommen. Zumindest aber war Leos Vater nun von der Echtheit überzeugt und wollte auch gerne wissen, was ein Audikular für ein seltsames Ding sein könnte.

Sie stiegen aus dem Auto und gingen auf das große Eingangstor zu, das auf den Innenhof der im Quadrat angeordneten Klostergebäude führte. Der Wind pfiff ihnen eisig entgegen, als sie den Durchgang passierten.

„Zum Glück gibt es Hinweisschilder zur Bibliothek! Es muss schon über zwanzig Jahre her sein, als ich zum letzten Mal hier war", sagte Herr Winterfeld, während er seinen Mantelkragen hochstellte.

„Warst du da auch auf der Suche nach einem alten Buch?", wollte Leo wissen.

„Nein, nur aus reinem Interesse. Ich war Anfang zwanzig und machte mir Gedanken, was ich werden wollte."

Die Schilder wiesen ihnen den Weg durch einen der Kreuzgänge mit dunkler Holzbalustrade und Steinboden, auf dem ihre Schritte in der Stille leise hallten. Am Ende des Ganges befand sich eine Tür zu einer breiten Treppe, die in den ersten Stock führte. Oben angekommen standen die beiden vor einer dunklen schweren Holztür; *Bibliothek* war dort in Form einer kunstvollen Schnitzerei an einem der beiden Türflügel zu lesen.

Vorsichtig drückte Leo die Klinke herunter und öffnete die Tür. Drinnen war es still. Im Vorraum hing ein großer Adventskranz von der Decke herab, auf dem eine der vier dicken roten Kerzen nervös flackerte. Schnell traten sie ein und schlossen die Tür wieder von innen. Sofort wurde die Kerze ruhig.

Leo sah sich mit Staunen um. Er hatte einen nüchternen Raum mit langen Regalreihen wie in der Stadtbibliothek erwartet, aber einen so prunkvollen Saal wie diesen hatte er noch nie gesehen. Er maß drei Stockwerke und alle Wände sahen aus, als ob sie bis unter die Decke mit einer Tapete aus Buchrücken verkleidet wären. Zwei Holzgalerien mit gedrechselten Geländern führten in den oberen Stockwerken rings um den großen rechteckigen Raum herum und waren über Treppen an den Längsseiten erreichbar. An einigen Stellen waren die wuchtigen Regalflächen für Fenster oder auch Gänge unterbrochen, die zu weiteren schummrig beleuchteten Räumen zu führen schienen. In der Mitte des Raumes standen ebenfalls kunstvoll verschnörkelte Buchregale mit geschmiedeten Kerzenhaltern an den Ecken, deren weiße Kerzen aber allesamt nicht brannten. Leos Blick wanderte zur Decke, die auf ihrer gesamten Fläche mit einer aufwendigen Malerei verziert war. Engel, Apostel und andere biblische Figuren waren dort sternförmig zur Mitte hin angeordnet. Sein Augenmerk streifte eine Figur nach der anderen, bis es von den rot blinkenden Lämpchen einiger Video-Kameras angezogen wurde, die misstrauisch den riesigen Raum von oben herab beäugten. Neben einigen einzelnen Besuchern, die zwischen den Regalen oder auf den Galerien umhergingen, bemerkte Leo auf der ersten Galerie eine Gruppe von Personen, die interessiert einem alten Mann mit langem schwarzen Gewand und weißen Haaren zuhörte, der mit gedämpfter Stimme sprach und bisweilen auf eine der Figuren an der Decke zeigte.

„Guten Tag, kann ich Ihnen helfen?"

Leo hatte den jüngeren Mitarbeiter der Bibliothek gar nicht bemerkt, der von der Seite an sie herangetreten war. Er trug ebenfalls ein langes schwarzes Gewand, wirkte etwas blass um die Nase und der dünne Kranz aus dunkeln Härchen um sein Kinn herum war kaum als Bart ernst zu nehmen. Er hatte sich unauffällig genähert, stand nun mit den Händen hinter dem Rücken da und lächelte sie freundlich an.

„Schönen guten Tag", Herr Winterfeld ging auf den Mann zu und reichte ihm die Hand, „mein Sohn Leo hat eine wichtige Frage."

„Hallo Leo", sagte der Ordensbruder und ließ seine dunklen Augen auf Leo ruhen, „was möchtest du denn wissen?"

„Mein Freund Hannes und ich haben auf einem alten Schrank eine Inschrift gefunden, in der es um ein Audikular geht. Wir wissen alle nicht, was das ist, auch mein Vater nicht. Wir dachten, dass es vielleicht in einem Ihrer alten Bücher hier steht", gab Leo zur Antwort und sah den Bibliothekar erwartungsvoll an.

„Ein Audikular?", wiederholte der gedehnt und hob dabei den Blick, „habe ich noch nie gehört. In welchem Zusammenhang kommt der Begriff denn vor?"

Leo überlegte, was mit *Zusammenhang* gemeint sei.

„Es könnte etwas mit dem *Zuhören* zu tun haben", warf sein Vater ein.

Der Bibliothekar dachte noch eine kurze Zeit nach.

„Wir warten am besten, bis Pater Jakob die Besuchergruppe verabschiedet hat", sagte er dann, „wenn jemand dabei weiterhelfen kann – dann er."

So etwas Dummes, jetzt mussten sie abermals warten. Leo schaute immer wieder ungeduldig zu der Besuchergruppe hinauf, während er mit seinem Vater durch die Buchregalreihen flanierte. Der Blick seines Vaters strich an den Büchern vorbei, ab und zu nahm er eines heraus, sagte etwas wie ‚das ist ja interessant' oder ‚schau mal, Leo', aber Leo hatte nur Augen für den alten Pater, der immer noch ausdauernd die Fragen seiner Gäste beantwortete.

Endlich kam die Gruppe die Treppe herunter. Einer der Besucher bedankte sich wortreich für die Führung, der Pater nickte ihm zu, grüßte und wandte sich zum Gehen. Leo sah seinen Vater an: Jetzt durften sie doch den Pater nicht ziehen lassen! Aber da ging schon der junge Bibliothekar auf ihn zu, sagte etwas zu ihm und deutete dabei auf Leo und seinen Vater.

Der Pater machte kehrt und kam auf die beiden zu.

„Du bist der Leo und hast eine Frage, die dir keiner beantworten kann?", fragte er Leo mit einer etwas heiseren sanften Stimme und gab beiden dabei die Hand, worauf der Vater sich etwas hölzern mit *Winterfeld* vorstellte.

„Ich möchte gerne wissen, was ein Audikular ist", erwiderte Leo artig.

Pater Jakob hielt einen Moment inne.

„Wie bist du denn auf diesen Begriff gestoßen?"

Seine Augen verengten sich ein wenig. Leo konnte den Eindruck nicht loswerden, dass der Pater bei dem Wort aufgehorcht hatte.

„Mein Freund Hannes verkauft gebrauchte Sachen und hat in einer alten Uhrenmacherwerkstatt ein seltsames Metallschränkchen mit vielen Klappen gefunden, die alle wie Buchdeckel aussehen."

Leo bemerkte den interessierten Blick des Paters und fuhr fort.

„Auf einem dieser Buchdeckel steht: *Das verlorene Audikular,* aber niemand weiß, was das ist. Bestimmt ist es kein Unsinn, denn das Schränkchen ist wahrscheinlich sehr alt."

„Und warum meinst du ist dieses Schränkchen wirklich antik, und nicht nur verstaubt oder verrostet?", wollte der Pater wissen.

„Die Wörter und Buchstaben auf der Oberfläche sind in der verschnörkelten altdeutschen Schrift gemalt, und außerdem ist es sehr kunstvoll verziert, was heute ja viel zu teuer wäre", erklärte Leo eifrig.

Pater Jakob schaute lange aus dem Fenster, dann sagte er bedächtig:

„Vielleicht kann ich dir tatsächlich helfen, Leo."

Plötzlich sah er Leo direkt ins Gesicht.

„Sag mal, wieso interessiert sich ein Junge wie du eigentlich so sehr für ein altes Schränkchen, anstatt Fußball oder am Computer zu spielen?"

Leo überlegte einen Moment.

„Ich liebe Rätsel und Geheimnisse", sagte er; so war es, was sollte er da langatmig erklären. Über Pater Jakobs Gesicht huschte ein Lächeln, dann wandte er sich zum Gehen.

„Wartet bitte einen Moment, ich will schnell in einen anderen Teil unserer Bibliothek gehen, und da etwas nachsehen. Leider haben Besucher dort keinen Zutritt."

Und mit diesen Worten und einem verschmitzten Zwinkern ging er die Treppe hoch und verschwand in einem der dunklen Gänge.

3

Die Turmuhr des Klosters St. Marieneck schlug Ein Uhr. Alle übrigen Besucher der ehrwürdigen Klosterbibliothek waren bereits gegangen und der junge Bibliothekar schloss die Tür von innen ab, ließ aber den Schlüssel stecken. Leo wartete zusammen mit seinem Vater auf die Rückkehr von Pater Jakob, der vor fast einer halben Stunde mit einem vielsagenden Lächeln in einem der dunklen Gänge verschwunden war. Was tat er so lange in dem verschlossenen Bereich der Bibliothek? Würde er wirklich etwas über das Audikular herausfinden, oder wollte er sie aus irgendeinem Grunde nur hinhalten? Vielleicht war er abgelenkt worden und hatte Leos Anliegen längst vergessen? Aber dann hätte der junge Bibliothekar sie sicher nicht zum Bleiben aufgefordert, als er die Tür abschloss. Leo rutschte auf seinem braunen Holzstuhl ungeduldig hin und her. Anfangs waren sie noch ein wenig an den Buchreihen entlang gegangen, hatten sich die Bibliothek von der oberen Galerie aus angesehen, die Deckenmalerei betrachtet und darüber spekuliert, aus welchem Jahr wohl das älteste Buch hier sein würde. Dann aber waren sie unten an einem Platz geblieben, von dem aus sie gut den düsteren Tunneleingang auf der Galerie im ersten Stock beobachten konnten, in dem der Pater vor langer Zeit verschwunden war.

„Wo bleibt er nur", dachte Leo nervös.

Endlich hörten sie ein Türgeräusch und Pater Jakob tauchte kurz darauf zwischen den Regalen auf. Er kam mit flinken Schritten die Treppe herunter und Leo konnte sehen, dass er zwei Bücher in den Händen hielt: ein großes dickes mit braunem Buchdeckel und ein wesentlich kleineres dünnes.

„In einem so großen Buch steht bestimmt auch etwas über das Audikular", dachte Leo unweigerlich.

Pater Jakob konnte die fragenden Blicke förmlich spüren, die auf ihm ruhten, als er die beiden Bücher auf einen Tisch in der Nähe legte und sich setzte. Er sah Leo an.

„Ich habe tatsächlich etwas gefunden, was uns weiterhelfen könnte."

Leo sprang auf, fast hätte er vor Freude einen Luftsprung gemacht, aber die erhabene Schwere der Bibliothek hielt ihn auf dem dunklen Holzboden fest. Der alte

Pater schlug eine der vorderen Seiten des dicken braunen Buches auf, in die er ein Lesezeichen gelegt hatte, und sagte:

„Das hier ist ein altes Wörterbuch von 1862. Schau mal Leo, ob du das hier lesen kannst."

Leo trat an den Tisch heran und schaute auf die Stelle in dem Buch, auf die der Finger des Paters zeigte. Das erste Wort in der Zeile war mit dicken Buchstaben geschrieben. Leo ging noch näher heran, aber er konnte nichts entziffern, weil das Buch wieder in der alten Schrift gedruckt war, die Leo schon von dem Schränkchen her kannte.

„Das erste Wort dürfte *Audikular* heißen", sagte Herr Winterfeld, der auch aufgestanden war und über Leo hinweg die Schrift betrachtete.

„Richtig", sagte Pater Jakob, „das ist das erste Wort und dahinter steht als Erklärung: *Apparatur zur Verdeutlichung akustischer Feinheiten; anno 1741 zu Lübeck erstmalig erwähnt; kein überliefertes Exemplar bekannt.*"

„Was sind *akustische Feinheiten*?", wollte Leo wissen.

„Das ist das, was du hörst, wenn du ganz genau hinhörst", erklärte Pater Jakob, "man muss es sich wie eine Art *Hinhörgerät* vorstellen."

Der eisige Wind draußen drückte gegen die antiken Fenster und ließ sie leise knarren, die schwere Eingangstür klapperte gedämpft im Schloss und die Kerze auf dem Adventskranz flackerte daraufhin wieder ein wenig.

„Wir wollen sehen, was dazu in dem anderen Buch steht. Es ist ein Reisebericht von einem *Hermann van der Hüls*, der in der Mitte des 18. Jahrhunderts durch die nördlichen Regionen Europas gewandert ist", sagte der Pater, nahm das andere Buch zur Hand und schlug es an einer bestimmten Stelle auf.

„Ich werde die entscheidende Stelle am besten vorlesen", sagte er und rückte seine Brille zurecht, „*Hermann van der Hüls* bereist gerade die Lübecker Bucht und schreibt am 2. August 1747 unter anderem:

...ging ich des Abends in eine Schänke, in der raubeinige Gesellen weidlich aßen und tranken. An einem Tisch saß ein Mann, der in solch üble Wirtschaft nicht zu gehören schien. Er saß ruhig hinter seinem Krug mit Rotwein, während die Gesellen um ihn lautstark dem Gerstensaft zusprachen. Ich setzte mich zu ihm und fragte, ob auch er fremd sei, aber er verneinte. Er sei Gelehrter und würde nicht weit von hier wohnen. Auf eine weitere Frage von mir hob er an, über seine Studien zu palavern, jedoch nach kurzer Zeit schon wurde meine Aufmerksamkeit mehr und mehr von der schönen Wirtin abgelenkt, die dem Mannsvolk keck ein Gelage nach dem anderen auf die Tische stellte. Ich folgte seinen Ausführungen immer weniger, bis er innehielt und solch willenloses Herumstreunen der Sinne während einer

Unterhaltung als großes Übel der Zeit geißelte. Aber er hätte ein Mittel dagegen, und so lud er mich für den folgenden Tag in seine Studierstube ein. Mein neuer Kumpan verließ mich alsbald und ich zechte mit den anderen fröhlich bis zum nächsten Morgen.

Gegen Mittag des folgenden Tages stellte ich mich bei dem Gelehrten ein. Er zeigte mir ein wunderliches Ding, bat mich es aufzusetzen und mich fürderhin selbst zu beobachten. Er nahm ein Buch zur Hand und las eine Ballade. Und siehe da, jedes seiner Worte drang tief in mich ein, das Ansinnen des Dichters offenbarte sich mir in unglaublicher Weise und ich hätte die Verse allesamt im Anschluss wiederholen können, als ob ich sie auswendig gelernt hätte. Dann setzte sich der Meister an sein Spinett und spielte eine Sonate. Niemals zuvor waren Töne so glasklar an mein Ohr gedrungen, niemals zuvor hatte ich, der immer beim Musizieren ein Stümper gewesen war, eine Musik so in ihrer Ganzheit und Schönheit verstehen können. Als der Meister seine magische Erfindung wieder an sich nahm, kam es mir vor, als sei ich mit einem Male taub geworden. Nun wollte ich alles von ihm darüber wissen, aber er war verschlossen. Auf mein Geheiß hin verriet er mir jedoch den Namen: Das Wunderding sei ein sogenanntes *Audikular*."

Pater Jakob ließ das Buch sinken und sah seine beiden Zuhörer nacheinander an, die immer noch an seinen Lippen hingen.

„Leider steht in dem Buch nicht mehr darüber. Im Folgenden verliert *Hermann van der Hüls* sich wieder in seinen Reiseerlebnissen, und wir erfahren weder den Namen des Gelehrten noch andere Einzelheiten, mithilfe derer wir die Spur aufnehmen könnten."

„Sind denn die übrigen Schilderungen in dem Buch glaubhaft, oder hat dort jemand Münchhausen-Geschichten erzählt?", fragte Herr Winterfeld den Pater.

„Die Schriften des *Hermann van der Hüls* gelten nicht als Phantasiegeschichten. Ich denke, es wird etwas Wahres daran sein, auch wenn es allgemein sicher eine Neigung bei Reisenden gibt, ihre Erlebnisse etwas aufzubauschen."

„Vielleicht gibt es in anderen Büchern noch irgendwo Hinweise?", warf Leo ein und strich dabei mit dem Finger über den rauen Einband des Wörterbuches.

Pater Jakob wiegte den Kopf leicht hin und her.

„Ich will gerne noch einmal darüber nachdenken, vielleicht auch ein wenig suchen, aber ich zweifle, dass ich bei uns noch etwas über das Audikular finden werde."

„Aber wo sollen wir denn sonst noch suchen?", fragte Leo enttäuscht.

Der Pater machte ein nachdenkliches Gesicht.

„Beschreibe mir doch dieses Schränkchen noch etwas genauer", forderte er Leo auf.

Leo beschrieb dem Pater die Motive auf der Vorderseite, die Türchen mit den farbigen Blenden dahinter und die drei Stellräder. Er deutete auch mit seinen Armen die ungefähre Größe an und vergaß nicht zu erwähnen, dass das Schränkchen aus Metall und sehr schwer sei. Der Pater wollte zudem noch alle Wörter wissen, die auf dem Schränkchen zu lesen waren, und er lobte Leo dafür, dass dieser alles genau wiedergeben konnte.

„Ich werde Frau Heinrich, die Direktorin vom Westfälischen Uhrenmuseum anrufen", sagte er dann, „sonntags ist das Museum immer geöffnet, vielleicht haben wir Glück und sie weiß etwas. Einen Moment bitte!"

Pater Jakob stand auf und verschwand hinter einer der Türen im Erdgeschoss der Bibliothek. Leos Blick schweifte erneut durch den riesigen Raum, strich an den endlosen Reihen dunkler abgestoßener Buchrücken vorbei – wie konnte es sein, dass es in dieser unglaublichen Menge an Schriften und Wissen nicht mehr Hinweise auf eine solch tolle Erfindung wie das Audikular geben sollte?

„Hoffentlich geht es dieses Mal schneller", brummelte Leos Vater etwas ungeduldig.

Nach einigen Minuten kam Pater Jakob zurück.

„Ich habe eben mit Frau Heinrich gesprochen", sagte er, „sie möchte gerne ein Bild von diesem Schränkchen sehen. Ich habe auch erzählt, wie ihr zu ihm gekommen seid. Kannst du ein Foto machen und es ihr zuschicken, Leo?"

„Klar, mit unserer Digital-Kamera ist das überhaupt kein Problem."

Pater Jakob gab Leo einen Notizzettel mit der Kontaktadresse vom Museum und seiner eigenen Telefonnummer darauf. Und er bat Leo auch um dessen Telefonnummer für den Fall, dass er noch etwas Interessantes in irgendeinem Buch entdecken würde.

„Gibst du mir Bescheid, wenn du etwas herausgefunden hast?", fragte er und legte Leo zum Abschied die Hand auf die Schulter.

„Natürlich, gerne", sagte Leo erfreut, „und vielen Dank für Ihre Mühe."

Auch die beiden Männer verabschiedeten sich, Pater Jakob schloss die Eingangstür auf und ließ Leo und seinen Vater hinaus. Die beiden sahen sich an, als hinter ihnen der Schlüssel im Türschloss knarrte.

„Jetzt aber schnell zurück", sagte Herr Winterfeld und lachte, „sonst bekommen wir Ärger mit Mama."

Die Eingangstür stand offen, als sie wieder vor ihrem Haus vorfuhren. Seine Mutter hatte bestimmt schon den Adventskranz für die Großeltern und die Dose mit Plätzchen in die Garage getragen, damit das Einladen nachher flotter gehen würde.

„Wie schön, dass wir genau hier wohnen", dachte Leo, als er die lange Reihe kleiner Eiszapfen bemerkte, die über Nacht an der verbeulten Regenrinne unterhalb des roten Ziegeldaches gewachsen waren. Lange hatten sie davon geträumt, in einem so hübschen Haus mit Garten zu leben. Und eines Tages war seine Mutter von einer Nachtschicht heimgekommen mit der Nachricht, dass demnächst das Häuschen eines ihrer Patienten frei werden würde. Der Mann war in seinem Berufsleben Zimmermann gewesen und hatte in jungen Jahren sein eigenes Haus mit viel Holz und Sinn für Licht und Wohnlichkeit gebaut. Leos Blick streifte die drei weißen Porzellan-Isolatoren an der Giebelwand, die heute nur noch Zeitzeugen von damals waren, als das Häuschen noch durch Leitungen in der Luft mit Strom versorgt worden war. Nun war der Erbauer schwer erkrankt und es war unvermeidlich, dass er mit seiner Frau in ein Pflegeheim würde umziehen müssen. Der alte Mann war sehr niedergeschlagen gewesen und hatte Leos Mutter während der schlaflosen Nachtstunden sein Herz ausgeschüttet. Und endlich war sie einmal dafür belohnt worden, dass sie sich immer Zeit nahm, wenn einer ihrer Patienten in Not war, auch wenn sie hinterher bei ihren übrigen Arbeiten in noch größere Eile geriet. Nun aber besaß sie das Wohlwollen des Besitzers, bevor der Verkauf seines Häuschens überhaupt bekannt wurde. Nach der ersten Besichtigung damals waren sich alle sofort einig gewesen: *Dieses Haus ist für uns bestimmt!* Es war nicht nur viel größer als ihre damalige Mietwohnung, sondern hatte auch Charakter: helle Zimmer mit Erkern und Dielenboden, eine Wohnküche mit Kachelofen und einen großen Garten mit viel Rasen und alten Bäumen. Im Sommer konnte Leo dort eine Hängematte zwischen zwei Stämme spannen, danach herrlich unter dem Blätterdach herumlümmeln und lesen. Jetzt aber standen die Bäume reglos und knorrig da und warfen lange Schatten.

Es war wirklich spät geworden. Auf dem Heimweg waren sie wieder bei Hannes angefahren, um noch schnell ein paar Fotos von dem Metallschränkchen zu machen, aber ihr energisches Klopfen war unbeantwortet geblieben. Nach einigem Warten waren sie einfach in die Küche spaziert und hatten damit begonnen, das Schränkchen von allen Seiten zu fotografieren und einen kurzen Brieftext an Frau Heinrich zu entwerfen, bis Hannes und Nudel mit Schnee eingepudert von ihrem Waldspaziergang zurück waren. Leo hätte seinem Freund am liebsten haarklein die Ereignisse in der Bibliothek erzählt, aber sein Vater hatte ungeduldig zum Aufbruch gedrängt. ‚Ihr könnt fahren, ich schicke das Email mit den Bildern gleich zum Museum ab', hatte Hannes angeboten und die beiden zur Küchentür hinausgeschoben.

Sie stiegen aus dem Auto und gingen in Richtung Haustüre, als Frau Winterfeld ihnen schon mit ärgerlicher Miene entgegen kam.

„Da seid ihr ja endlich, wir müssten eigentlich schon bei meinen Eltern sein. Ich habe bereits angerufen und gesagt, dass wir ein paar Minuten später kommen."

„Entschuldigung Mama", sagte Leo geknickt, „es war wirklich wichtig!"

„Apropos *anrufen*", Frau Winterfelds Stimme war wieder etwas leiser geworden, „eben hat eine Frau Heinrich von irgendeinem Museum angerufen. Sie wollte dich sprechen, Leo, du sollst unbedingt zurückrufen – so schnell es geht."

„Lass ihn doch, die fünf Minuten machen jetzt auch nichts mehr aus!"
Herr Winterfeld hielt seine Frau am Arm, die hinter Leo herlaufen wollte, um ihm das Telefonat mit Frau Heinrich für jetzt zu verbieten; schließlich waren sie schon sehr spät dran.

„Hast du die Nummer aufgeschrieben?", hatte Leo seine Mutter nach dem Hinweis auf den Anruf aus dem Uhrenmuseum gefragt.

Der Hinweis auf den Telefonblock erreichte Leo, als er bereits auf dem Weg ins Haus war. Eilig wählte er die Nummer und hörte auf das Rufzeichen in der Leitung.

„Heinrich", sagte eine Frauenstimme nach einigem Läuten.

„Hier ist Leo Winterfeld. Wir haben Ihnen vorhin Bilder von einem Metallschränkchen zugeschickt."

„Hallo Leo, das ist nett von dir, dass du gleich zurückgerufen hast."

„Können Sie uns etwas über das Schränkchen sagen?", platzte Leo voller Neugierde los.

„Ja, natürlich! Deshalb habe ich doch gleich angerufen, als ich die Fotos auf meinem Bildschirm sah. Ihr habt mit größter Wahrscheinlichkeit den sogenannten *Holzhauser Adventskalender* gefunden, der bis zum heutigen Tage als verschollen gilt, ein einmaliges Meisterstück aus dem 19. Jahrhundert. Das wäre eine Sensation! Könntet ihr damit zu uns ins Museum kommen?"

Leo überlegte einen Moment.

„Ich werde mit meinem Freund Hannes sprechen. Er hat einen Lastwagen und außerdem hat er das Schränkchen gefunden. Hannes macht das bestimmt."

„Übermorgen am Dienstag haben wir geschlossen, das wäre ein idealer Tag. Meinst du, dass ihr so schnell Zeit habt?", fragte Frau Heinrich und Leo bildete sich ein, herausgehört zu haben, dass auch die Leiterin des Museums sehr gespannt war. Er versprach, morgen nach der Schule gleich Bescheid zu geben und verabschiedete sich eilig. Als er wenig später die Haustüre von außen zuzog, saßen seine Eltern schon startbereit im Auto. Er kletterte auf seinen Sitz.

„Wann sind wir denn heute Abend zurück?", wollte er wissen, „ich muss unbedingt noch was mit Hannes besprechen."

Die Straßenlaternen gingen bereits an, als Leo und Hannes am Dienstag das erste Schild mit einem symbolischen Zifferblatt vor sich auftauchen sahen. Die Bremsen des alten Lasters quietschten, als Hannes auf das Pedal trat: *Museum für Uhren und Messinstrumente* stand dort zu lesen und ein Pfeil zeigte nach rechts.

Sie folgten den Pfeilen und sahen bald den leeren Parkplatz des Museums vor sich, das wie ein ausrangierter alter Bahnhof aussah. Neben dem Haupteingang gab es eine Klingel.

„Wir möchten zu Frau Heinrich", rief Leo in die Gegensprechanlage, nachdem sich eine blecherne Stimme gemeldet hatte.

Kurz darauf sahen die beiden eine ältere Dame mit grauen Haaren hinter der Glastür auftauchen. Sie trug ein lindgrünes Kostüm und eine strenge Brille mit dunkler eckiger Fassung. Sie schloss die Eingangstür auf und begrüßte die beiden Besucher herzlich. Dann schweifte ihr Blick über den Parkplatz und blieb an Hannes Lastwagen hängen.

„Haben Sie das Schränkchen dabei?"

Hannes nickte und musste bald darauf wieder ordentlich keuchen, als er das schwere Möbel hinter Frau Heinrich her durch die Gänge des Museums in einen Werkstattraum trug.

In den spärlich beleuchteten Gängen kamen sie an einer Unzahl verschiedener altertümlicher Uhren vorbei: Standuhren mit verschnörkelten Zifferblättern, Wanduhren mit Gewichten zum Aufziehen, Uhren, die samt Uhrwerk aus Holz geschnitzt waren und andere, die neben der Zeit auch Mondphasen und Planetenbewegungen anzeigen konnten. Sogar Sanduhren und kunstvoll geschmiedete Sonnenuhren waren hier in den Vitrinen ausgestellt. Leo kam aus dem Staunen kaum heraus - welch komplizierte Uhrwerke die Menschen früher mit ihren einfachen Mitteln hatten herstellen können!

Bei einer Kerzenuhr blieb Leo unweigerlich stehen: In ihrem Schaft steckte auf halber Höhe ein Metallhäkchen, das ein kleines Glöckchen so lange hielt, bis das Wachs an der Stelle weich wurde, das Glöckchen zurückpendeln ließ und den Schläfer durch seinen Klang wecken konnte – ob er damit immer pünktlich in der Schule wäre?

Im Werkstattraum stellte Hannes das Schränkchen auf einem Tisch ab, über dem eine helle Leuchtstoffröhre brannte. Alles sah hier sehr sauber und aufgeräumt aus. Während Frau Heinrich noch mit dem Finger über die Vorderseite der Türchen strich und Leo seine erste Frage im Mund drehte und wendete, ging eine Tür auf und ein untersetzter Mann von ungefähr vierzig Jahren kam mit einer langen, vergilbten Papierrolle in der Hand herein.

„Das ist unser Uhrmachermeister, Herr Wernicke", stellte Frau Heinrich den Herrn im grauen Kittel vor, der nun auch staunend vor dem Tisch stand. Dann nahm er die Rolle hoch, breitete sie neben dem Schränkchen auf dem Tisch aus und beschwerte die Ecken mit vier kleinen Gewichten.

„Dieses ist das einzig bekannte Dokument zum Holzhauser Adventskalender", erklärte er, „eine Zeichnung aus dem Gedächtnis, die ein Neffe 1886 angefertigt hat. Einige Dinge sind direkt in der Zeichnung beschrieben", er zeigte mit dem Finger auf die Beschriftungen der Stirnräder, „ansonsten steht hier unten auf dem Blatt noch etwas mehr über die angebliche Funktionsweise des Apparates. Zusammen mit einigen Hinweisen in der Fachliteratur ist das alles, was wir wissen."

„Ein Neffe von wem?", fragte Leo verwirrt.

„Ein Neffe von Meister Eduard", sagte Frau Heinrich, „Meister Eduard war ein berühmter Uhrmachermeister, der von 1793 bis 1866 in Holzhausen lebte. Er war ein kluger Mann, der auch viel aus anderen Bereichen wusste. Er hat diesen Apparat gebaut, um seine Kinder und Nachfahren für Geschichten zu begeistern und zu aufmerksamen Zuhörern und Lesern zu machen. Der Kalender muss auch mechanisch ein Kunstwerk sein und bis zum heutigen Tag wusste niemand, wo er abgeblieben war. Später müsst ihr mir noch genau erzählen, wo ihr ihn gefunden habt."

„Aber wo sind denn die Geschichten? Hinter den Türchen ist doch nichts", warf Leo ein.

„Doch, ihr habt nur nicht genau hingeschaut", sagte Frau Heinrich geheimnisvoll und holte einen weichen Lappen aus einer Schublade.

Leo und Hannes sahen sich verständnislos an. Frau Heinrich öffnete die Klappe mit der Nummer *1* und putzte sie vorsichtig von innen.

„Ihr habt *hinein* geschaut, aber nicht an die Rückseite der Klappe", belehrte sie die beiden verdutzten Freunde. Sie nahm eine kleine Taschenlampe und leuchtete die Rückseite an.

„Siehst du die Schrift, Leo?"

Leo ging ganz nah heran und konnte tatsächlich einige in das Metall eingravierte Wörter erkennen. Er kniff die Augen zusammen, aber die Buchstaben waren so klein und außerdem waren es abermals diese altdeutschen Schriftzeichen, sodass er nichts entziffern konnte. Frau Heinrich nahm eine Lupe zur Hand und las:

„Joseph Schmieder: Das Adventsmütterchen"

Sie öffnete die Klappe Nummer *2*, putzte kurz die Rückseite, leuchtete hinein und las durch das Vergrößerungsglas:

„Rosa Mahrenholz: Die Fabel vom Bären und dem Wolf"

Der Titel in Klappe *3* hieß *Die Strohpuppe* und war von einem *Wernher Korn zu Eck* verfasst worden.

Frau Heinrich knipste die Lampe aus und blinzelte die beiden über ihre Brille hinweg an, denen die Ratlosigkeit ins Gesicht geschrieben stand. Wozu waren Namen von unterschiedlichen Geschichten in einem Adventskalender?

„In jeder dieser Geschichten muss ein Rätsel verborgen sein, dessen Lösung das jeweils nächste Türchen öffnet", erklärte Frau Heinrich. „Bis jetzt konnten offenbar nur die Rätsel aus den ersten drei Geschichten gelöst werden, deren Titel ich gerade vorgelesen habe. Deshalb stehen nur die ersten vier Türen auf. Schauen wir doch mal wie die Geschichte heißt, deren Rätsel bisher noch nicht gelöst werden konnte."

Sie öffnete die vierte Klappe, putzte wieder, schaute durch die Lupe, putzte noch mal, bewegte die Lippen, während sie leise las, und sagte dann:

„Die Geschichte heißt: *Die Schwalbe, die einen Winter probieren wollte* von einem *Gerhard Hinrichsen.*"

Alle sahen sich an, keiner von ihnen hatte jemals von dieser Geschichte gehört.

„Wie konnte überhaupt das erste Türchen geöffnet werden, da gab es ja noch kein Rätsel zu lösen?", wollte Leo wissen.

„Das ist eine gute Frage, Leo", schaltete sich Herr Wernicke ein, „wir wissen es auch nicht. Die Türchen werden über eine Zahlenkombination geöffnet, die man hier oben einstellt." Er zeigte mit dem Finger auf die drei Stellräder oben über den Türchen und fuhr fort: „Das ist tatsächlich so ähnlich wie bei einem Tresor in einer Bank. Die mittlere Stellschraube geht von *1* bis *24* und wählt das Türchen an, das wir öffnen möchten. Schau, es steht auf der *5*, aber die übrigen Zahlen waren nicht richtig eingestellt worden und deshalb blieb Türchen *5* zu. Die Lösung des Rätsels aus der Geschichte vom Vortag besteht immer aus zwei Zahlen im Bereich von *2* bis *50*, eine für die linke und eine für die rechte Stellschraube, deren Skala bis dorthin geht. Erst wenn auch hier die richtigen Werte eingestellt sind und man am mittleren Stellrad zieht, springt das Türchen auf und gibt den Namen der nächsten Geschichte frei."

„Wenn das so ist, dann ist die Zahlenkombination für das erste Türchen bestimmt eine *2* an der linken und eine *24* an der rechten Stellschraube", sagte Hannes unvermittelt.

„Wie kommst du denn darauf?", wunderte sich Leo.

„Denk' an die kleinen Zahlen vorne auf dem ersten Türchen."

Hannes lehnte das erste Türchen an und zeigte auf die winzigen Zahlen rechts und links neben der großen *1*.

„So wird es sein", nickte Herr Wernicke anerkennend.

„Kann man die Türchen denn nicht durch Probieren öffnen?", fragte Leo.

Herr Wernicke schüttelte den Kopf.

„Hier unten auf der Zeichnung wird auch das erklärt. Im Adventskalender arbeitet ein sehr kompliziertes Uhrwerk, deswegen ist das Schränkchen auch so schwer. Wenn das Uhrwerk aufgezogen ist, läuft es ein Jahr lang und zählt die Tage. Sobald jemand die Markierung des mittleren Stellrades auf die Nummer des nächsten Türchens dreht, hat er genau eine Minute Zeit, um auch die übrigen beiden Stellräder rechts und links richtig einzustellen. Schafft er das nicht, so muss er ein Jahr bis zum nächsten Versuch warten."

„Das ist ja gemein!", rutschte es Leo heraus.

„Es kommt noch schlimmer", Herr Wernicke pochte mit dem Finger auf den Text unten auf der Zeichnung. „Wenn ein Türchen eingestellt wurde, hat man nicht nur eine Minute für die richtige Zahlenkombination Zeit, sondern auch höchstens 24 Stunden, um das nächste Türchen anzuwählen. Hat man das Rätsel der nächsten Geschichte also nicht innerhalb eines Tages lösen können, muss man auch wieder bis zum nächsten Advent warten."

Es herrschte Stille im Raum, als Herr Wernicke geendet hatte – dieser Adventskalender war wirklich eine harte Nuss.

„Wieso hat Meister Eduard nur so strenge Regeln eingebaut?", wollte Leo wissen.

„Ich glaube, Meister Eduard war es wichtig, dass die Kinder den Geschichten sehr konzentriert und aufmerksam zuhören und lernen, sich nicht dauernd von anderen Dingen ablenken zu lassen", sagte Frau Heinrich.

„Und wenn sie die Rätsel aus allen Geschichten gelöst haben, bekommen sie an Weihnachten das Audikular als Belohnung", kombinierte Hannes und schnipste dabei mit den Fingern.

„Ja, so könnte es sein", stimmte Frau Heinrich zu, „nur das wissen wir nicht, darüber steht nichts auf der Zeichnung. Für diese Vermutung haben wir nur die Schrift auf dem vierundzwanzigsten Türchen."

„Wo haben Sie eigentlich den Schlüssel zum Aufziehen des Uhrwerks?", richtete Herr Wernicke plötzlich eine neue Frage an Hannes.

„Ich habe keinen Schlüssel dafür", erwiderte Hannes verdutzt.

„Ohne Schlüssel können wir das Uhrwerk nicht aufziehen, und wenn es nicht läuft, kann kein einziges Türchen mehr aufgehen", erläuterte Herr Wernicke, „sind Sie sicher, dass in der alten Uhrmacherwerkstatt nirgendwo ein Schlüssel war, der hier passt?"

Herr Wernicke ging zur Rückwand des Schränkchens und zeigte Hannes die Öffnung, in die nur ein Spezialschlüssel passen konnte.

„Ich musste ja das ganze Haus des Uhrmachers leerräumen und habe vieles einfach in große Kisten geworfen, aber...", Hannes zog die Stirn in Falten und dachte angestrengt nach, „an einen großen Schlüssel kann ich mich nicht erinnern. Aber ich werde zu Hause in den Kisten nachsehen, die noch da sind. Einige davon habe ich allerdings gleich auf die Müllkippe gebracht", sagte er und ließ sich auf einen Stuhl fallen.

Eine Sekretärin kam mit einem Tablett herein und brachte Kaffee für die Erwachsenen und einen Saft für Leo. Frau Heinrich schrieb den Titel der letzten Geschichte auf einen Notizzettel, gab ihn der Sekretärin und raunte ihr zu:

„Schauen Sie doch mal, ob Sie diese Geschichte irgendwo finden können."

Dann nahm sie eine Tasse Kaffee vom Tablett und wandte sich wieder ihren Gästen zu.

„So Leo, jetzt erzähl doch mal ganz von vorne, wie ihr zu diesem Schränkchen gekommen seid. Oder soll Herr Schenker besser anfangen?"

Es war schon sehr spät am Abend, als Hannes mit seinem Laster vor Leos Haus hielt und ihm eine gute Nacht wünschte. Sie waren noch lange im Museum gewesen. Hannes hatte vom Haus des verstorbenen Uhrmachers und Leo vom Besuch bei Pater Jakob in der Klosterbibliothek berichtet. Dann war die Frage aufgekommen, wie es mit dem Holzhauser Adventskalender weitergehen sollte. Frau Heinrich und Herr Wernicke hätten ihn gerne im Museum behalten, aber er gehörte nun mal Hannes. Das war das Geschäft gewesen, er durfte alles behalten, was sich im Hause des Uhrmachers befand. Und Leo hatte seinen Freund schon rechtzeitig angestupst und ihm zugeflüstert, dass er unbedingt selbst alle Rätsel lösen wolle. Natürlich sollte Hannes ihm dabei helfen. Außerdem musste der Schlüssel ja noch gefunden werden. So hatten sie das schwere Ding wieder aufgeladen und mit Frau Heinrich verabredet, in Kontakt zu bleiben.

Beim Abschied hatte Frau Heinrich Leo einen Umschlag gegeben, der ihr kurz zuvor von der Sekretärin zugesteckt worden war. ‚Ich wünsche dir für heute eine spannende Gutenachtgeschichte', hatte die Direktorin gesagt und dabei gezwinkert, und Leo war gleich klar gewesen, dass es die vierte Geschichte sein musste, die mit dem Rätsel für das fünfte Türchen.

Leo schaute auf den weißen Umschlag in seiner Hand, als er jetzt zu Hause auf die Klingel drückte. Frau Winterfeld öffnete und Leo bemerkte den vorwurfsvollen Blick seiner Mutter sofort, obwohl sie sich Mühe gab, ihre Sorge und ihren Ärger über sein langes Wegbleiben zu verbergen. Er huschte hinein, aß schnell die bereits geschmierten Brote, putzte die Zähne und zog sich in Windeseile seinen Schlafanzug an. Dann lief er mit dem Umschlag zu seiner Mutter, holte den gedruckten Text heraus und hielt ihn ihr hin.

„Mama, liest du mir bitte noch eine kurze Gutenachtgeschichte vor?"

Frau Winterfelds Ärger war noch nicht verflogen. Sie atmete hörbar aus und schien zu überlegen, ob sie diesen Wunsch heute noch erfüllen mochte. Dann zündete sie aber doch eine Kerze auf dem Adventskranz an, wickelte Leo in eine warme Decke, setzte sich zu ihm aufs Sofa und nahm das Blatt zur Hand.

„Die ist ja wirklich nicht so lang", sagte sie versöhnlich, „hast du sie aus dem Museum?"

„Es ist die vierte Rätselgeschichte aus dem Holzhauser Adventskalender und ich brauche die Lösung daraus für das fünfte Türchen", antwortete Leo erleichtert.

Seine Mutter sah ihn verständnislos an.

„Das erklärst du mir am besten morgen genauer", sagte sie dann und zog die Beine an, „jetzt lesen wir erstmal die Geschichte von der Schwalbe, die den Winter probieren wollte."

Und sie las:

Die Schwalbe, die einen Winter probieren wollte

„Wenn du schlau wärest, würdest du mit mir in den Süden ziehen, bevor der grässliche Winter mit seinen Stürmen, dem Frost und dem Hunger kommt", sagte die Schwalbe zu einer Meise, mit der sie in den Zweigen einer dicken Buche Schutz vor der glühenden Sommerhitze gefunden hatte, „dann hättest du immer warmes Wetter, hättest genügend Futter und Bequemlichkeit." „Nein", widersprach da die Meise, „ich wäre wohl ärmer geworden!"

Die Schwalbe sah die kleine Meise ungläubig an.

„Das Leben im Schlaraffenland macht dich ärmer? Mir scheint, deine Flügel sind zu schwach für die lange Reise und daher versuchst du, dir etwas einzureden. Was kann denn das schon sein, was dich hier reicher macht?"

So spottete die Schwalbe. Aber die Meise hüpfte nur auf einen anderen Zweig, pickte eine dicke Made und fragte:

„Wie kannst du denn über den hiesigen Winter urteilen, wenn du flüchtest, lange bevor der erste Herbstwind über das Land hinwegfegt?"

„Die anderen haben es erzählt", entgegnete die Schwalbe.

„Siehst du, vom Hörensagen kannst du es nicht begreifen", sagte die Meise nach einer kurzen Weile und flog davon.

Als die Meise Ende August einmal wieder in der Buche saß, hatte die Schwalbe schon auf sie gewartet.

„Ich habe nachgedacht", sagte sie, „ich möchte einmal den Winter probieren. Meinst du, dass du mich vorher etwas unterrichten kannst? Ein klein wenig nur."

Die Meise sah die Schwalbe lange an. Dann sagte sie:

„Wenn du es wirklich willst, dann werde ich mit aller Kraft versuchen, dir dabei zu helfen."

Die Blätter der Buche wurden langsam bunter. Als sie bereits braun geworden waren, begann eines Tages ein großer Sturm zu heulen. Er fegte durch die Bäume und zauste an den Ästen, sodass die mürben Blätter in großen Wolken davon stoben. Die Schwalbe hatte das wilde Treiben furchtsam beobachtet und hastig überlegt, wo sie am besten vor den gewaltigen Sturmböen würde Schutz finden können. Da kam ihr die rettende Idee: Sie flog in einen Haselnussstrauch, der im Windschatten eines alten Schuppens stand, und rief der Meise zu, ihr zu folgen. Als die Meise zögerlich neben ihr im Geäst landete, sagte sie selbstzufrieden:

„Siehst du, ich weiß mir zu helfen und habe einen sicheren Platz gefunden!"

„Wir müssen schnell hier weg", entgegnete die Meise aufgeregt, „hast du nicht das Loch im Dach rechts über uns und die vielen Dachziegelscherben auf dem Boden gesehen?"

„Doch", sagte die Schwalbe, „aber was macht das schon?"

„Der Sturm hebt die alten Dachziegel ab, die dann hier zu Boden krachen. Komm mit, wenn dir dein Leben lieb ist!", rief die Meise voller Furcht, flog durch den Sturm in einen Baum und verbarg sich hinter dem dicken Stamm. Die Schwalbe folgte kurz darauf mehr aus Höflichkeit und saß gerade wieder neben ihrer Gefährtin, als zwei Ziegel über die Dachkante geflogen kamen und dicht neben dem Haselnussstrauch am Boden zerschmetterten.

„Zögere das nächste Mal besser nicht so lange", sagte die Meise nur.

Nun wurde es jeden Tag kälter. Die Meise bekam ein Kleid aus dicken Daunenfedern, aber die Schwalbe begann jämmerlich zu frieren.

„Lass uns auf den Dächern in der Nähe einer Esse sitzen", schlug die Meise vor, „die Menschen haben den ganzen Tag ein Feuer brennen."

Anfang Dezember begann es dann zu schneien. Dicke weiße Flocken sanken lautlos zu Boden. Die Schwalbe staunte:

„Das ist wunderschön, ich kann mich nicht satt sehen. Erkläre mir bitte, was das ist."

Und die Meise erklärte ihr den Schnee.

„Aber wie finden wir nun Futter, wenn alles tief verschneit ist?", fragte die Schwalbe ängstlich.

Die Meise zeigte ihrer Freundin nun, wie man Würmer und Larven aus den Rinden der Bäume pickt und wo Sonnenblumenkerne aus dem letzten Herbst zu finden waren.

Und als an Weihnachten die Kerzen hinter den Fenstern und auf den Christbäumen brannten, die Glocken läuteten und einige Menschen die Krumen des Weihnachtsgebäcks für die Vögel in ihre Gärten streuten, da wurde die Schwalbe ganz still und ließ die größten Krümel für die kleine Meise.

Der Winter war lang und dunkel. Die beiden Vögel fanden immer weniger zu essen und das Leben war hart. Sie ersannen ein Spiel gegen die Kälte, indem sie gegenseitig versuchten, den Schnee von den Zweigen zu hüpfen und den anderen damit einzupudern.

Langsam wurden die Tage heller und eine Woche, bevor Tag und Nacht wieder gleich lang waren, schien die Sonne das erste Mal in diesem Jahr warm und freundlich vom Himmel. Die beiden Vögel saßen im Widerschein eines Felsens und hatten die Flügel ausgebreitet.

„Noch nie in meinem Leben habe ich die wärmenden Sonnenstrahlen so genießen können", sagte die Schwalbe.

„Du hast auch noch nie zuvor in deinem Leben so gefroren", antwortete die Meise.

Als der Sommer sich wieder seinem Ende neigte, kam die Schwalbe zu der Meise und sprach:

„Ich werde dieses Jahr wieder mit den anderen in den Süden wandern. Ich bin für den Winter hier nicht geeignet, mein Federkleid ist nicht gut genug dafür. Aber ich bin auch ein wenig traurig: Der Herbst mit seinen bunten Blättern, das Weihnachtsfest und die Sonne im Frühling werden mir fehlen, und auch der knorrige Winter. Jedenfalls weiß ich nun, dass es die Jahreszeiten sind, die euch Meisen so klug und erfindungsreich gemacht haben."

Längere Zeit war es still im Zimmer. Leo starrte auf irgendeinen Punkt an der Tapete.

„Danke Mama", sagte er schließlich und stand auf, „ich glaube ich weiß, was die Geschichte sagen will, und die Kombination für das fünfte Türchen weiß ich auch. Jetzt muss Hannes nur noch diesen verflixten Schlüssel finden!"

Wieder waren gerade erst zwei Minuten vergangen, seit Leo das letzte Mal auf die Uhr gesehen hatte. Die Zeit wollte einfach nicht verstreichen. Sechs endlose Schulstunden standen heute auf dem Stundenplan, und dann auch noch Erdkunde in der letzten!

Ob der Schlüssel für das Uhrwerk des Kalenders aufgetaucht war? Gestern Abend hatte Leo noch lange wach gelegen. Er war die Geschichte von der Schwalbe in Gedanken noch einmal durchgegangen; ja - er war sich sicher, die richtigen Zahlen zu kennen. So schwer war das doch gar nicht gewesen, aber sein Vater hatte ihn beim Frühstück gebremst und zu Bedenken gegeben, dass die Leute vor über hundert Jahren sicher nicht dümmer gewesen waren.

Allein das Beschaffen eines unbekannten Textes innerhalb weniger Stunden wird für sie ohne Auto und andere moderne Hilfsmittel von heute unter Umständen unmöglich gewesen sein, hatte er Leo klar gemacht, und hier mochte auch der Grund liegen, weswegen bisher nur die ersten drei Rätsel gelöst waren.

Leos Schulranzen stand schon gepackt unter der Bank, als endlich die Schulglocke läutete. Leo sauste aus dem Klassenzimmer und radelte so schnell er konnte heim.

„Hat Hannes schon angerufen?", rief er aus dem Hausflur seiner Mutter zu, die in der Küche mit den Töpfen klapperte.

„Ja, aber er hat keinen Schlüssel gefunden. Er will aber noch weitersuchen."

Nach dem Mittagessen hielt Leo es nicht mehr länger aus und wählte Hannes' Nummer.

„Hast du den Schlüssel?"

„Nein", brummte Hannes ärgerlich, „ich habe alle Kisten durchgesucht, habe sie zum Schluss sogar ausgekippt, aber nichts sieht annähernd wie ein Schlüssel aus, der in das Schlüsselloch von dem Adventskalenderschrank passen könnte."

Die Telefonleitung rauschte leise. Leo brachte kein Wort heraus, seine Enttäuschung war so groß wie die eines Schiffbrüchigen, der unter seiner Palme den einzigen Dampfer seit Wochen verschlafen hat, der schon wieder außerhalb der Rufweite entschwindet.

„Du kannst ja auch noch mal suchen", schlug Hannes vor, „vielleicht hast du mehr Glück."

Aber auch Leo fand nichts, als er nach den Hausaufgaben zu Hannes gefahren war. Er wühlte alle Kisten durch, nahm jede Spiralfeder, jedes Zahnrad und jedes Stück Metall in die Hand, aber ein Schlüssel war nicht dabei. Sollte schon wieder alles vorbei sein, bevor die spannende Suche nach den Geschichten und dem Audikular richtig begonnen hatte?

„Vielleicht weiß Herr Wernicke vom Museum Rat?", meinte Hannes schließlich, als die beiden Freunde wieder zurück in der Küche waren.

Leo kraulte Nudels Fell und war mit seinen Gedanken woanders.

„Oder wir versuchen, uns bei einem Schmied einen solchen Schlüssel nachfertigen zu lassen?", grübelte Hannes weiter.

„Was hast du gesagt?"

Hannes wiederholte seinen Vorschlag.

„Hannes, wenn du einen so wichtigen Schlüssel hinterlegen müsstest, der nur ein Mal im Jahr zum Aufziehen eines bestimmten Uhrwerkes gebraucht wird, wo würdest du den Schlüssel hin tun?"

Hannes dachte einen Moment nach.

„Ich würde ihn irgendwo bei diesem Uhrwerk deponieren", sagte er, „genau zu diesem Zweck gibt es ja den Uhrenkasten bei alten Standuhren."

„Eben, vielleicht hat dieses Uhrwerk auch irgendwo einen Uhrenkasten!"

Sie sprangen zum Schränkchen hin, das wieder auf dem Küchentisch stand, und untersuchten alle vier Seiten genau, ohne eine Spur von einem Fach oder einem Kasten zu finden.

„Vielleicht eine Bodenklappe?", fiel es Hannes ein.

Er zog einen Handspiegel aus einer Schublade, wischte mit dem Ärmel eine beachtliche Staubschicht herunter und hielt ihn in Höhe des Schlüsselloches unter das Schränkchen. Und tatsächlich: Sie fanden dort eine Klappe, die durch eine kleine Rändelschraube verschlossen war.

„Junge, Junge, die sitzt aber fest", Hannes drehte mit aller Kraft seiner Finger, aber die Schraube bewegte sich kein bisschen. Er holte eine große Zange und probierte es damit erneut.

„Wenn ich zu fest drehe, reiße ich die Schraube womöglich ab", sagte er und setzte die Zange wieder ab. Er holte Rostlöser und sprühte die Schraube damit ein.

„Jetzt müssen wir zehn Minuten warten."

Sie saßen um den Tisch und starrten beide auf den Sekundenzeiger der Küchen-uhr, der mühsam seine Runden drehte. Hoffentlich hatten sie recht, hoffentlich war das Fach ein Uhrenkasten und hoffentlich war es nicht leer!

Nach zehn endlos langen Minuten stand Hannes auf und setzte die Zange wieder an. Er drehte vorsichtig hin und her. Plötzlich gab die Schraube nach.

„Sie ist los", rief Hannes triumphierend. Er schraubte sie ganz heraus, eine Klappe fiel nach unten und in einer Halterung an ihrer Innenseite steckte ein eigenartig ge-bogenes Ding. Hannes nahm es heraus und hielt es hoch wie einen Pokal – es passte exakt in das Schlüsselloch.

„Komm, lass uns gleich damit das Uhrwerk aufziehen!"

„Nein", stoppte Leo Hannes' Tatendrang, „lass uns erst gut überlegen. Sobald ein Türchen aufgeht, haben wir genau vierundzwanzig Stunden Zeit, um die neue Geschichte zu finden, sie zu lesen und ihr Rätsel zu knacken. Wir werden vielleicht geöffnete Buchläden oder Büchereien brauchen, werden kluge Leute fragen müssen, die dann nicht im Bett liegen dürfen. Wir müssen also immer am Abend die Lösung eingeben, dann hätten wir jeweils den Rest des Abends und den ganzen folgenden Tag, um die nächste Geschichte zu finden. Was sagst du dazu?"

„Das ist eine gute Idee, Leo, lass uns mit dem Türchen bis heute Abend warten, aber aufziehen können wir das Uhrwerk doch schon mal."

Hannes steckte den Schlüssel in das Loch und drehte ihn vorsichtig im Uhrzei-gersinn. Bei jedem Drehen hörten sie innen ein schnarrendes Geräusch. Hannes drehte und drehte, jedes Mal schnarrte es wieder. Endlich war er am Anschlag. Sie legten beide das Ohr an die Außenwand des Schränkchens. Nichts war zu hören, kein Ticken oder Laufgeräusche einer Unruhe. Sie sahen sich enttäuscht an – was hatte das zu bedeuten? War das Uhrwerk längst kaputt? War alles umsonst? Hannes ruckelte am Schlüssel aber nichts passierte. Enttäuscht schlug er mit der Faust gegen die Seitenwand, aber auch mit Gewalt ließ das Uhrwerk sich nicht überzeugen.

„Vielleicht ist etwas festgerostet", überlegte Leo kleinlaut.

„Um nachzusehen, müssten wir diesen Panzerschrank erstmal aufkriegen", meinte Hannes missmutig. „Aber schauen wir, ob wir vielleicht noch eine Öffnung finden."

Er wollte erneut unter das Schränkchen äugen und stieß dabei mit dem Kopf hart an den Schlüssel.

„Aua", knurrte er ärgerlich und zog den Schlüssel heraus. *Tick tack tick tack tick tack* war es laut und deutlich aus dem Adventskalender zu vernehmen.

„Er geht, er funktioniert!", jubelte Leo, „jetzt sind wir dran!"

Am Abend versammelten sich alle in Hannes Küche, Leos Eltern waren auch gekommen.

„Und du bist dir sicher?", fragte Hannes, als Leo an den beiden Stirnrädern drehte, um die richtigen Zahlen einzustellen.

Leo nickte.

„Zwei Ziegel waren vom Dach geflogen und sie kamen von dem Loch im Dach rechts über den beiden Vögeln; also muss das rechte Stellrad auf die *2*. Dann gab es nur noch eine Stelle, bei der Zahlen vorkamen, die dann für das linke Rad sein müssen. Genau eine Woche vor der Gleichheit von Tag und Nacht ist der 14. März. Ich habe also links die *14* eingestellt."

„Wenn wir jetzt am mittleren Stellrad ziehen und das fünfte Türchen bleibt zu, dann müssen wir wieder ein ganzes Jahr warten", gab Hannes zu bedenken, „wollen wir nicht lieber noch mal überlegen?"

„Ich bin mir sicher", sagte Leo, „und wenn die *14* nicht stimmen sollte, dann käme höchstens noch die *7* als Anzahl der Wochentage infrage. Das schaffen wir innerhalb einer Minute umzustellen."

Er griff an das mittlere Stellrad, zögerte noch einen kurzen Moment und zog dann energisch. Innen gab es ein knarrendes Geräusch. Alle starrten wie gebannt auf das fünfte Türchen und Leos Mutter drehte mit einer Hand an ihrem großen sichelförmigen Ohrring, wie sie es meistens tat, wenn sie angespannt war. Das Knarren wurde durch ein klackendes Geräusch beendet und das Türchen sprang auf. Leo knallte vor Freude mit den Handflächen auf die Tischplatte und seine Eltern klatschten gerührt, als hätte ihr Sohn gerade einen Schülerwettbewerb gewonnen. Das Blau der Blende war wieder etwas heller als beim Türchen zuvor, aber das Wichtigste war der Name der nächsten Geschichte. Leo ging ganz nah heran, dann drehte er sich zu seinem Vater um.

„Papa, bitte lies du."

Herr Winterfeld nahm die Lupe zur Hand und buchstabierte sich den Titel zusammen, der auf die Innenseite graviert war.

„Die nächste Geschichte heißt: *Vom Wunsch, der nicht in Kisten passt* von einem *Theobald Stern*", gab er bekannt.

Einen Moment war es still im Raum.

„Ich habe ein altes Buch mit Geschichten von einem *Theobald Stern*", sagte Leos Vater dann, „vielleicht ist auch diese Geschichte dabei."

Keine halbe Stunde später saßen alle Vier im Wohnzimmer der Winterfelds. Auf dem Adventskranz brannte eine Kerze ruhig vor sich hin, und auf dem Tisch stand ein Teller mit Plätzchen. Frau Winterfeld trug einen dunklen bequemen Hausanzug und machte es sich auf dem Sofa gemütlich. Hannes saß behäbig in einem der Sessel und Leo merkte ihm an, dass er lieber auf seiner Küchenbank gelümmelt hätte. Herr

Winterfeld hatte ein kleines graues Büchlein mit abgestoßenen Ecken aufgeschlagen und sah von einem zum anderen.

„Nun hört alle gut zu", sagte er, „dieses ist die Geschichte von einem Wunsch, der angeblich in keine Kiste passt."

Und er las:

Vom Wunsch, der nicht in Kisten passt

"Wo hat der dumme Albrecht nur seine Stiefel versteckt", dachte die kleine Clara entrüstet, während sie mit einer Kerze in der Hand den Schuppen mit den Gartengeräten durchsuchte. Die Reitstiefel ihrer Eltern waren immer am selben Platz im Stall, und das Mädchen hatte sich bereits den jeweils rechten stibitzt. Schön standen sie nebeneinander in der Diele neben ihrem eigenen Stiefel. Woher sollte der Nikolaus schon genau wissen, wie viele Kinder in diesem Hause lebten und welche Schuhgröße sie hatten? Als Clara die drei Stiefel betrachtet hatte, wie sie so gefällig in einer Reihe standen, da war ihr in den Sinn gekommen, dass auch ein Stiefel des Gärtners hier noch gut Platz finden könnte. So war sie mit einem Licht auf die Suche gegangen – die Anzahl ihrer Wünsche war groß, größer als die Zahl der rechten Stiefel in diesem Haus.

Endlich entdeckte Clara die Stiefel hinter einer Bank unter dem Vordach des Schuppens. Albrecht hatte sie hier stehen lassen, weil sie voller Erdklumpen von der letzten Gartenarbeit waren. Pfui, einen solchen Stiefel konnte man dem Nikolaus wohl kaum präsentieren. Aber deshalb auf eine weitere Überraschung verzichten? Clara fand einen alten Strauchbesen und fegte damit den rechten Stiefel ab. Dann suchte sie nach einem Lappen und rieb den Stiefel damit sauber.

„Nachts ist es ja dunkel, obendrein ist der Nikolaus alt und kann sicher nicht mehr gut sehen, also wird es so genügen", redete sie sich ein, als sie immer noch herbe Schmutzränder an dem Stiefel bemerkte.

Bald standen drei große und ein kleinerer Stiefel in der Diele, bereit, den Nikolaus des Nachts zu überzeugen, dass vier brave Kinder ihren Stiefel aufgestellt hätten. Clara warf einen letzten Blick auf die vier aufrechten Stellvertreter.

„Besaß Großvater nicht auch ein Paar Stiefel?", dachte sie unverhofft. Dann aber zog sie die Dielentür zu und ging zurück in die Wohnräume.

„Tür zu", krächzte Kolumbus als sie ins Zimmer kam.

Clara ging zu ihrem Papagei und ließ ihn auf ihren Arm steigen. Bedächtig setzte der bunte Ara einen Fuß neben den anderen während er näher kam.

„Sei schön artig", sagte sie liebevoll zu ihm, „und vergiss nicht, deinen Schuh aufzustellen – heute ist Nikolausabend."

Am nächsten Morgen war Clara schon sehr zeitig wach. Sie stand geschwind auf und horchte an der Tür zum Schlafgemach ihrer Eltern. Von drinnen war ein ruhiges Schnarchen zu vernehmen.

„Wie siehst du denn aus", krähte Kolumbus unter dem Tuch hervor, das über seinen Käfig gehängt war.

Clara zog ihre Hauspantoffel an und lief in die Diele. Hoffentlich hatte der Nikolaus nichts von ihrer Gaunerei bemerkt und alle Stiefel bis obenhin mit Leckereien oder sogar Spielzeugen gefüllt! Voller Spannung näherte sie sich den Stiefeln, die alle noch genau wie gestern dort standen. Nur ein komisches Holzkästchen stand zusätzlich daneben – was hatte das zu bedeuten? Clara guckte in alle Stiefel hinein, sie schienen alle vollkommen leer. Sie nahm sie der Reihe nach hoch und schüttete sie um, aber nicht die kleinste Nuss fiel heraus. Maßlos enttäuscht pfefferte Clara die Stiefel in die Ecke.

Vielleicht war in dem Kästchen etwas drin? Vielleicht Schmuck oder sogar ein paar Münzen, mit denen sich Clara selbst einige ihrer Wünsche erfüllen konnte? Es kann doch sein, dass es dem Nikolaus peinlich gewesen ist, dass er drei Kinder vergessen hatte, und er in seiner Ratlosigkeit etwas Geld in ein Kästchen gelegt hat.

Clara nahm das Kästchen hoch und betrachtete es von allen Seiten. Es war aus hellem Holz und kunstvoll gefertigt. Der Deckel konnte mit einem kleinen goldenen Klappmechanismus verschlossen werden. Vorsichtig schob sie den Riegel bei Seite und hob den Deckel an – auch das Kästchen war leer. Gerade wollte Clara das Kästchen wütend zuklappen, als sie die Inschrift im Deckel sah.

‚Wünsch dir was', stand da.

Hatte sie richtig gelesen? Clara betrachtete die Schrift ganz genau; die Buchstaben waren kunstvoll geschwungen in das helle Holz geschwärzt worden wie ein Brandzeichen. Zur Sicherheit entzifferte Clara die Wörter noch einmal – ja, es stand wirklich so da.

Was sollte das heißen? Sie hatte sich doch vieles gewünscht aber nichts bekommen – außer diesem Kästchen hier. Wenn zumindest etwas darin gewesen wäre, Nüsse, Äpfel und gar Süßigkeiten. Clara fühlte sich betrogen. Sie nahm das Kästchen und ging grübelnd in ihr Zimmer.

Warum hat der Nikolaus mir nichts gebracht?

Am Nachmittag kam ihre Cousine Käthe mit ihren Eltern zu Besuch.

„Was war in deinem Stiefel?", flüsterte sie Clara ins Ohr, kaum dass sie ihre Wintermäntel in der Diele ausgezogen hatten. Clara zuckte mit den Schultern und sagte nichts.

„Ich hatte wieder die üblichen Plätzchen und Früchte aber dieses Mal ...", Käthe ließ ihren Satz ein Weilchen in der Luft hängen, schaute Clara an und flüsterte dann aufgeregt weiter, „habe ich dazu eine Orange im Stiefel gefunden, weißt du was *das* ist?"

„Ist mir egal", sagte Clara wirsch und ging zurück in die Stube, in der der Kaffeetisch schon festlich gedeckt war. Die Mägde hatten gebacken und es duftete herrlich nach Zimtplätzchen und Pfefferkuchen. Alle setzen sich, und kaum dass sie alle saßen, kam schon eine Magd mit einer großen Porzellankanne herein und schenkte dampfenden Kaffee ein. Die beiden Mädchen bekamen einen Most.

„Was ist denn eine Orange?", fragte Clara ihre Cousine nun doch, als die Erwachsenen aßen und längst mit ihren eigenen Themen beschäftigt waren.

„Das ist eine Zitrusfrucht, die eine ungenießbare gelbrote Schale hat und nur im fernen Spanien wächst", belehrte Käthe sie, „sie soll ganz süß sein und muss himmlisch schmecken!"

Clara fiel die Schrift in dem kleinen Kästchen ein: *Wünsch dir was!*

„Äpfel, Mandeln und Nüsse sind ja ganz schön", dachte Clara bei sich, „aber so eine exotische Orange hätte ich auch gerne!"

Am nächsten Morgen hatte Clara wirklich schlechte Laune. Draußen wurde es gar nicht richtig hell, es war ein kaltes Regenwetter und mitunter purzelten zwischen den Regentropfen auch ein paar schwere nasse Schneeflocken zur Erde. Sie hatte außerdem schlecht geschlafen, hatte über den missratenen Nikolaustag gegrübelt und sich im Traum einem riesigen Nikolaus gegenüber gesehen, der sie mit erhobenem Zeigefinger und donnernder Stimme schalt, aber sie konnte seine Worte nicht verstehen, als ob er in einer fremden Sprache reden würde.

Clara hatte keine Lust, ihr warmes Federbett zu verlassen. Kolumbus raschelte in seinem Käfig und knackste mit dem Schnabel. Ihr Blick wanderte durch das Zimmer und blieb schließlich an dem Holzkästchen hängen, das auf einer Truhe stand. Komisch – in ihrer Erinnerung war es kleiner. Clara nahm mit den Augen Maß; jetzt war sie sich sicher: gestern Abend war das Kästchen kleiner gewesen. Hatte jemand es über Nacht ausgetauscht? Clara schlug die Bettdecke beiseite und ging mit nackten Füßen durch das kalte Zimmer zu dem Kästchen hin. Als sie es in die Hand nahm, merkte sie gleich, dass es auch schwerer geworden war. Was konnte da drin sein? Clara öffnete gespannt den Verschluss und hob den Deckel langsam an. Aus dem Inneren leuchtete es gelbrot. Sie machte den Deckel ganz auf und erblickte eine merkwürdige runde Frucht mit einer rauen Schale. Claras Laune verbesserte sich schlagartig: Ob das eine Orange war wie die von Käthe?

„Schau mal, was ich hier habe!"

Clara holte die Orange aus einem Beutel und hielt sie Käthe hin. Die staunte nicht schlecht.

„Die ist ja noch größer als meine. Wo hast du die so geschwind herbekommen?"

Clara erzählte ihrer Cousine in allen Einzelheiten von dem Kästchen und ihrer Entdeckung am Morgen. Ihre Eltern waren genau so erstaunt gewesen und Clara hatte ihnen gleich das Versprechen abgenommen, nach dem Essen die wenigen Straßen zu Käthe hinüberlaufen zu dürfen. Nun beratschlagten die beiden Mädchen über das Geheimnis des kleinen Kästchens.

„Vielleicht ist es ein Zauberkästchen und kann dir alle deine Wünsche erfüllen?", wähnte Käthe, „wünsch' dir doch noch eine Orange."

Das fand Clara eine gute Idee und wünschte sich noch eine Orange. Die beiden Mädchen liefen schnell zurück zu Claras Haus, stürzten hoch in ihr Zimmer und öffneten gespannt das Kästchen – es war leer. Die beiden sahen sich enttäuscht an.

„Gib Küsschen", krächzte Kolumbus.

Am nächsten Morgen fand Clara wieder eine Orange in dem Kästchen. Vielleicht erfüllte es die Wünsche nur über Nacht? Nun wollte Clara das Kästchen auf die Probe stellen und wünschte sich am darauf folgenden Abend ein Paar warme Handschuhe mit Fingern. Und tatsächlich lagen zum ratlosen Erstaunen aller am nächsten Morgen wunderschöne Lederhandschuhe in genau ihrer Größe in dem Kästchen. Clara wünschte sich – noch ungläubig – eine Halskette aus Perlen und fand sie am nächsten Morgen vor. Es war unbegreiflich: Das Kästchen konnte tatsächlich Wünsche erfüllen!

Bald wussten es alle, und alle wollten jeden Tag begierig wissen, welcher Wunsch diese Nacht in Erfüllung gegangen war. Clara wünschte sich Ohrringe, eine Fellmütze und einen Kreisel zum Spielen, dann einen Ball, Schokolade, Stifte zum Malen, einen Kompass und Haarspangen. Als sie sich neue Reitstiefel gewünscht hatte, war das Kästchen über Nacht wieder größer geworden, sodass die Stiefel dort auch hineinpassen konnten. Und da das Kästchen nun mal so groß war, wünschte Clara sich gleich noch ein Paar leichte Stiefel für den Sommer dazu. Danach wollte sie ein großes Fernrohr mit Stativ haben, und das Kästchen musste sich für diesen Wunsch wieder ordentlich recken.

„Kannst du mir nicht auch ein Fernrohr wünschen?", bat Käthe ihre Cousine, als sie eines Abends gemeinsam den Sternenhimmel durch das Rohr betrachteten, und Clara wünschte sich großmütig ein Fernrohr für sie. Am nächsten Morgen war der Kasten leer.

„Es tut mir leid, die Wünsche gelten wohl leider nur für mich selbst", verkündete Clara ihrer Cousine und wünschte sich für die nächste Nacht einen neuen Sattel.

Bald war der Kasten so groß geworden, dass er nicht mehr in Claras Zimmer passte. Sie hatte sich einen Schaukelstuhl gewünscht, und fortan musste der riesige Kasten in der Diele stehen. Als Clara sich jetzt einen Fingerring mit Edelstein wünschte, musste sie morgens in den Kasten hinein steigen, um den kleinen Ring vom Boden aufzulesen. Als sie wieder herauskletterte, fiel ihr Blick auf die Schrift im Deckel.

Wünsch dir was! stand dort in riesigen Lettern.

Im Frühjahr begannen die ersten Krokusse im Garten zu blühen und Clara begannen die Wünsche auszugehen.

„Letzte Nacht habe ich mir einen Chronographen mit Datum und Mondphasenanzeige gewünscht", erzählte Clara in der Schule, aber die Kinder nickten nur kurz und spielten weiter Fangen. Längst hatten die Leute aufgehört, jeden Morgen Claras neue Wunderdinge zu bestaunen.

Clara saß in ihrem Zimmer und schaute gelangweilt aus dem Fenster. Draußen schien die Sonne und es war ihr egal, ob der Chronograph für heute Neumond oder Vollmond anzeige. Es war ganz still und jetzt erst fiel ihr auf, dass Kolumbus nicht *Tür zu* gekräht hatte, als sie nach Hause gekommen war. Er saß ganz still auf einer Käfigstange, zitterte ein wenig und hatte sein Futter nicht angerührt.

„Kolumbus, was ist mir dir?", fragte Clara ängstlich und hielt ihm den Arm hin, aber Kolumbus stieg nicht hinauf.

Clara brachte neues Wasser und erkundigte sich nach einer geeigneten Medizin, aber niemand wusste, was ein Papagei brauchte. Verzweifelt brachte Clara Apfelstückchen und leckere Nüsse, Maiskörner und Himbeersirup, aber Kolumbus rührte nichts an. Als sie später mit Pfefferminztee aus der Küche zurückkam, saß Kolumbus am Boden seines Käfigs und atmete schwer. Da wusste Clara, dass Kolumbus sehr krank war.

Clara saß die ganze Nacht neben dem Käfig und wünschte sich nichts sehnlicher, als dass ihr Kolumbus wieder gesund würde, aber der prächtige Vogel atmete immer flacher und rührte sich kaum. Erst gegen morgen schlief Clara vor Erschöpfung in ihrem Schaukelstuhl ein.

Als sie erwachte lag Kolumbus reglos auf der Seite, die Füße standen ab wie Äste. Nach einiger Zeit kam ihre Mutter herein. Clara saß mit rot geweinten Augen in ihrem neuen Schaukelstuhl, den leblosen Kolumbus auf dem Schoß. Die Mutter nahm Clara in den Arm und schob sie aus dem kalten Zimmer hinaus, ohne dass Clara den toten Vogel los ließ.

In der warmen Wohnstube saßen sie lange nebeneinander, ohne ein Wort zu sagen. Clara starrte in die Flammen des Kaminfeuers. Wie wohl das helle trockene Holz des Wunschkastens brennen würde?

Irgendwann stand Clara mit einem Ruck auf und ging zu Albrecht in den Schuppen, wo die großen Sägen hingen und die Axt.

Herr Winterfeld blickte vom Buch hoch. Leo saß gedankenverloren in einer Sofaecke.

„Grübelst du schon an der Lösung?", fragte Hannes.

Leos Miene blieb unbestimmt und er nickte mechanisch.

„Ich stelle mir gerade vor, Nudel würde krank und wir könnten ihr nicht helfen", sagte er dann, und sein Blick streifte den Hund, der im Flur behaglich auf einer Decke schlief und dabei heftig mit seinen Pfoten zuckte, als ob er von einer spannenden Verfolgungsjagd träumen würde.

„Ja, das wäre schlimm", nickte Hannes.

„Hast du denn schon eine Idee zu den Zahlen, Leo?", fragte Herr Winterfeld.

„Nicht wirklich! Dieses Mal ist es schon etwas schwieriger, aber wir haben ja noch genügend Zeit, um nachzudenken."

„Aber vergiss darüber nur nicht, selbst nachher deine Stiefel aufzustellen", flachste Hannes.

„Da brauchst du dir keine Sorgen machen", grinste Leo, „aber nach dieser Geschichte werde ich dich um deinen Riesenstiefel besser nicht bitten."

6

Als Leo am Abend aus der Haustür trat, war es nicht dunkel, obwohl das Tageslicht schon seit Langem verschwunden war. Es schneite dicke Flocken und das ganze Dorf leuchtete bereits weiß und friedlich im Lichte der Fenster, der Straßenlaternen und der Weihnachtsbeleuchtung. Die Zaunpfähle hatten weiße Mützen bekommen und eine höhere Gerechtigkeit hatte jedes noch so kleine Zweiglein mit der gleichen Schicht aus weißem Puder bedacht. Leo überlegte kurz, ob er besser zu Fuß gehen sollte. Dann aber zog er den Reißverschluss seiner Winterjacke ganz hoch, holte sein Fahrrad aus der Garage und machte sich auf den Weg zu Hannes.

Der neue Schnee knirschte unter dem groben Profil, als Leo durch die Straßen fuhr. Er kam nur langsam voran. Die Flocken wirbelten ihm ins Gesicht, während die Reifen eine tiefe Spur hinter ihm in den Schnee zogen. Leo genoss es, durch die verschneite Welt zu fahren, alles sah anders aus. Die große Tanne auf dem Rathausplatz strahlte majestätisch in einer Wolke aus Flocken und die alte Pumpe am Dorfbrunnen trug eine spitzbübische Haube. Auch die Landschaft außerhalb des Dorfes hatte sich verändert. Ruhig lagen die weißen Felder da und schienen jede Bewegung und jedes Geräusch zu verschlucken.

Endlich hatte Leo die Hofeinfahrt erreicht. Aus dem Küchenfenster fiel Licht auf die verschneiten Beete des Vorgärtchens. Er stieg ab und die Antwort auf das quietschende Geräusch seines Fahrradständers war ein lautes Kläffen von innen. Eine Tür wurde geöffnet und Nudel kam angestürmt, sprang zur Begrüßung an Leo hoch und wälzte sich dann genüsslich im Schnee. Wenig später erschien der Schatten von Hannes im Gegenlicht der Tür.

„Komm rein, ich habe dich schon erwartet", rief er zu Leo hinüber.

Die Küche war wunderbar warm. Leo hängte seine Winterjacke über eine Stuhllehne und setzt sich auf die Küchenbank.

„Willst du einen heißen Kakao?"

Leo nickte.

„Das wäre jetzt genau richtig!"

Hannes setzte Milch auf und stellte zwei Kaffeebecher auf den Tisch.

„Und – welche Zahlenkombination sollen wir einstellen?", fragte Hannes, während er Wasser in den alten Tauchsiedertopf laufen ließ.

„Ich würde am rechten Stellrad die *4* einstellen", sagte Leo.

„Und warum?"

„Es waren vier rechte Stiefel, die Clara in der Diele aufgestellt hatte."

„Richtig, das meine ich auch, aber was ist mit dem linken Rad?", fragte Hannes.

„Ich denke an eine *6*", meinte Leo, „Clara hatte sich das Kästchen doch von *allen Seiten* angesehen, und das sind immer genau sechs!"

„Stimmt", Hannes kratzte sich am Kopf, „das erscheint mir logisch, also lass uns an die Arbeit gehen!"

Leo drehte die mittlere Stellschraube für den Kalendertag auf die *6*, stellte rechts und links die vereinbarten Zahlen ein und schaute Hannes an.

„Soll ich?"

Dessen Blick ruhte schon auf dem heutigen Türchen.

„Na klar!"

Leo zog am Stellrad. Drinnen im Kalender begann es wieder zu knarren, die Mechanik arbeitete, bis es wieder klackte und das sechste Türchen aufsprang. Ein helles Blau leuchtete ihnen entgegen, das schon einen leichten Stich ins Grüne besaß. Hannes hatte das Putztuch schon in der einen und die Lupe in der anderen Hand. Er wischte über die Innenseite des Türchens und betrachtete sie dann durch das Glas.

„Wenn ich es richtig gelesen habe, dann heißt unsere nächste Geschichte: *Abseits von Bethlehem* von einem *Wilhelm Fredemann*", sagte er.

Die beiden sahen sich fragend an. Dann griff Leo zum Telefon und wählte.

„Papa, kennst du einen *Wilhelm Fredemann?*"

Leo hörte eine Zeit lang in den Telefonhörer hinein und zischte dann zu Hannes hinüber:

„Er kennt ihn auch nicht, aber er sucht gerade nach dem Namen."

Es dauerte eine Weile, bis am anderen Ende der Leitung wieder gesprochen wurde. Hannes sah, wie Leos Miene sich verfinsterte.

„Danke, Papa", sagte Leo dann und legte auf.

„Er hat nichts über einen Schriftsteller mit diesem Namen gefunden. Was machen wir denn jetzt?"

Hannes zuckte mit den Schultern.

„Ruf doch morgen früh Pater Jakob an. Vielleicht weiß er etwas?"

„Gute Idee", stimmte Leo zu, während er sich seine Jacke anzog.

Hannes brachte Leo noch vor die Tür, sie wünschten sich eine gute Nacht und Leo stieg auf.

„Und verdirb dir an den vielen Süßigkeiten vom Nikolaustag nicht den Magen", rief Hannes dem roten Fahrradrücklicht hinterher, das in der hellen Winternacht immer kleiner wurde.

Die schwere Holztür war verschlossen. Leo sah Hannes an.

„Keiner da. Sollen wir warten?"

Das ganze Kloster St. Marieneck schien wie ausgestorben. Zum Glück kannte Leo sich schon ein wenig aus. Mit Hannes' altem Lastwagen hatten sie fast doppelt so lange hierher gebraucht wie letzten Sonntag mit dem Auto seines Vaters; gleich nach dem Mittagessen waren sie aufgebrochen und jetzt war es schon drei Uhr. Leos Vater hatte am Abend zuvor noch versprochen, vormittags bei Pater Jakob nach dem Buch zu fragen, während Leo in der Schule sitzen musste. Tatsächlich stand die gesuchte Geschichte in einem der alten Bücher in St. Marieneck, aber Herr Winterfeld selbst war an diesem Nachmittag verhindert. So war Hannes als Chauffeur eingesprungen, der die ehrwürdige Bibliothek ohnehin gerne sehen wollte.

„Lass uns anklopfen", schlug Hannes vor und pochte vorsichtig an die Tür. Es hallte durch den Flur.

„Vielleicht müssen wir am Tor fragen?", sagte Leo, als sich nach einer Weile nichts gerührt hatte.

Gerade als sie sich zum Gehen wandten, knarrte ein Schlüssel von innen und Pater Jakob höchstpersönlich öffnete die Tür zur Bibliothek.

„Ich hab's mir schon gedacht, dass du es bist, Leo", begrüßte er die beiden, „dein Vater hat mir ja erzählt, dass ihr heute noch die Geschichte braucht."

Leo nickte.

„Ja, das ist richtig, der Mechanismus lässt uns nur 24 Stunden Zeit. Das ist übrigens Hannes Schenker, er hat den Holzhauser Adventskalender entdeckt."

Die beiden Männer gaben sich die Hand und Pater Jakob bat die beiden Freunde herein. Sie nahmen alle um einen Tisch herum Platz, auf dem schon ein sehr altes Buch lag. Leo bemerkte gleich die kunstvoll verschnörkelte Schrift auf dem Buchdeckel, der vielleicht einmal blau gewesen war. Mit viel Phantasie konnte der eine Schriftzug darauf *Wilhelm Fredemann* heißen, die Schrift darunter konnte Leo nur raten, von ihrer Länge her und ihrer Form tippte er auf das Wort *Erzählungen*.

„Bevor wir zu der Geschichte kommen, musst du mir erst berichten, was seit eurem Besuch am Sonntag passiert ist und was ihr alles herausgefunden habt", wandte sich der Pater an Leo.

Der erzählte gern vom Besuch bei Frau Heinrich im Uhrenmuseum und von der besonderen Funktionsweise des mechanischen Adventskalenders, der vorschrieb, jeden Tag das Rätsel einer neuen Geschichte zu lösen, um an das Geheimnis des

Audikulars zu kommen. Er erzählte auch stolz, dass sie bisher schon zwei Rätsel lösen und damit zwei weitere Türchen hatten öffnen können.

„Es freut mich, dass du offenbar gelernt hast, genau zuzuhören", nickte der Pater beeindruckt, „also dann werde ich euch jetzt die Geschichte vorlesen, die sich abseits von Bethlehem abgespielt haben soll."

Er nahm seine Brille, schlug das Buch auf und begann zu lesen:

Abseits von Bethlehem

„Jemand muss ja schließlich auf die Schafe aufpassen, wenn wir nicht da sind!", sagte einer der erwachsenen Brüder zu Samuel.

Der halbwüchsige Junge starrte die anderen entgeistert an, sah, wie sie sich ihre warmen Decken umlegten, die Wanderstäbe nahmen und sich auf den Weg machten.

„Ich fürchte mich alleine – wenn nun etwas passiert?", rief Samuel den Hirten hinterher.

„Was soll schon geschehen?", erwiderte ein anderer, während er seine Sandalen festschnürte, „es geht eben nicht anders. Du hast doch gehört, was der Engel gerade verkündet hat: Ein neuer König wurde geboren, eine neue Zeit bricht an. Da dürfen wir nichts verpassen und müssen sofort dort hin. Du schaffst das hier schon!"

Und damit lief er den andern hinterher, die schon aufgeregt schwatzend losgegangen waren.

„Was war noch mal das Zeichen?", hörte Samuel einen fragen.

„Das Kind hat Windeln an und soll in einer Futterkrippe liegen", antwortete ein anderer, aber das konnte Samuel kaum noch verstehen. Er sah den Hirten noch lange nach, wie sie in Richtung eines großen Sterns eilten, der hell am Nachthimmel leuchtete. Als die Gruppe in der Dunkelheit verschwunden war, ging er zum Feuer zurück und kauerte sich in seine Decke – hoffentlich waren sie bald zurück!

Warum konnten die Engel ihre Verkündigungen nicht tagsüber machen, da wäre es nicht so unheimlich gewesen. Samuel schaute sich um.

Da! Da knackte doch etwas im Unterholz.

Samuel stand auf, entzündete eine der Fackeln am Lagerfeuer und näherte sich vorsichtig den Büschen. Er leuchtete hinein – nichts war zu sehen.

Gottseidank! Erleichtert setzte Samuel sich auf einen der großen Steine, die überall herumlagen. Die Schafherde war ruhig, die meisten Tiere hatten sich hingelegt. Vielleicht sollte Samuel einmal nach seinem Lämmchen sehen? Er stand auf, löschte seine Fackel und ging zur Herde hin, denn das Sternenlicht war hell genug und außerdem hatten die Schafe vor dem Feuer Angst.

Er musste lange suchen, bis er sein Lieblingslämmchen gefunden hatte. Eng an seine Mutter gekuschelt lag es da.

„Schlaf weiter, Goliath", begrüßte Samuel das Schäfchen leise und streichelte es sanft. Goliath hob den Kopf ein wenig; er war so winzig, er hatte einfach genau diesen Namen verdient.

Samuel liebkoste das Lämmchen noch ein wenig und ging dann zurück zum Lagerplatz. Als er um einen Felsvorsprung bog, schreckte er urplötzlich zurück – er hatte leise Stimmen gehört. Waren die anderen schon zurück oder waren da Fremde? Samuel lugte vorsichtig hinter dem Felsen hervor. Tatsächlich bewegten sich die Zweige auf der anderen Seite.

Plötzlich teilten sich die Büsche, zwei zerlumpte Gestalten traten in den Feuerschein und sahen sich lauernd um. Samuel wusste sofort, dass es Gesindel war, vielleicht Räuber, zumindest waren es keine Leute, die Gutes im Schilde führten. Der eine teilte mit seinem Stecken die umherliegenden Decken auseinander.

„Nichts", sagte er grimmig.

„Wo mögen die Hirten sein?", fragte der andere, und Samuel sah, dass er kaum noch Zähne im Mund hatte.

„Egal", krächzte der Erste, „lass uns ein Schaf schlachten und mitnehmen, bevor sie wiederkommen."

Voller Schreck sah Samuel, dass sich die beiden Lumpen in seine Richtung wandten. Weglaufen ging nicht mehr und verstecken auch nicht. Außerdem durfte er es nicht zulassen, dass sie Schafe töteten, schließlich war er Hirte, wenn auch noch ein kleiner. Was sollte er tun?

Da kam ihm eine Idee. Er ging einige Schritte zurück und rief dann laut nach hinten:

„Ich hole am besten alle Fackeln, damit jeder von euch eine hat!"

Dann trat er um die Ecke und tat erstaunt.

„Grüß Gott, was führt euch zu uns?"

Die beiden Räuber sahen sich erstaunt an, und tuschelten irgendetwas miteinander.

„Wir kamen zufällig vorbei und sahen den Feuerschein", sagte der ohne Zähne, „bist du allein hier draußen?"

„Nein, die anderen sind bei der Herde. Wir haben eine schwierige Geburt", sagte Samuel und musterte die beiden.

„Ich glaube, ich werde sie rufen", sagte er dann mit einer besonderen Betonung, als ob er erst gerade erkannte, was die anderen für Zeitgenossen waren.

„Es gibt keinen Grund, wir sind – wie gesagt – auf der Durchreise", sagte der andere schnell, „gehab dich wohl!"

Damit zog er seinen Kumpanen mit sich fort. Samuel sah ihnen nach, bis die Dunkelheit sie verschluckt hatte. Dann entzündete er eine der Fackeln und band sie an einen Pfahl, sodass man von Weitem glauben konnte, dass jemand hier Wache stand.

Während Samuel noch überlegte, wie er sich jetzt weiter verhalten und welche Vorsichtsmaßnahmen er noch treffen müsse, hörte er plötzlich ein vielstimmiges, angsterfülltes Blöken. Die Herde war offenbar in Panik geraten und stob auseinander. Waren die beiden Gauner immer noch da und verfolgten weiter ihren niederträchtigen Plan?

Samuel griff einen der Hirtenstäbe und rannte mit bangem Herzen zu der Herde. Alle Schafe waren aufgesprungen, rannten durcheinander oder drängten sich furchtsam an die Felsen. Die Muttertiere stellten sich schützend vor ihre Lämmer, denn inmitten der Weidefläche hetzten drei Schakale umher, hatten gerade ein vermeintlich schwaches Opfer eingekesselt und setzten zum Sprung an.

Samuel bekam eine unbändige Wut. Ohne die Gefährlichkeit der Raubtiere zu beachten, sprang er herbei und schlug mit dem Stab in seiner Rechten auf die Angreifer ein, die ärgerlich die Zähne bleckten und zu überlegen schienen, ob sie von ihrem Opfer ablassen und sich dem Störenfried zuwenden sollten. Aber Samuel ließ ihnen keine Zeit, sondern hieb derart beherzt auf die Schakale ein, dass diese schließlich abließen und das Weite suchten. In einiger Entfernung sah Samuel ihre gelben Augen in der Nacht glühen und er wusste, dass sie wieder angreifen würden, sobald sie eine Gelegenheit dazu bekämen.

Er brauchte Feuer, denn davor hatten die Biester Angst, und er musste die Herde besser schützen. Er rannte in Windeseile zum Lagerplatz, entzündete einige Fackeln und war im Nu zurück. Die gelben Augen waren immer noch da. Samuel steckte die Fackeln in einigem Abstand zueinander in den Boden und konnte nun nahezu sicher sein, dass die Schakale sich vorerst von diesem Feuerzaun würden fernhalten lassen.

Aber was ist, wenn die Fackeln alle heruntergebrannt sein würden oder die Raubtiere von einer anderen Seite angreifen? Vielleicht waren auch noch mehr von ihnen in der Dunkelheit?

Samuel beschloss, die gesamte Herde in Sicherheit zu bringen. In der Nähe gab es ein lang gezogenes Tal, ein ehemaliges Flussbett, in das wollte er die Schafe bringen. Dort war es fast wie in einem Pferch, die Angreifer könnten nur noch von zwei Seiten kommen, und die könnte er zusammen mit den Fackeln sicherlich verteidigen.

Also suchte Samuel im Licht der Sterne, die in dieser Nacht wundersamerweise besonders hell leuchteten, einen geeigneten Abstieg in das Tal hinunter und begann, als Erstes den Leithammel dort hinunterzuschaffen. Natürlich zeigte der keinerlei Verständnis für diese nächtliche Kletterei, sträubte sich und zerrte an dem Strick, den Samuel ihm für den Abstieg umgelegt hatte. Erst als der Hammel unten war, begannen die anderen Schafe ihm blökend zu folgen, aber es ging derart mühselig vonstatten, dass Samuel letztlich dazu überging, die leichten Tiere einfach zu schnappen und den steinigen Weg hinunter zu tragen.

Es dauerte lange, bis Samuel alle Tiere in Sicherheit gebracht hatte. Mit schweren Beinen schleppte er das letzte Lämmlein den Weg herunter, brachte es zur Herde und ließ sich dann müde auf einem Stein nieder. Er hatte Räuber und Schakale vertrieben, sechsundneunzig Schafe umgesiedelt und seitdem nichts getrunken. Sein Hals war trocken und seine Arme taten ihm weh. Konnte er die Herde nun für einen Moment alleine lassen?

Er entschied, dass dieses für kurze Zeit möglich sei, sprang auf und lief zum alten Lagerplatz zurück, um einen der Wasserschläuche zu holen. Die Wächterfackel dort war längst abgebrannt, und so suchte er den Platz im Licht der Nacht nach Wasservorräten ab. Außer einem fast leeren Schlauch fand er nichts – die anderen hatten alle vollen Schläuche für ihre Wanderung mitgenommen! Enttäuscht ließ er den letzten Rest lauwarmen Wassers durch seine trockene Kehle laufen und schlich ins Tal zurück.

„Sind das deine Schafe?", empfing ihn die vorwurfsvolle Stimme eines Mannes, als Samuel das kleine Tal wieder erreichte. Dieser stand im Schein einer Fackel und Samuel erkannte sofort an seiner Kleidung, dass der Mann ebenfalls ein Hirte sein musste.

„Meine nicht, aber ich hüte sie zurzeit."

„Wie kommst du dazu, mit deiner Herde den Weg zu versperren, sodass niemand hier passieren kann?", fragte der Hirte streng.

„Ich habe die Herde hierher gebracht, um sie vor Schakalen oben in der Ebene zu schützen. Ich bin allein, die anderen mussten Hals über Kopf nach Bethlehem aufbrechen und haben mich zum Schutz der Tiere zurückgelassen."

„Soso, nach Bethlehem", sagte der Hirte und runzelte die Stirn, „wann sind sie denn aufgebrochen?"

„Es ist schon einige Stunden her", sagte Samuel.

„Hattet ihr zuvor Besuch?", fragte der Hirte lauernd.

„Es waren Engel da, die haben verkündet, dass in Bethlehem ein neuer König geboren sei", antwortete Samuel verhalten.

Der Hirte war einen Moment lang still.

„Weißt du, dass dieses hier der einzige Weg nach Bethlehem ist, wenn man von dort kommt?", sagte er dann und zeigte mit dem Finger hinter sich.

Samuel nickte.

„Ja, aber welche Bedeutung hat das mitten in der Nacht?"

„Wir sind auch auf dem Weg nach Bethlehem", sagte der Hirte, „aber wir haben alle unsere Schafe dabei. Unter uns gab es niemanden, der so uninteressiert an den Verkündigungen der Engel ist wie du und dagebliebem wäre. Wir alle wollen dabei sein und auch nicht ganz hinten stehen, und deshalb müssen wir hier jetzt unbedingt durch. Also schaff bitte deine Schafe aus dem Weg, wenn du nicht willst, dass sie mit unseren mitlaufen."

Der Hirte bemerkte Samuels ratlosen Blick.

„Wir helfen dir auch ein bisschen."

Mittlerweile waren noch andere Hirten im Lichtschein aufgetaucht, hinter denen es gewaltig blökte und trampelte.

„Wir werden doch nicht die Ersten an der Krippe sein", rief ihnen der erste Hirte gleich entgegen, und da wusste Samuel, dass er keine Wahl hatte, wenn er nicht zu viele Schafe verlieren wollte. Er verhandelte noch um ein paar Fackeln, mit denen er oben auf der Ebene ein behelfsmäßiges Gatter gegen die Schakale abstecken konnte und legte dem Leithammel wieder den Strick um den Hals; in weiteren drei Stunden würde er den Rückweg geschafft haben.

Aber tatsächlich halfen ihm die Fremden ein wenig, trugen einige widerspenstige Schafe nach oben oder jagten die Tiere mit ihren Stecken direkt vor den Aufstieg, damit Samuel ohne Zeitverzug das nächste Tier bergauf treiben konnte. Meistens aber standen sie herum, redeten aufgeregt von der neuen Zeit, in der sie eine bestimmt wichtige Rolle einnehmen würden, oder beklagten sich über die spärlichen Fortschritte von Samuels Bemühungen. Im Osten begann es schon schwach zu dämmern, als alle Schafe wieder oben waren und die Hirten mit einem *Vergelt's Gott* weiterhasten konnten.

„Zumindest habe ich alle Schafe heil durch die Nacht gebracht, und bei Tag werden die Schakale nicht angreifen", dachte Samuel erschöpft. Erst jetzt merkte er, wie groß sein Durst war. Hätte er doch die fremden Hirten um etwas Wasser gebeten, aber die waren schon außer Reichweite.

Die Sonne stand schon hoch am Himmel, als seine großen Brüder wieder zurück waren.

„Jetzt seht euch diesen Faulpelz an", riefen sie, „schläft sogar noch am helllichten Tag, während wir uns die Nacht wegen wichtiger Angelegenheiten um die Ohren schlagen müssen. Dem werden wir unsere Herde nicht wieder anvertrauen!"

Pater Jakob blickte von dem Buch hoch und nahm die Brille ab. Eine ganze Weile saßen alle da und gingen in Gedanken der Geschichte nach.

„Ich bin mir nicht sicher, ob die Hirten wirklich so vergnügungssüchtig gewesen sind", sagte Pater Jakob und lächelte.

„Ich fand die Geschichte toll", erwiderte Leo, „ich habe mich schon immer gefragt, wozu Hirten damals überhaupt notwendig waren, wenn sie einfach alle miteinander von ihrem Arbeitsplatz davonlaufen konnten, sobald es anderswo etwas zu staunen gab. Jetzt endlich weiß ich, dass die Hirten einen kleinen Bruder hatten, der solange aufgepasst hat."

Dann sah er auf seine Armbanduhr.

„Hannes, ich glaube wir müssen aufbrechen. Wir haben keine vier Stunden Zeit mehr, bis die Frist abgelaufen ist, und dein Laster ist nun wirklich nicht der schnellste!"

Schneeflocken tanzten im Lichtkegel der Scheinwerfer, während der alte Lastwagen langsam die Steigung hinauf schnaufte. Der Motor dröhnte und die Wischer verschmierten die Flocken an der Scheibe. Leo saß schweigend neben Hannes, der leicht vorgebeugt hinter dem großen Lenkrad saß und angespannt auf die Straße starrte. Diesen Höhenzug mussten sie noch schaffen, dann waren sie bald zu Hause. Viel Zeit hatten sie nicht mehr, denn die nächste Lösung verlangte der Holzhauser Adventskalender schon in knapp einer Stunde.

Dabei waren sie rasch aufgebrochen, nachdem Pater Jakob die Geschichte vom Hirtenjungen Samuel und seinen Brüdern vorgelesen hatte. Nach einer kurzen Beratung über die wahrscheinliche Lösung hatten sie sich herzlich bei dem Pater bedankt und sich dann schnell verabschiedet. Ein Blick aus dem Fenster war Hinweis genug gewesen, dass der Rückweg beschwerlich werden würde.

Leo sah im Licht einer Straßenlaterne auf seine Uhr – noch 48 Minuten.

„Wie lange brauchen wir noch bis zu dir?"

„Ich schätze noch ungefähr zwanzig Minuten", brummte Hannes.

„Gut, dass wir die Lösung haben", machte Leo sich Mut, „wir laufen gleich ins Haus und stellen die Kombination ein, dann müsste das siebte Türchen aufspringen. Danach haben wir wieder 24 Stunden Zeit."

„Du bist dir immer so sicher", wandte Hannes ein, „die 3 auf der rechten Seite halte ich auch für richtig, aber links...?"

Die Sicht wurde immer schlechter, Hannes kniff die Augen zusammen.

„Jetzt wird es auch noch nebelig", stellte Leo genervt fest.

Hannes sagte nichts. Er schaute auf die Armaturen und zog danach die Luft durch die Nase ein. Dann fuhr er rechts ran und schaltete den Warnblinker ein.

„Das ist kein Nebel, Leo, der Kühler kocht", grummelte er missmutig.

„Aber wir müssen doch weiter, gleich ist die Zeit abgelaufen", rief Leo.

„Wenn wir weiterfahren, wird der Motor zu heiß und geht kaputt, dann kommen wir auch nicht an", dozierte Hannes und stieg aus.

Leo turnte hinterher, während Hannes sich schon vorne an der Motorklappe zu schaffen machte. Kurze Zeit später hatte er den Motor freigelegt, der Wasserdampf war verflogen und gab den Blick auf den veröllten Dieselmotor frei.

„Leo, hol mir doch bitte die Taschenlampe aus dem Handschuhfach."

Leo fand die Lampe zuerst nicht. Nervös wühlte er in dem Gerümpel herum. Endlich fand er sie und lief damit wieder nach vorne. Hannes leuchtete in den Motorraum hinein.

„Da haben wir es, ein Kühlerschlauch ist geplatzt. Das war es denn wohl", Hannes schaltete die Lampe aus und ließ die Arme sinken.

„Wir müssen aber weiter", drängelte Leo, „ich rufe meinen Vater an, damit er uns abholt. Gibst du mir bitte dein Handy?"

Hannes holte es aus der Jackentasche und kontrollierte den Empfang. Dann lief er mit dem Gerät ein Stück nach links und nach rechts, während er dauernd auf den kleinen Bildschirm starrte. Resigniert schüttelte er den Kopf.

„Jetzt sind wir hier oben auch noch in einem Funkloch - es ist doch zum Auswachsen!" Enttäuscht klappte Hannes das Handy wieder zu.

„Leo, ich glaube, wir werden es nicht mehr rechtzeitig schaffen! Hätte ich doch bloß nicht diesen Schleichweg genommen, dann hätte uns vielleicht jetzt jemand mitnehmen können."

Die beiden sahen schweigend den Schneeflocken zu.

„Können wir den Schlauch denn nicht abdichten?", fragte Leo in die Stille hinein.

„Darüber denke ich auch gerade nach", sagte Hannes gedehnt, „wir könnten ein Stück Gummi aus der Fußmatte schneiden, dann kleben wir das Stück mit Klebeband über das Loch und machen eine Schelle drüber – ja, das müsste gehen. Aber dann haben wir immer noch kein Wasser zum Auffüllen."

„Da hinten plätschert doch ein Bach", sagte Leo, „hörst du das nicht?"

„Nein, deine Ohren sind eben besser. Wie viel Zeit haben wir noch?"

Leo sah auf seine Uhr.

„Noch 37 Minuten."

„Also dann los! Du suchst ein Gefäß, holst Wasser und ich repariere den Schlauch. Vielleicht schaffen wir es doch noch!"

Leo kletterte in Windeseile auf die Ladefläche und suchte im Halbdunkeln nach irgendeinem Behälter. Tatsächlich fand er nach kurzer Zeit einen alten Blecheimer, sprang wieder herunter und rannte damit in die Richtung, aus der das Plätschern kam.

Nach einigen Minuten kam er mit dem vollen Eimer wieder angekeucht. Hannes hatte die Taschenlampe zwischen den Zähnen und hantierte im Motorraum herum.

„Kriegst du es hin?", japste Leo.

„Glaube schon. Hast du Wasser?"

„Ja, einen ganzen Eimer voll. War mächtig schwer."

Hannes legte den Schraubenzieher weg.

„So - jetzt her mit dem Eimer. Wie viele Minuten noch?"

„Zweiundzwanzig!"

Hannes ließ das Wasser in den Kühler laufen, kontrollierte kurz sein Kunstwerk auf Dichtheit und verschloss hastig die Motorklappe. Dann sprangen beide ins Führerhaus und Hannes ließ den Anlasser orgeln.

„Nanu, warum springt er nicht an?"

Hannes versuchte es erneut und endlich sprang der Motor mit lautem Getöse an.

„Jetzt aber los, wir haben keine Sekunde zu verlieren!", sagte er und gab Gas.

Die Uhr tickte unaufhaltsam vorwärts, noch nie waren Leo die letzten Kilometer bis zu ihrem Dorf so lang vorgekommen. Die Ampeln schienen heute besonders ausgiebige Rotphasen zu haben, die Straßen waren ungewohnt kurvig und der einzige Bauer, der so spät im Jahr noch etwas auf dem Feld zu tun gehabt hatte, tauchte gerade vor ihnen mit seinem langsamsten Traktor auf.

„Kannst du nicht überholen?"

„Nein, es ist doch ständig Gegenverkehr!"

Zwei Minuten vor der Zeit rumpelte Hannes mit dem Laster auf seinen Innenhof. Hoffentlich ging die innere Uhr des Holzhauser Adventskalenders nicht zu schnell und hatte womöglich die 24 Stunden bereits gezählt? Leo stürmte hinein, knipste Licht an und stellte das Tagesrad auf die *7*. Dann stellte er das rechte Stellrad auf die *3*, das linke auf die *32* und zog kräftig am mittleren.

Es war still in der Küche. Leo hörte seinen eigenen Atem und den von Hannes neben sich. Dann endlich hörten sie im Kasten das ersehnte Knarren, es klackte und das siebente Türchen sprang mit einem leichten Quietschen auf.

„Wir haben's geschafft", jubelte Leo, „siehst du, die *32* war richtig!"

Erleichtert ließen beide sich auf die Küchenbank fallen.

„Ja, du hattest recht, Samuel hatte 96 Schafe in drei Stunden umgesiedelt, die *3* war schon für rechts vergeben, also 32 Schafe pro Stunde - darauf kommt man nicht gleich und Kopfrechnen muss man auch noch", sagte Hannes, „aber jetzt haben wir uns dafür etwas Gutes verdient. Ich mache dir einen heißen Kakao und mir einen Grog."

„Erstmal liest du mir bitte den Titel der nächsten Geschichte vor", widersprach Leo.

Hannes holte seine Lupe und musste sich tief bücken, denn das siebte Türchen war ganz weit unten. Von innen leuchtete es blaugrün. Leo sah, wie Hannes' Lippen sich bewegten, als er die Schrift entzifferte.

Der Wanderer heißt die nächste Geschichte. Der Autor ist ein gewisser *Gottlieb Wildenbruch* – habe ich noch nie gehört", sagte er dann.

Während das Wasser im Tauchsieder zischend heißer wurde, grübelten beide darüber nach, wie sie am schnellsten an diese alte Geschichte kommen konnten.

„Schauen wir doch zuerst im Internet", schlug Hannes vor.

Leo verschränkte die Arme.

„Das hat doch noch nie geklappt."

Trotzdem stand Hannes auf und schaltete den Computer ein. Dann kam er zurück in die Küche und kurze Zeit darauf saßen beide mit dampfenden Kaffeebechern vor dem Monitor in Hannes' Büro, Leo auf einem Karton mit Druckerpapier, weil sonst jede Sitzfläche hier mit Zetteln, Katalogen, Büchern, Briefen und anderem Kram belegt war. Als sie nur nach dem Titel der Geschichte gesucht hatten, gab es eine Unmenge von Suchergebnissen, die vermeintlich alle nicht zu ihrer Geschichte gehörten. Hannes tippte zusätzlich noch den Namen des Autors mit in das Suchfenster und startete eine neue Suche.

„Nur noch ungefähr achtzig Treffer, aber keiner passt genau, überall kommen die Wörter nur in einem beliebigen Zusammenhang vor", raunte Hannes.

Er begann damit, ein Ergebnis nach dem anderen zu untersuchen. Immer ging es um irgendeinen Wanderer, irgendjemand hieß *Gottlieb* und ein anderer zufällig *Wildenbruch*. Nach fünf Minuten wurde es Leo langweilig, er sah aus dem Fenster, spielte mit dem Gewicht einer alten Balkenwaage herum, das Hannes als Briefbeschwerer diente, und dachte darüber nach, wen er als nächstes wegen der Geschichte fragen könnte.

„Hier!", rief Hannes plötzlich, „ich hab' etwas über *Gottlieb Wildenbruch* gefunden."

Tatsächlich stand da etwas über einen fast vergessenen Dichter aus dem 19. Jahrhundert. Es gab Verweise auf andere Quellen und plötzlich hatten sie den Text auf dem Bildschirm stehen.

„Super!", Leo boxte Hannes in die Seite, der schon den Drucker angestellt hatte. Einige Seiten bedrucktes Papier schoben sich raschelnd aus der Öffnung des Gerätes. Hannes nahm sie heraus und überflog die Seiten.

„Komm, ich lese dir gleich die Geschichte vom Wanderer vor", bot er Leo an.

Die beiden gingen zurück auf die Bank in der warmen Küche, Hannes setzte sich seine Brille auf, nahm noch einen Schluck Grog aus seinem Becher und las:

Der Wanderer

Es gab nur dieses Knirschen in der lautlosen Einsamkeit der Nacht. Bei jedem Schritt sanken die alten Lederstiefel des Wanderers fast bis zum Knie in den tiefen Schnee ein. Sein Atem ging schwer und er keuchte weiße Schwaden in die bitterkalte Luft. Der Wanderer blieb stehen und schaute in den Nachthimmel, der mit Millionen von Sternen übersät war.

„Wunderschön", murmelte er vor sich hin, „nach tausend Nächten immer noch unbegreiflich schön."

Dann senkte sich sein Blick ins Tal hinunter. In der Ferne sah er warmes Licht hinter Fensterscheiben. Er rückte sein Bündel auf dem Rücken zurecht und stapfte dem Licht entgegen.

Es war schon sehr spät in der Nacht, als er das Dorf erreichte. Seine Füße waren gefühllos geworden von der Kälte und seine Finger taten ihm weh, als er an der Tür des ersten Hauses klopfte. Er lauschte – nichts rührte sich. Er klopfte erneut. Da hörte er drinnen eine Tür gehen und Schritte näher kommen.

„Wer da?"

„Ich bin auf Wanderschaft und erbitte ein warmes Plätzchen für die Nacht", sagte der Wanderer.

Wie oft schon hatte er diesen Satz durch eine geschlossene Tür hindurch gesagt? Wie oft dann gewartet, an sich herunter gesehen und gehofft, dass seine verschlissenen Sachen seinen Gastgeber nicht abschrecken mögen, während drinnen beratschlagt wurde, was zu tun sei. Längst hatte er gelernt, aus den Stimmen und Wortfetzen hinter der Tür die anstehende Entscheidung vorherzusagen, schon zu wissen, ob er als nächstes ein ,Geh weiter, wir haben keinen Platz' hören würde oder das Knarren des Türschlosses.

Heute schien er Glück zu haben, ,Nur ein armer Wanderer' rief die Stimme nach hinten ins Haus. Gleich darauf öffnete sich die Tür einen Spalt und ein kräftiger Mann in mittleren Jahren schaute heraus. Er musterte den Wanderer einen Moment und öffnete dann die Tür weit.

„Komm herein, Väterchen, draußen ist es lausig kalt. Woher kommst du so spät?"

„Von Osten", sagte der Wanderer, klopfte sich den Schnee ab und trat ein.

In der Stube war es warm. Der Wanderer stellte sein Bündel ab und ließ sich mit einem Ächzen auf der Ofenbank nieder.

„Schnell Frau, ich glaube, unser Gast braucht zuerst einmal eine heiße Suppe", sagte der Mann, und die Frau stand auf, nickte dem Wanderer freundlich zu und machte sich am Herd in der Küche zu schaffen.

Wenig später stand ein großer Teller mit dampfender Suppe vor dem Wanderer, der nach gutem Zureden dankbar noch mehrmals nachnahm.

„Wohin führt dich dein Weg?", wollte der Mann wissen, nachdem der Wanderer sich den Mund mit einem schmutzigen Tuch aus seiner Hose abgewischt hatte.

„Irgendwohin nach Westen, der Weg wird es wissen", sagte der Wanderer.

Und er erzählte von dem Gebirge, das er durchwandert hatte, von dem verschneiten Pass, dem hellen Mond über den Bergspitzen und der ergreifenden Stille dort oben. Es entging seinem geübten Blick nicht, dass sich Mann und Frau bei seiner Schilderung ansahen und ihre Blicke sich trübten.

„Was bedrückt euch daran?", fragte er.

„Es ist wegen der Stille, die du so rühmst", erwiderte der Mann nach kurzer Zeit, „die Stille hier im Haus ist uns ein großer Kummer."

Und er berichtete dem Wanderer davon, dass sie bisher keine Kinder hatten bekommen können, obwohl das ihr sehnlichster Wunsch sei. Niemand wüsste Rat, es wäre wohl kein Segen auf diesem Haus.

„Es fehlt tagsüber ein fröhliches Kindergeschrei, damit wir abends die Stille genießen könnten", sagte die Frau.

Da erzählte ihnen der Wanderer von einem Paar irgendwo in einem anderen Teil der Welt, das auch kinderlos geblieben war. Die Priester hätten für es gebetet, die Ärzte Pillen verabreicht und die alten Frauen hätten Kräuter gesammelt. Aber nichts wäre hilfreich gewesen. Trotzdem hatte der Mann weiter an einem kunstvollen Kinderbett geschnitzt und die Frau warme Leibchen gestrickt. Nach vielen Jahren, als die Schläfen bereits ergraut waren und nur noch wenig am Kinderbettchen hatte verbessert werden können, war die Frau plötzlich doch schwanger geworden. Drei gesunde Buben hatte sie zur Welt gebracht und der Mann musste noch Bettchen nachfertigen.

Am nächsten Morgen hatte es zu schneien begonnen. Nach dem Morgenmahl schnürte der Wanderer sein Bündel.

„Draußen herrscht Schneetreiben", sagte der Mann, „besser du bleibst noch einige Tage bei uns am Ofen sitzen und ruhst dich aus!"

„Nein, ich muss weiter", sagte der Wanderer.

„Väterchen, du hast doch alle Zeit der Welt", wunderte sich der Mann.

„Meine Zeit wird nicht ausreichen für all das, was es noch zu sehen gibt", sagte der Wanderer, bedankte sich nochmals herzlich für die Gastfreundschaft und zog mit festen Schritten eine Spur in den frischen Schnee.

Wieder war es dunkel geworden, als der Wanderer müde vor einer fremden Tür stand. Wieder war er den ganzen Tag gewandert, hatte mit Menschen und Schneeflocken gesprochen. Er lauschte. Von innen drangen Töne an sein Ohr. Der Wanderer erkannte das Weihnachtslied sofort, dessen Text ein Pfarrer mit Namen Joseph Mohr einige Jahre zuvor niedergeschrieben und das sich bald verbreitet hatte. *Stille Nacht, heilige Nacht* sang eine klare schöne Knabenstimme, begleitet von einem Klavier. Der Wanderer fror, aber er lauschte andächtig – es war gut, es war Musik. Als die letzte Strophe verklungen war klopfte er.

„Bleib sitzen, Vater, ich gehe schon", sagte die Stimme, die eben gesungen hatte. Der Wanderer hörte, wie unregelmäßige Schritte sich näherten.

„Wer klopft?", fragte die Knabenstimme durch die Tür.

„Ein müder Wanderer, der einen warmen Schlafplatz für die Nacht sucht."

Die Türe öffnete sich vorsichtig und ein Knabe von vielleicht dreizehn Jahren spähte durch den Schlitz.

„Dann kommt herein und wärmt euch", sagte er und ging voraus. Der Wanderer sah, wie der Knabe das rechte Bein nachzog.

In der warmen Stube brannten Kerzen auf einem Kranz aus Tannenzweigen. Die Eltern hatten auf einem Sofa gesessen und standen nun beide auf, um den Fremden zu begrüßen. Der Wanderer drückte ihre schwieligen Hände.

„Komm, Rosa, begrüße auch du unseren Gast", forderte die Frau das Mädchen mit den langen Zöpfen auf, das am Klavier saß und in die Noten vertieft schien. Das Mädchen drehte sich langsam um und streckte dem Wanderer zögernd ihre Hand entgegen. Sie besaß wache Augen, aber der Blick des Wanderers wurde unweigerlich auf die Hasenscharte gelenkt, die ihr sonst hübsches Gesicht verunzierte.

„Ihr habt wundervoll musiziert", lobte der Wanderer und das Mädchen lächelte schief.

Der Mann stellte ohne viele Worte etwas Brot und Käse auf den Tisch und bat den Jungen, dem Wanderer noch etwas Wein zu holen. Der Wanderer schaute dem Jungen hinterher.

„Eine plötzliche Lähmung im Kindesalter", sagte der Mann leise und fuhr sich mit der Hand durch die schütteren Haare.

„Esst und hört noch ein wenig zu", bot die Frau an, als ihr Sohn mit dem Krug zurück war. Die Kinder trugen daraufhin noch einige Lieder vor und die Augen der Alten leuchteten.

Später saßen sie noch beieinander und der Wanderer musste die vielen Fragen der Kinder beantworten, über die Welt und was in ihr geschah.

„Wir leben sehr zurückgezogen", sagte der Vater beschwichtigend über den Eifer der Kinder, „die Leute meiden uns, niemand möchte mit Krüppeln zu tun haben."

Da erzählte der Wanderer von einem Mädchen irgendwo im Osten, das sehr kleinwüchsig und dazu mit einer seltenen Krankheit auf die Welt gekommen war: An seinem Körper war kein einziges Haar, weder auf dem Kopf noch auf der Haut, nicht einmal Augenbrauen hatte es gehabt. So sah es aus wie ein hässlicher Zwerg und die Kinder lachten es aus, warfen nach ihm oder schickten es weg. Das Mädchen war darüber sehr verzweifelt. Zum Glück aber hatte sein Vater es gelehrt, Geige zu spielen. Darin war es sehr begabt, besaß ein feines Gehör und geschickte Hände, und so übte es Tag für Tag in seiner Einsamkeit auf der Geige.

Nach einigen Jahren war das Mädchen immer noch nicht sehr gewachsen, sein Spiel hingegen war inzwischen groß und vollendet geworden. Es hatte bei einem Professor vorgespielt, der sein Talent sofort erkannt und gefördert hatte. Und als das Mädchen später eine junge Frau war, sprachen alle nur noch respektvoll von der berühmten Geigerin, deren Kunst genau so außergewöhnlich sei wie ihr Aussehen, und die Leute waren stolz, wenn diese große Künstlerin ihren zahlreichen Einladungen folgte.

Am nächsten Morgen hatten die Kinder dem Wanderer ein köstliches Frühstück bereitet.

„Bleibt doch noch ein paar Tage und erzählt uns noch mehr von der Welt", bat das Mädchen, als der Wanderer sich nach dem Essen die letzten Brotkrümel aus dem Bart strich.

„Ich muss weiter", antwortete er, „die Welt ist zu groß und hält noch viele unbekannte Geschichten bereit, die erzählt werden wollen."

Damit nahm er sein Bündel, bedankte sich für das angenehme Nachtquartier und trat aus der Tür.

Die Dörfer und Städte wurden von Tag zu Tag weihnachtlicher und der Wanderer konnte sich nicht sattsehen an den geschmückten Fenstern, den verschneiten Gärten und den Christbäumen in den Kirchen. Als er eines Abends wieder lange in einer Kirche saß, sich aufwärmte und dem Flackern der Christbaumkerzen zusah, trat ein betagter Mann neben ihn in die Bank, bekreuzigte sich und blieb wortlos stehen. Lange Zeit stand er da, bis er sich schließlich setzte. Es brauchte eine Weile, bis der Wanderer verstand, dass es irgendetwas Verbindendes zwischen ihnen gab. Vielleicht war es die nachdenkliche Schwermut, mit der der Greis den Blick durch den Altarraum wandern ließ.

Schließlich wandte er sich dem Wanderer zu und sagte:

„Du wirst etwas Warmes zu essen und ein Bett für die Nacht brauchen, unser bescheidenes Haus steht dir offen."

Der Wanderer bedankte sich höflich und folgte dem Mann. Wortlos gingen beide nebeneinander bis zu einem kleinen Haus am Ende einer Gasse. Als sie in die Stube eintraten, saß dort ein altes Mütterchen und klebte einen winzigen Zylinderhut zusammen. Der Wanderer sah sich staunend um. Die kleine Stube wurde von einer großen Zahl kunstvoll geschnitzter Marionetten bevölkert; ein Schmied mit einem großen Hammer, ein Schornsteinfeger, ein Zauberer mit Kristallkugel, auf dem Schrank ein Ziegenbock, eine Eule am Deckenbalken, Kinder mit zerzausten Wuschelköpfen und eine Braut mit weißem Schleier. Jedes Gewerk, jede Gruppe und jedes Alter schien einen Vertreter in dieses fröhliche Kabinett entsandt zu haben. Auf der Fensterbank saß ein Mann mit grauen Wollhaaren, einem Rucksack auf dem Rücken und einem Wanderstock in der Hand.

„Werde ich jemals an meinem Ort ankommen", dachte der Wanderer, als er die Falten seines Gesichts im Spiegelbild des Fensters betrachtete.

„Nimm Platz und sei unser Gast", sagte der Greis und stellte eine Schale mit Obst und ein Glas Ziegenmilch auf den Tisch.

„Eure Figuren sind sehr lebendig", bemerkte der Wanderer, nachdem er einen Apfel gegessen und das Glas Milch in einem Zuge geleert hatte, „seid ihr Theaterleute?"

„Die Marionetten sind alles, was uns geblieben ist", antwortete die Frau, „sie sind unser Leben, unsere Wünsche und Träume."

Und dann erzählte sie von ihrem einzigen Sohn, der vor vielen Jahren nach Amerika ausgewandert war. Ein einziges Mal hätten sie einen Brief von dort erhalten, wahrscheinlich würde es in diesem Land noch keinen richtigen Postverkehr geben. Nun waren sie alt geworden und würden ihn wohl niemals wiedersehen. Die Tage gingen vorbei, einer wie der andere, nur die Entstehung einer neuen Figur wäre Licht und Antrieb für sie, die Erschaffung eines neuen Charakters ihre letzte Lebensfreude. Bald würden sie sterben, fremde Leute würden sie begraben müssen und ihre Spur in der Welt würde sich verlieren, als ob sie niemals gelebt hätten.

Da erzählte ihnen der Wanderer von einer Frau, die irgendwo am Ufer eines großen Flusses gelebt hatte und Sofia hieß. Er war nur zu ihrer Hütte gekommen, weil er sich verlaufen hatte. Er war ein paar Tage bei ihr geblieben, hatte bemerkt, wie sie jede freie Minute ihren Sonnenblumen widmete. Sie sprach mit ihnen, goss sie mit einem seltsamen gelben Wasser und entfernte bestimmte Blütenblätter mit einem kleinen gebogenen Messer. Niemals zuvor waren dem Wanderer so prächtige Sonnenblumen zu Gesicht gekommen. Aber die größte Überraschung wartete auf ihn, als der Abend hereinbrach: Die Sonnenblumen begannen in der Dämmerung zu leuchten, gaben das Sonnenlicht wieder ab, das sie den Tag über in sich aufgenommen hatten. Fast die ganze Nacht hatte er mit der weisen Sofia im rötlich-gelben Licht der Blumen gesessen, hatte Nachtfalter in den Lichthöfen der Blüten beobachtet und das Meer der sich im Wind wiegenden Laternen bestaunt. Ein großer Teil ihres Lebens war mit der Züchtung dieser einzigartigen Sonnenblumen ausgefüllt gewesen.

Viele Jahre später in einem anderen Land war er wieder auf diese Blumen gestoßen. Ein Schiffer, der Sofia in den letzten Tagen ihres Lebens begleitet hatte, besaß das Geheimnis ihrer Züchtung. Dieser Mann kam viel herum, erzählte überall von dieser außergewöhnlichen Sonnenblume und bot Pflänzchen und Samen zum Kauf an. Bald war die Laternenblume in dem ganzen Land bekannt, die Leute pflanzten sie vor ihre Haustüren und in ihre Gärten. Ihre Beliebtheit aber und ihr Ruhm waren untrennbar mit dem Namen der Frau verbunden, die sie geschaffen hatte und von der die Leute heute noch mit Hochachtung sprachen.

„Deine Geschichte hat uns gut getan", sagte der Greis am nächsten Morgen zu dem Wanderer, „auch wenn wir hier noch nie etwas von dieser berühmten Pflanze gehört haben. Bleib bei uns, solange es dir gefällt."

„Ich muss weiter", sagte der Wanderer, „mein Weg ist noch lang und ich weiß nicht, wie viel Zeit ich noch habe. Lebt wohl!"

Er nahm seine Sachen, sagte einen herzlichen Gruß und ließ die beiden Alten inmitten ihrer Marionetten-Schar zurück.

Am Heiligen Abend fühlte sich der Wanderer niedergeschlagen; dieser Tag gehörte immer zu den schwersten im Jahr für unstete Menschen wie ihn. Die Kirchenglocken läuteten heute besonders inständig und er beobachtete, wie die Menschen eilig umherliefen und sich auf das große Fest im Kreise ihrer Lieben vorbereiteten.

An einer Straßenecke stand ein kleines Mädchen und verkaufte Strohsterne. Ihre Wangen waren rot, ihre Nase lief und sie trat vor Kälte von einem Fuß auf den anderen. Der Wanderer trat näher und betrachtete die Sterne, die alle nebeneinander an einer Schnur pendelten, die zwischen einem Zaun und einem Baum gespannt war. Die Augen des Mädchens hingen bittend an den Lippen des Wanderers.

„Deine Sterne sind sehr schön", sagte er.

Das Mädchen nickte dankbar.

„Welches ist für *dich* der schönste Stern?", fragte der Wanderer.

Das Mädchen zeigte, ohne zu überlegen, auf einen großen Strohstern mit gleichmäßigen Zacken, der ganz hinten am Ende der Schnur hing.

„Was kostet er?", wollte der Wanderer wissen.

„Drei Kreuzer, mein Herr", sagte das Mädchen mit leiser Stimme.

Der Wanderer kramte in seinen Sachen und fand in der linken Hosentasche ein paar Münzen, die barmherzige Leute ihm zugesteckt hatten.

„Hier sind drei Kreuzer, ich nehme ihn", sagte der Wanderer.

Bedächtig löste das Mädchen den Stern von der Schnur und hielt ihn dem Wanderer zögerlich hin. Der Wanderer lächelte das Kind an.

„Ich schenke ihn dir", sagte er, „es ist dein Stern."

Das Mädchen strahlte.

„Ich werde ihn in mein Fenster hängen", sagte es.

„Eigentlich gehört er doch an einen Christbaum", bemerkte der Wanderer.

„Wir können uns keinen Christbaum kaufen und meine Mutter hat keine Zeit, einen im Wald zu schlagen."

„Und dein Vater hat auch keine Zeit?"

Da senkte das Mädchen den Blick und sagte nichts.

„Ich werde dir einen holen, wenn du mir eine Axt geben kannst", sagte der Wanderer.

Als später die Dunkelheit hereinbrach und alle Menschen in ihren Häusern waren, saß auch der Wanderer in der kleinen Wohnstube einer Kellerwohnung neben einem hübschen Christbäumchen, an dessen Spitze ein großer Strohstern prangte. Das kleine Mädchen trug ein Kleid und eine blanke Spange im Haar, und auf der alten Tischplatte standen drei Teller.

„Unsere größte Gabe an Weihnachten ist eine gute Fleischsuppe, die uns dieses eine Mal im Jahr richtig satt macht", sagte die junge Frau, als sie mit einem großen Kochtopf ins Zimmer kam, „der Weihnachtsmann mit seinen Geschenken allerdings hat uns hier unten im Keller noch nie gefunden."

Sie nahm ihre Tochter in den Arm und küsste sie zärtlich auf ihren Lockenkopf.

Da erzählte ihnen der Wanderer, wie er selbst vor vielen Jahren einmal dem Weihnachtsmann bei seiner schwierigen Arbeit hatte helfen können. ‚Wanderer', hatte der von seinem Schlitten hinunter gerufen, ‚kennst du dich in dieser Gegend aus?' ‚Ich bin überall zuhause', war die beherzte Antwort des Wanderers gewesen. ‚Weißt du, wo an diesem Ort ringsum Kinder wohnen?', hatte der Weihnachtsmann gefragt, denn er könne seine Auflistung nicht finden. Da war der Wanderer zu ihm in den Schlitten gestiegen und hatte ihn zu den Wohnungen der Kinder geführt.

Bald aber hatten sie gemeinsam festgestellt, dass die Geschenke in dem riesigen Sack nicht für alle Kinder reichen würden. Der Weihnachtsmann war sehr verzagt gewesen. ‚Jedes Kind muss doch Weihnachten ein Geschenk bekommen', hatte er immer wieder in seinen weißen Bart gemurmelt. Da hatte der Wanderer vorgeschlagen, zuerst denjenigen Kindern ein Geschenk zu geben, die es am nötigsten brauchten, den kranken Kindern und den hungernden, den Kindern ohne Eltern und denen, die niemand wirklich liebte. Der Weihnachtsmann hatte daraufhin bedächtig mit dem Kopf genickt, und so war es gekommen, dass nicht alle Kinder ein Geschenk erhielten.

„Bleibst du bei uns?", fragte später das Mädchen den Wanderer, als ihnen die gemeinsamen Weihnachtslieder ausgegangen waren.

„Wenn ich darf, würde ich sehr gerne über Weihnachten bleiben", antwortete der Wanderer und lehnte sich zurück.

Hannes sah von den Papierbögen hoch und setzte die Brille ab. Der letzte Rest Grog im Becher war kalt geworden.

„Interessant – ein Mensch auf Wanderschaft, der scheinbar sehr vom Mitgefühl der anderen abhängig ist", murmelte er in seinen Bart, „aber in Wirklichkeit brauchen sie seinen Trost ebenso wie er ihr Dach. Habe darüber ganz vergessen, auf Zahlen zu achten. Hast du welche bemerkt, Leo?"

DEZEMBER

8

Missmutig sah Leo auf seine Uhr – noch fast fünf Stunden, bis sie sich wieder bei Hannes treffen konnten. Das Türchenöffnen in Hannes' Küche war für ihn zu einem Höhepunkt des Tages geworden. Er konnte es kaum erwarten, die besprochenen Zahlen einzustellen, am mittleren Stellrad zu ziehen und dann gespannt auf die Geräusche im Adventskalender zu horchen. Würde das Türchen aufspringen und welche neue Geschichte dann darin auf sie warten? Würden sie diese Geschichte in der kurzen Zeit auffinden und ihr Rätsel lösen können?

Der dicke rote Weihnachtsmann seines eigenen Adventskalenders lächelte Leo mit seinem Pausbackengesicht von der Wand her an – seit ein paar Tagen war es nicht mehr besonders spannend, welches Schokoladentier heute hinter diesen Papptürchen sein würde.

Leo dachte an die Kinder aus der Zeit, in der Meister Eduard das kunstvolle Metallschränkchen gebaut hatte. Welche Möglichkeiten gab es in dieser Zeit, eine unbekannte Geschichte innerhalb eines Tages zu finden und dann auch noch die richtige Lösung zu entdecken? Vielleicht waren diese Geschichten damals so bekannt gewesen wie heute *Harry Potter* oder das *Sams*? Andernfalls hätten sie in eine naheliegende Bücherei laufen müssen oder andere anrufen, ob jemand die Geschichte oder den Buchtitel kennt. Halt – Leo schlug sich mit der Hand an die Stirn, das Telefon war zu der Zeit doch noch gar nicht erfunden, es gab damals ja noch nicht einmal elektrischen Strom; es gab kein Telefon, keinen Rundfunk und kein Internet, vielleicht noch nicht einmal öffentliche Büchereien. Nicht einmal Autos waren vorhanden, um in eine andere Stadt zu fahren, und die Eltern der Kinder werden kaum Zeit gehabt haben, um aufs Geratewohl mit dem Pferdewagen nach einer Geschichte zu suchen.

Anfangs hatte Leo immer ein bisschen selbstgefällig über die Leute damals gelächelt, die es nur bis zum vierten Türchen gebracht hatten; so schwer waren die Aufgaben doch gar nicht. Langsam begann sich seine Einstellung zu ändern. Damals musste es ungleich schwieriger gewesen sein, bis zum letzten Türchen vorzudringen, und vielleicht waren sogar mehrere Jahre für die ersten vier Türchen notwendig gewesen? Leo nahm sich fest vor, alles zu tun, um jede der zwanzig verbliebenen

Geschichten rechtzeitig zu finden und zu entschlüsseln. Das wäre dann vielleicht eine vergleichbar große Leistung wie die der Kinder in der damaligen Zeit, die ein oder zwei Türchen in der Adventszeit geschafft hatten.

Leo sah aus dem Fenster seines Zimmers. Die Sonne stand schon weit im Westen und malte rote Ränder an die Wolken. Seine Eltern wollten ihn später zu Hannes begleiten. Auch sie waren angesteckt, fieberten ein wenig mit ihm und knobelten an der Lösung.

Gestern Abend hatte Leo den Ausdruck der Geschichte vom Wanderer mitgebracht und seinen Eltern nach der Schule vorgelesen. Beim gemeinsamen Brüten über der Lösung hatten die Eltern wieder so getan, als ob sie keine Idee hätten. Dieses Spielchen kannte Leo zur Genüge. Als er ihnen dann erklären musste, dass links eine *3* wegen der Münzen aus der Hosentasche und rechts eine *13* wegen der Altersangabe des Sängers mit dem steifen Bein einzustellen sei, hatten sie sich vielsagend angesehen. Dass seine Eltern nie kapierten, dass er längst schlauer war, als sie annahmen!

Leo sah in Gedanken das 8. Türchen vor sich, das sie heute Abend aufmachen wollten, es war ungefähr in der Mitte der linken Hälfte des Adventskalenders. Er kannte längst die Lage und das Aussehen aller Türchen auswendig, das achte war dunkelrot und hatte blaue Ecken. Wie gerne hätte Leo gewusst, was hinter dem 24. Türchen verborgen war: vielleicht eine Beschreibung des Audikulars, oder eine Art Schatzkarte, oder das Audikular selbst? Wie groß mochte so ein Audikular sein?

Leo hörte seine Mutter von unten rufen:

„Leo, Telefon, Hannes ist dran!"

Leo sauste die Treppe hinunter und griff zum Hörer.

„Hallo Hannes, was gibt's?"

„Ich bin im Internet die Trefferliste von gestern noch weiter durchgegangen", hörte er die besorgte Stimme seines Freundes am anderen Ende der Leitung, „ich habe noch eine Version der Geschichte vom Wanderer gefunden – eine, die sich unterscheidet!"

Leo schluckte.

„Was ist denn unterschiedlich?"

„Es ist eine Version der Geschichte, in der anderes Geld benutzt wird. Jetzt gibt der Wanderer dem Mädchen plötzlich zwei Heller aus seiner linken Hosentasche statt den drei Kreuzern. Am besten, du kommst gleich mal vorbei."

Einige Minuten später schnaufte Leo schon mit seinem Fahrrad die Steige zu Hannes' Hof hinauf. Seine Eltern wollten gegen sieben Uhr nachkommen. Als er ins Haus geplatzt kam, saß Hannes immer noch an seinem Computer und starrte auf den Bildschirm.

„Es gibt wohl nur diese beiden Versionen der Geschichte", sagte er zu Leo, „mehr finde ich nicht."

„Welche ist denn die neuere?", wollte Leo wissen, während er seinen Anorak in eine Ecke warf.

„Das habe ich mich auch schon gefragt, aber beim Erscheinungsdatum wird bei beiden Geschichten nur vage von der Mitte des 19. Jahrhunderts gesprochen. Wie sollen wir jetzt wissen, welche Geschichte Meister Eduard gekannt und welchen Geldbetrag er daher für die Zahlenkombination verwendet hat? Danebenraten wäre zu dumm."

Leo stierte aus dem Fenster. Draußen hüpfte ein Eichhörnchen in einem alten Apfelbaum von Ast zu Ast und ließ kleine Wölkchen von Schnee zu Boden stauben.

„Warum hat *Gottlieb Wildenbruch* plötzlich andere Münzen für seine Geschichte genommen?", grübelte er vor sich hin.

„Vielleicht hat es damals auch gerade eine Währungsreform gegeben", flachste Hannes.

„Die Idee ist doch gar nicht schlecht!", Leos Augen blitzten auf, „genau wie bei uns, als vor einigen Jahren die Mark abgeschafft und der Euro eingeführt wurde. Lass uns doch einmal nachsehen, welches die ältere Münze ist."

Hannes tippte auf seiner Tastatur und klickte ein paar Mal mit der Maus.

„Hier haben wir es", rief er triumphierend, „1873 wurde der Kreuzer abgeschafft. Die jüngere Geschichte ist also die mit den zwei Hellern. Aber vielleicht hat Meister Eduard trotzdem die genommen?"

„Das kann nicht sein", hakte Leo sofort ein, „Meister Eduard hat doch nur bis 1866 gelebt. Er konnte also nur die Version mit den Kreuzern gekannt haben, wenn wir annehmen, dass *Wildenbruch* seine Geschichte erst umgeschrieben hat, als der Kreuzer abgeschafft war. Außerdem sprechen auch noch die Drillinge, die die Frau zur Welt brachte, und die drei Teller gegen eine *2*."

„Du hast recht", sagte Hannes, „wir werden links die *3* einstellen und dann wird das Türchen schon aufspringen."

Kurz vor acht kamen Herr und Frau Winterfeld auf dem Hof an. Leo spielte gerade draußen im Schnee mit Nudel. Er warf Schneebälle in ihre Richtung und Nudel sprang danach wie ein Torwart, um sie mit der Schnauze zu fangen.

„Noch einen Ball, dann gehen wir rein", ordnete Leo im Tonfall eines Trainers an, der die Übungsstunde für beendet erklärt, worauf die Hündin ihn verständnislos ansah.

In der Küche duftete es schon nach Glühwein. Hannes hatte sogar aufgeräumt: Das ganze schmutzige Geschirr war gespült, die Küchenbank war freigeräumt und der Tisch abgewischt worden. Nur die Lupe und eine Taschenlampe lagen griffbereit darauf.

„Hier ist es aber gemütlich", lobte Frau Winterfeld dann auch prompt und Hannes kniff Leo ein Auge.

„Konntet ihr denn klären, welche von beiden Geschichten die richtige Zahl enthält?", fragte Herr Winterfeld, während er seinen Mantel ordentlich über eine Stuhllehne hängte und seinen Wollschal in einen Ärmel steckte.

Leo erklärte seinen Eltern, was sie herausgefunden hatten, während Hannes drei Becher mit Glühwein und einen mit heißem Holundersaft für Leo auf den Tisch stellte. Frau Winterfeld hatte einen dreiarmigen Leuchter von der Fensterbank genommen und betrachtete ihn bewundernd.

„Wo haben Sie denn diesen hübschen Kerzenhalter gefunden, Herr Schenker?", wollte sie wissen.

„Mama, das ist doch jetzt nicht so wichtig", nörgelte Leo ungeduldig und sah seine Mutter vorwurfsvoll an. Dann ging er zum Adventskalender, griff an das mittlere Stellrad und sah Hannes an.

„Letzte Chance für einen Einwand!"

„Los doch! Die Zahlen hast du ja schon seit Stunden eingestellt."

Leo drehte das Stellrad auf die *8* und zog; acht Ohren schienen daraufhin ein wenig größer geworden zu sein. Das vertraute Geräusch kam und Sekunden später sprang das Türchen auf. Leo spähte hinein, obwohl er wusste, dass er die alte Schrift sowieso nicht lesen konnte.

„Welche Farbe hat der Hintergrund denn dieses Mal?", fragte Frau Winterfeld, die für Farbtöne schon seit jeher eine besondere Schwäche besaß.

„Dunkelgrün – komisch, dass jedes Türchen innen eine andere Färbung hat", sagte Leo. Dann sah er die Erwachsenen der Reihe nach an.

„Kann einer von euch bitte den Titel vorlesen?"

Während die beiden Männer sich noch fragend anschauten, trat Leos Mutter näher heran und beugte sich runter.

„Jetzt will ich es doch auch einmal probieren", sagte sie und leuchtete mit der Taschenlampe auf die Innenseite der Klappe.

Es war still im Raum. Leo trat von einem Fuß auf den anderen, während seine Mutter sich die Buchstaben im Kopf zusammen reimte. Endlich richtete sie sich auf.

„Die neue Geschichte heißt: *Die Fabel von der weisen Vogelscheuche* von einem *David Obst"*, verkündete sie stolz.

Wieder war es still. Auf Hannes' Stirn waren die Denkfalten besonders tief.

„Ich kenne die Geschichte", sagte er schließlich, „ich habe sie vor Jahren in einem alten Buch gelesen, als ich die Wohnung einer verstorbenen Frau aufgelöst habe und in ihren Büchern blätterte. Der Titel ist mir in Erinnerung geblieben, aber Einzelheiten weiß ich nicht mehr. Wartet einen Moment!"

Damit stand er auf und eilte hinaus. Leo hörte, wie er die Leiter zum Spitzboden herauszog. Alle Drei lauschten. Es rumste, Dinge wurden umgeräumt, knarrende Schranktüren und Truhendeckel geöffnet. Dann wurde die Leiter wieder mit einem lauten Knall hochgeschoben. Leo sah gespannt zur Küchentür – hatte er nun das Buch?

Hannes steckte seinen Kopf hinein.

„Wartet einen Moment, ich schaue noch mal woanders."

Wieder rumste es irgendwo im Haus, liefen Schritte und knallten Türen.

„Ich muss noch mal in den Schuppen", sagte der Schatten, der gerade an der offenen Küchentür vorbeigehuscht war.

Herr Winterfeld nahm den letzten Schluck Glühwein und zog die Stirn in Falten.

„Vielleicht sollten wir besser bei mir suchen, da stehen die Bücher alle in einem Regal."

Die Minuten verstrichen. Endlich ging die Außentür und wenig später erschien Hannes mit geheimnisvollem Blick und den Händen hinter dem Rücken in der Küche.

„Rechts oder links", fragte er Leo.

„Beide", sagte der und Hannes legte stolz ein verschlissenes braunes Buch mit dunkelgrünem Einband auf den Tisch.

„Da staunt ihr, was?", sagte er und goss alle Becher wieder voll.

„Macht es euch bequem, ich freue mich schon darauf, die Geschichte nach so langer Zeit wieder zu lesen."

„Ich werde sie lesen", sagte Leos Mutter, „und ihr Männer hört gut zu!"

Sie nahm das Buch, rückte es ins Licht, suchte nach der richtigen Geschichte und begann zu lesen:

Die Fabel von der weisen Vogelscheuche

Am Rande einer großen Wiese stand eine Vogelscheuche. Sie stand schon sehr lange dort, denn die Menschen, die sie einmal aufgestellt hatten, waren längst gestorben, und von deren Nachfahren war sie einfach vergessen worden. Einst hatte sich der Bauer große Mühe mit ihr gegeben, hatte kerniges Holz, dickes Stroh und wetterfeste Kleidungsstücke verwendet. Der Kopf mit dem forschen Gärtnerhut war fest auf einen kräftigen Besenstiel gesetzt worden, sodass die arme Vogelscheuche furchtbar mit den Augen rollen musste, wenn sie rechts oder links etwas sehen wollte. Daher schaute sie meist geradeaus, beobachtete die Tiere auf der Wiese, die Segel der Boote auf dem Fluss und die Wolken am Horizont. Einstmals hatte sie in einem Kornfeld gestanden, aber das Land um sie herum wurde nicht mehr beackert, und so schaute sie seit Jahren schon in eine weite Ebene mit saftigem Gras hinein.

Mit den Jahren nun hatte die Sonne die Vogelscheuche ausgebleicht und von den Herbststürmen war sie derbe zerzaust worden. Der verbeulte Hut hatte seine kecke Feder verloren, war löchrig geworden und die Ärmel der Jacke hingen an den Enden in Fetzen herunter. Für die meisten Tiere hatte die Vogelscheuche schon immer dort gestanden, und so hielten sie sie für sehr weise und fragten sie um Rat. Nur ein alter Dachs konnte sich an das Kornfeld und die Menschen erinnern, die die Vogelscheuche einst aufgestellt hatten.

Wieder einmal neigte sich der Sommer dem Ende zu. Am letzten Tag im August war es noch einmal besonders heiß, als sich ein ganzer Schwarm Stare auf der Wiese niederließ und nach Würmern und Insekten zu picken begann. Die Vögel schwatzten und lärmten durcheinander, sodass die Vogelscheuche die Ohren spitzen musste, um etwas zu verstehen.

„Endlich eine Pause", japste einer und ein Starenkind piepste:

„Wann sind wir endlich da?"

„Noch lange nicht, bis Afrika ist es noch weit", antwortete die Starenmutter.

So brabbelten und hüpften sie alle herum, bis einige von ihnen auf den einen Arm der Vogelscheuche flogen und sich zu putzen begannen.

„Wisst ihr noch, als wir letztes Jahr auf unserer Wanderung in den Aschenregen geraten sind, der oben aus dem Berg kam", fragte der eine, „wir mussten uns tagelang putzen, bis unser Federkleid wieder schön geglänzt hat."

„Wenn es nur Asche gewesen wäre", gab ein anderer zurück, „da kamen doch auch Steine aus dem Berg geflogen und wir mussten abdrehen, um keinen Schaden zu nehmen."

„Sogar Rauch puffte oben aus dem Loch heraus", erinnerte sich ein Dritter, „wie kann es sein, dass plötzlich irgendwo die Erde aufreißt und Rauch und Geröll herausgeschleudert wird?"

Ein kleiner Spatz hatte lange mit dieser Frage zugebracht, bis er sich endlich getraute, die ehrwürdige Vogelscheuche mit seinem Wissensdurst zu belästigen. Er hatte auf dem anderen Arm der Vogelscheuche gesessen, während sich die Wandervögel unterhielten. Nun, als die Stare längst weitergezogen waren, kam der Spatz zögernd näher an das Ohr der Vogelscheuche gehüpft und sagte:

„Du wirst bestimmt über mich lachen, aber ich weiß wirklich nicht, wie Geröll und Rauch oben aus einem Berg kommen können."

Die Vogelscheuche rollte mit den Augen und räusperte sich. Es dauerte einen Moment, bis sie sich zu einer Antwort bequemte.

„Aber ich weiß nun, warum man vom *Spatzenhirn* spricht", sagte sie und der kleine Vogel zuckte vor Scham zusammen, „siehst du nicht die kleinen schwarzen Erdhügel hier auf der Wiese vor uns?"

„Doch", sagte der Spatz, „aber was haben sie damit zu tun?"

Wieder rollte die Vogelscheuche verächtlich mit den Augen.

„Das ist doch klar! In dem Land, durch das die Stare fliegen, muss es riesige Maulwürfe geben."

„Aber woher kommt dann der Rauch?", wagte der Spatz einzuwenden.

„Das ist kein Rauch, sondern Staub", erwiderte die Vogelscheuche, „jeder weiß doch, dass es im Süden heiß und trocken ist, und darum wird viel Staub aufgewirbelt, wenn die riesigen Maulwürfe graben und Erde auswerfen."

„Wie klug du bist – vielen Dank", sagte der kleine Spatz verdutzt und flog davon.

Langsam wurde es Herbst. Die Wiese lag in mattem Grün vor der Vogelscheuche und sie konnte beobachten, wie die Blätter der Sträucher im Wiesenhain Tag für Tag gelber wurden. Auch die Tiere bereiteten sich auf den Winter vor. Die Igel waren vom Fallobst rund geworden und raschelten in zusammengewehten Blätterhaufen, die Eichhörnchen hüteten die Geheimnisse ihrer Erdverstecke und der Bär war längst in einer Höhle verschwunden.

Eines Tages trat ein Hirsch mit einem riesigen Geweih von hinten an die Vogelscheuche heran. Er räusperte sich, aber die Vogelscheuche würdigte ihn keines Blickes.

„Ich habe gehört, du wärest sehr weise", begann er verhalten.

„Manche behaupten das", antwortete die Vogelscheuche geschmeichelt.

„Hinter dir liegt ein Gebirge, in dem ich lebe", erklärte der Hirsch weiter.

„Ja ja, das Gebirge", murrte die Vogelscheuche unwirsch.

„Für den Winter komme ich allerdings immer in die Ebene herunter", fuhr der Hirsch fort, „dieser Weg führt mich durch eine Schlucht, in der ein Widersacher lebt, ein anderer Hirsch, der genau so groß und stark sein muss wie ich, denn er hat die gleiche mächtige Stimme. Ich habe ihn schon oft zum Zweikampf gerufen, aber der Feigling antwortet nur, röhrt dieselben Aufforderungen zurück, aber zeigt sich nicht. Ich habe ihn schon in den Felsen gesucht, aber der Kerl hat sich gut versteckt. Wie kann ich ihn herauslocken, um zu zeigen, wer dort Platzhirsch ist?"

Die Vogelscheuche dachte eine Zeit lang nach. Dann sagte sie:

„Du hättest weniger rufen und dafür mehr nachdenken sollen. Es gibt keinen anderen Hirschen in der Schlucht, der andere ist ein Teil von dir selbst."

„Das verstehe ich nicht, der andere antwortet doch", sagte der Hirsch verwundert.

Die Vogelscheuche wackelte ungeduldig mit den Armen.

„Wenn du im Herbst und im Frühjahr durch die Schlucht kommst, hat dann schon jemals die Sonne *dort* geschienen?"

„Nein, zu dieser Jahreszeit steht sie viel zu tief."

„Siehst du, der andere ist dein eigener Schatten. Wenn die Sonne nicht scheint, muss doch dein Schatten trotzdem irgendwo sein. Dann wird er in der Felswand sitzen und äfft dich aus lauter Ärger nach."

Die Miene des Hirsches hellte sich auf, der Kampf gegen den gleichstarken Gegner brauchte nicht mehr sein.

„Darauf wäre ich alleine nie gekommen", sagte er beeindruckt, „wie gut, dass ich dich fragen konnte – vielen Dank dafür!"

Damit drehte er sich um und die Vogelscheuche hörte nur noch, wie die Geräusche seiner Hufe schnell leiser wurden.

Der Winter kam und einige Tage vor Weihnachten fiel der erste Schnee. Irgendwann mitten in der Nacht hatte es zu schneien begonnen, und als die Vogelscheuche am Morgen aufwachte, lag die ganze Welt in einem unberührten Weiß vor ihr. Auch sie selbst hatte sich verändert. Auf ihren ausgebreiteten Armen häufte sich der Schnee, die knotige Nase war eingezuckert und ihr Hut saß ihr schwer auf dem Kopf, denn für unzählige Schneeflocken war der leise Fall aus den Wolken auf ihrer breiten Hutkrempe zu Ende gewesen. Die aufgehende Sonne breitete eine Glitzerlandschaft vor ihr aus, aber am Horizont kündigten dunkle Wolken bereits bedrohlich das nächste Schneegestöber an.

Weil sie weit ins Land hinausschaute, hatte die Vogelscheuche die drei kleinen braunen Kaninchen gar nicht bemerkt, die vor ihr im Schnee saßen und zu ihr hochblickten. Sie sahen alle zerzaust und verstört aus und waren ganz außer Atem. Das Kleinste blutete sogar ein wenig am rechten Hinterlauf, sodass im Schnee einige rote Tupfen zu sehen waren. Endlich fasste sich eines der Drei ein Herz, stellte sich auf die Hinterpfoten und zupfte der Vogelscheuche an der Jacke.

„Du bist doch schon sehr alt und hast viele Winter erlebt – kannst du uns helfen?", fragte es.

„Was wollt ihr Lümmel denn wissen?", brummte die Vogelscheuche missmutig.

„Meine Brüder und ich haben heute Morgen etwas Furchtbares erlebt", fuhr das Kaninchenkind atemlos fort, „wir saßen vor unserem Bau im Gebirge und hörten plötzlich ein dumpfes Grollen. Wir blickten auf und sahen einen gewaltigen Schneesturm auf uns zurollen. Es toste und brauste, der Sturm hatte sogar Bäume mitgerissen und es war, als ob ein Riese einen gewaltigen Eimer mit Schnee ausgeschüttet hätte. Da haben wir es mit der Angst zu tun bekommen und sind um unser Leben gerannt. Aus der Ferne konnten wir dann sehen, dass der Sturm unsere Heimat in kurzer Zeit meterdick eingeschneit hat. Unsere Geschwister und Nachbarn sind sicher verschüttet und wir wissen nicht, ob sie sich werden freigraben können. Wir haben Angst, in unser Tal zurückzukehren, denn wir wissen auch nicht, ob so heftiger Schneefall üblich ist – wir sind doch erst letzten Sommer geboren."

Die Vogelscheuche guckte gelangweilt in den Himmel; es sollte den Anschein haben, als ob sie nur nach den richtigen Worten suchte, um dummen Leuten etwas völlig Selbstverständliches zu erklären. In Wahrheit aber versuchte sie sich zu erinnern, ob es schon jemals in ihrem langen Leben so heftig geschneit hatte, dass von der plötzlichen Schneelast sogar Bäume umgerissen worden wären. Nein – das hatte es noch nie gegeben. Was konnte da passiert sein?

„Hört zu", sagte sie dann mit etwas zu lauter Stimme und die Kaninchen spitzten die Ohren, „ihr braucht keine Angst zu haben, dass so etwas öfter geschieht. Solange ich lebe, ist es nur ein einziges Mal passiert, dass eine Wolke Verstopfung hatte. Dann sammeln sich immer mehr und mehr Schneeflocken in ihr an und können einfach nicht heraus. Die Wolke wird dann ganz schwarz, viel dunkler noch als die Wolke, die ihr dort hinten seht. Irgendwann platzt die Wolke dann und der ganze Schnee kracht auf die Erde herunter. Aber das ist ganz selten."

„Dann können wir also zurück", riefen die Kaninchen wie aus einem Mund.

„Ja, aber beeilt euch, bevor ihr in dem einsetzenden Schneetreiben die Orientierung verliert", rief die Vogelscheuche mit gespielter Besorgnis gegen das Heulen des Windes an, der mittlerweile aufgezogen war. Die Kaninchen riefen etwas zurück, aber die Vogelscheuche konnte es nicht mehr verstehen, weil der Sturm den Dank und den Abschiedsgruß der Drei bereits mit sich fortgetragen hatte. Er fegte jetzt immer wütender über die Ebene hinweg, wirbelte Schneeflocken auf, die sich mit denen vermischten, die vom Himmel herunter stoben. Die Vogelscheuche stemmte sich wie schon so oft den Sturmböen entgegen, der Wind zerrte an dem Hut, ihre Jacke flatterte heftig - da brach der morsche Stiel und die stolze Vogelscheuche fiel rückwärts mit einer Drehung in den Schnee. Der eine Arm steckte in einer Schneewehe und der andere zeigte schräg in den Himmel.

„So also sieht ein Gebirge aus – ich hatte es mir ganz anders vorgestellt", ächzte sie erstaunt, „und wie hoch es ist!"

„Ja, das hättest du wohl nicht gedacht", sagte der alte Dachs, der den Kopf aus seiner Erdhöhle gesteckt hatte, „dazu musstest du erst umgeworfen werden."

Frau Winterfeld ließ das alte Buch sinken und schaute in die Runde.

„Eine hübsche Geschichte", bemerkte sie, „wir sollten auch einmal darüber nachdenken was geschehen würde, wenn wir immer an einer Stelle stünden und nur in eine Richtung schauen könnten. Aber ihr denkt vermutlich schon wieder an eure Zahlenkombination?"

„Klar, Mama, wir haben doch nur 24 Stunden Zeit und gleich muss ich doch wieder die ersten zehn davon ins Bett."

„Richtig, das hätte ich fast vergessen", sagte Frau Winterfeld lächelnd und stand von der Küchenbank auf.

9

Am Abend des 9. Dezember war Leo überpünktlich bei Hannes aufgetaucht. Er hatte die Geschichte von der weisen Vogelscheuche noch einmal untersucht und war sich wieder einmal ganz sicher. Hannes hörte die Mechanik der Stellräder schon leise knacken, kaum dass Leo seinen Anorak ausgezogen hatte.

„Was hast du eingestellt?", wollte er wissen.

„Rechts natürlich eine *3*, wegen der braunen Kaninchen", gab Leo zur Antwort.

„Und links?"

„Links gibt es eigentlich auch nur eine Möglichkeit", machte Leo es spannend.

Hannes betrachtete seinen kleinen Freund, der ihn forschend ansah.

„Du glaubst, ich weiß es nicht?", lächelte er, „links solltest du eine *31* eingestellt haben, wenn das neunte Türchen aufspringen soll."

Leo nickte und lächelte zurück.

„Hab' ich auch. Der letzte Tag im August ist immer der einunddreißigste."

Er zog am mittleren Rad und war gar nicht besonders überrascht, als das mittlerweile vertraute Knarren zu hören war und das Türchen sich öffnete.

„Ich will selbst versuchen, die alte Schrift zu entziffern", sagte Leo, während er mit seinem Taschentuch über die Innenseite des Türchens wischte. Er konnte mittlerweile einige der alten Buchstaben lesen, denn er hatte sich mit dem Wissen um den Titel der Geschichten die Schrift oft genug angesehen und sich die fremden Schriftzeichen eingeprägt. Nun holte er die Taschenlampe aus der Tischschublade und leuchtete die verschnörkelten Buchstaben an.

„D-a-s", buchstabierte er gedehnt und schaute Hannes triumphierend an, „das erste Wort heißt *Das*".

„Das gibt noch wenig Aufschluss, lies weiter", bemerkte Hannes nüchtern.

Leo beugte sich wieder hinunter, sodass er fast mit der Nase an die grüne Blende stieß. Hannes sah, wie Leos Lippen ein neues Wort formten.

„Lied", gab er schließlich bekannt, „das nächste heißt *Lied*".

„Das Lied? Ist das schon der ganze Titel?", wollte Hannes wissen.

„Nein, es geht noch weiter, das nächste Wort ist *des*".

„Und wessen Lied ist es nun?", fragte Hannes ungeduldig, als Leo sich etwas länger mit dem nächsten Wort beschäftigte.

„Des *Clowns*", sagte der schließlich, „die nächste Geschichte heißt: *Das Lied des Clowns*".

„Und wie heißt der Autor?"

Leo beugte sich abermals herunter.

„Ich glaube er heißt *Johann Sanddorf*", sagte er nach einer Weile.

Hannes schob Leo behutsam zur Seite und betrachtete nun seinerseits die Schrift.

„Ja, du hast alles richtig gelesen", sagte er dann, „Donnerwetter – jetzt hast du schon gelernt, diese Geheimschrift zu verstehen."

Eine gute halbe Stunde später klingelte bei Winterfelds das Telefon.

„Papa, hast du in deinen Büchern eine Geschichte von Johann Sanddorf, die *Das Lied des Clowns* heißt? Wir haben das neunte Türchen auf, aber die neue Geschichte können wir nirgends finden."

„Ich habe Namen und auch Titel noch nie gehört, aber ich will hier gleich einmal nachsehen, ob sie dabei sind", versprach Leos Vater, „aber du kommst jetzt am besten gleich nach Hause. Wir wollen heute doch noch gemeinsam die zweite Kerze auf dem Adventskranz anzünden. Wenn wir etwas Glück haben, können wir dazu gleich die neue Geschichte lesen."

„Leider nicht", rief Herr Winterfeld, nachdem ein *,Papa – hast du was gefunden?'* durch das Haus geschallt war, kaum dass die Winterfelds die Haustüre ins Schloss hatten fallen hören. Herr Winterfeld steckte noch in seinem Arbeitszimmer. Auf dem Schreibtisch und auf dem Boden lagen einige alte Bücher umher, er selbst blätterte gerade in einem schwarzen Büchlein, als Leo hereinkam.

„Das ist ein altes Literaturverzeichnis", erklärte er Leo, „aber auch da kann ich nichts finden."

„Hast du denn in dieser kurzen Zeit schon überall nachgesehen?", wollte Leo wissen.

„Weißt du, Leo, so viele Bücher aus der Zeit von Meister Eduard habe ich nun auch nicht. Die meisten der Bücher hier sind aus unserer Zeit, und die wenigen sehr alten Bände habe ich tatsächlich schon durchgesucht."

„Hast du denn sonst noch eine Idee?"

„Morgen kann ich vielleicht noch einige Bekannte und Kollegen anrufen, aber jetzt wollen wir erst einmal Adventslieder singen."

Grübelnd ging Leo mit seinem Vater hinüber ins Wohnzimmer. Auf dem Tisch hatte Frau Winterfeld schon zwei Kerzen auf dem Adventskranz angezündet und das elektrische Licht gelöscht. Nun wartete sie in einem Sessel mit einem aufgeschlagenen Buch auf dem Schoß.

„Lasst uns zuerst Lieder singen, dann lese ich euch noch eine schöne Adventsgeschichte vor", sagte sie.

Die beiden Männer setzten sich dazu, aber Leo war nicht ganz bei der Sache, weder beim Singen noch bei der anschließenden Geschichte, die von irgendeinem Hirten und irgendeinem Schaf handelte.

Welche Möglichkeiten gab es noch, an die Geschichte von diesem *Johann Sanddorf* zu kommen?

„Morgen in der Freistunde komme ich nach Hause und rufe Pater Jakob an", verkündete er, nachdem er zum Schluss die Kerzen ausgepustet hatte.

„Morgen ist Montag, da hat die Klosterbibliothek doch zu", fiel seinem Vater sofort ein.

„Ich muss es trotzdem versuchen", sagte Leo.

Das Rufzeichen ertönte wieder und wieder – verflixt, war denn am Montagvormittag wirklich niemand da? Dann wurde der Anruf plötzlich weitergeleitet, jetzt hatte das Rufzeichen einen anderen Ton. Wieder tutete es viele Male.

„Kloster Marieneck - Empfang", sagte eine Frauenstimme.

„Hier spricht Leo Winterfeld, ich möchte bitte Pater Jakob sprechen."

„Der Pater ist heute nicht zu sprechen", sagte die Frauenstimme.

„Es ist aber sehr wichtig! Es geht um das Geheimnis des Audikulars und der Pater hat versprochen, ich könne ihn bei Bedarf jederzeit anrufen."

„Wie war noch mal bitte der Name?", fragte nach einer kurzen Weile die Frau, die die Aufregung in Leos Stimme offenbar gnädig gestimmt hatte.

„Leo Winterfeld, mein Vater und ich waren am ersten Advent in der Bibliothek. Pater Jakob hat auch unsere Telefonnummer", sagte Leo schnell.

„Ich werde es ausrichten, der Pater ruft dann gegebenenfalls zurück. Guten Tag."

„Wann wird das denn sein?", wollte Leo noch fragen, aber da hatte es schon in der Leitung geknackst.

Ob er nochmal durchrufen und nachfragen sollte? Er konnte noch eine gute halbe Stunde warten, dann musste er wieder losradeln, um pünktlich in der vierten Schulstunde zu erscheinen. Mathe bei Herrn Kanne – wie doof. Hoffentlich würde diese Frau Pater Jakob seinen Anruf ausrichten.

Nach einer halben Stunde war das Telefon immer noch stumm. Vielleicht hatte der Pater die Telefonnummer verloren? Leo schaute auf seine Armbanduhr: noch drei

Minuten, dann musste er los. Griesgrämig schlurfte er in den Flur, zog seinen Anorak an und ging in Zeitlupe zu seinem Fahrrad in die Garage.

„Leo, Telefon für dich.“

Frau Winterfeld stand in der offenen Haustür und winkte Leo heran. Der stürmte herein und nahm den Hörer.

„Leo Winterfeld!“

„Hier ist Pater Jakob“, hörte er zu seiner großen Erleichterung die freundliche Stimme des Paters, „wie ist denn die Geschichte um den Holzhauser Adventskalender weitergegangen?“

Leo erzählte in Windeseile die Ereignisse der letzten Tage und schloss seinen Bericht mit der Aufgabe für den heutigen Tag.

„Niemand kennt einen *Johann Sanddorf*, können Sie uns helfen?“

„Der Name sagt mir auch nichts, aber ich werde sehen, was ich tun kann“, sagte Pater Jakob, nachdem er kurz überlegt hatte.

„Ab fünf nach eins bin ich wieder zu Hause zu erreichen“, versprach Leo eifrig, „vielen Dank!“

„Du hast doch erst um eins aus“, wunderte sich Leos Mutter, nachdem Leo aufgelegt hatte.

„Das schaffe ich schon, Mama“, rief Leo und sauste los.

Es war wenige Minuten nach eins, als Frau Winterfeld durch das Küchenfenster ihren Sohn mit fliegenden Haaren um die Ecke flitzen sah. Und tatsächlich klingelte wenig später das Telefon, Pater Jakob war dran:

„Es tut mir leid, Leo, aber ich habe nichts über einen Autor mit Namen *Johann Sanddorf* gefunden. Ich will nachher noch ein wenig forschen, aber du solltest dir nicht allzu viel Hoffnung machen.“

„Aber wo sollen wir denn jetzt noch suchen?“, fragte Leo enttäuscht.

„Ihr könntet es in den Stadtbibliotheken ringsumher probieren oder in den nächstliegenden Universitäts-Bibliotheken nachfragen. Vielleicht wird der Autor auch manchmal anders geschrieben, zum Beispiel *Johann* mit nur einem *n* oder *Sanddorf* mit nur einem *d*.“

„Das hat mein Freund Hannes schon alles beim Suchen ausprobiert, aber es ist nichts dabei herausgekommen“, sagte Leo.

„Ich rufe dich sofort an, wenn ich noch etwas finden sollte“, versprach der Pater, „ich wünsche dir von Herzen viel Erfolg!“

Leo bedankte sich noch einmal und legte dann auf. Was sollte er jetzt tun?

Nach dem Mittagessen rief er gleich bei Hannes an. Nach kurzem Läuten ging der Anrufbeantworter dran; zu dumm, vermutlich war Hannes unterwegs. Leo wählte die Mobilnummer. Endlich hatte er ihn erreicht und konnte von der Klemme erzählen, in der er steckte.

„Heute Nachmittag habe ich leider überhaupt keine Zeit, um mit dir irgendwohin zu fahren, Leo, ich muss unbedingt eine Wohnung leer räumen", konnte Leo trotz des schlechten Empfangs die Stimme seines Freundes gerade noch verstehen, „ich bin frühestens um sechs zurück."

„Aber Hannes, wie soll ich denn bis heute Abend an die Geschichte kommen? Papa ist auch auf Reisen. Ich muss sie haben, sonst wäre schon beim zehnten Türchen Schluss!", rief Leo in den Hörer.

„Tut mir leid, ich habe hier eine Verpflichtung, morgen sollen schon die Maler in die Wohnung kommen. Ruf' doch erstmal bei den Büchereien an. Wenn du das Buch gefunden hast, wird sich schon jemand finden, es zu holen. Viel Glück."

Leo war sauer, war enttäuscht und hatte plötzlich furchtbar schlechte Laune.

„Mama, kannst du mit mir in eine Bücherei fahren, wenn ich das Buch dort mit Anrufen und Nachfragen finden würde?"

Frau Winterfeld seufzte: Sie hatte anderes vorgehabt, als mit dem Auto auf eine Irrfahrt zu gehen, aber ihren Sohn jetzt alleine zu lassen, kam für sie nicht infrage.

„Das Mamataxi steht bereit", sagte sie ergeben.

Es war schon fast halb sieben, als das Auto von Leos Mutter in der Garageneinfahrt haltmachte und die Scheinwerfer erloschen. Leo saß noch angeschnallt auf seinem Platz und rührte sich nicht. Er verspürte überhaupt keine Lust auszusteigen, als ob er mit diesem Schritt endgültig anerkennen würde, dass sie nichts erreicht hatten.

Er hatte nach seinem Gespräch mit Hannes eine Menge Büchereien in den umliegenden Gemeinden angerufen, aber entweder hatten sie geschlossen, keine Bücher von einem *Johann Sanddorf* oder die Mitarbeiter waren einfach nicht bereit gewesen nachzusehen und hatten Leo mit einem *‚da musst du schon selbst vorbeikommen'* abgespeist. Er hatte auch in einer Universitätsbibliothek angerufen und irgendeiner studentischen Aushilfskraft war nichts Besseres eingefallen als der Ratschlag, er möge sich einfach einloggen und im System suchen.

„Ich bin aber noch Schüler und erst in der sechsten Klasse", war Leo herausgerutscht.

„Dann hast du also gar keinen Ausweis und keinen Account?"

„Nein, natürlich nicht!"

Dann wäre nichts zu machen, es sei denn, ein Erwachsener würde einen Ausweis beantragen, aber das würde dann mindestens eine Woche dauern. Leo hatte resigniert aufgelegt und war mit seiner Mutter zu den Büchereien gefahren, die heute geöffnet waren, aber keine Auskunft am Telefon geben wollten. Er hatte mit seiner Mutter an alten Monitoren mit grüner Schrift und in verstaubten Karteikästen gesucht, er war mit den Augen an endlosen Buchreihen im Abschnitt *S* vorbeigestreift, aber nirgendwo gab es einen *Johann Sanddorf.* Erst als die Bibliothekarin in der letzten Bücherei um kurz nach sechs ungeduldig mit dem Türschlüssel geklappert hatte, war ihm plötzlich klar geworden, dass sie das zehnte Türchen nicht schaffen würden.

Der Anrufbeantworter im Hausflur blinkte zwar, hielt aber ebenfalls keine Nachricht bereit, weder Pater Jakob noch sein Vater hatten offensichtlich Erfolg gehabt. Wer aber war es gewesen, der gleich wieder aufgelegt hatte, ohne auf das Band zu sprechen?

Das Telefon klingelte und Hannes war dran.

„Na, hast du was gefunden?"

„Nö, überhaupt nichts", murmelte Leo geknickt.

„Wir haben noch fast eine Stunde Zeit", versuchte Hannes ihn aufzumuntern.

„Hannes, was sollen wir noch tun? Wir haben alles versucht. Ich muss jetzt meine Hausaufgaben für morgen machen. Blöder *Johann Sanddorf!"*

Leo ging hinauf in sein Zimmer, setzte sich an seinen Schreibtisch und schlug die Hefte auf. Es war vorbei! Sicherlich würden sie im Laufe des nächsten Jahres die Geschichte auftreiben können, aber es würde ein ganzes Jahr vergehen, bis sie weiterrätseln konnten. Leo schaute auf die Kolonnen mit englischen Vokabeln; die sollte er alle bis morgen können, also los. Als es nach einiger Zeit an der Haustür klingelte, ließ er sich gar nicht stören – seine Mutter war ja da.

„Leo, komm schnell, hier ist ein Eilbrief für dich angekommen!"

Leo rannte die Treppe hinunter, riss seiner Mutter den braunen Umschlag aus der Hand und ratschte ihn auf. Er zog vier Fotokopien alter Buchseiten und einen Briefbogen mit ein paar handschriftlichen Zeilen heraus.

„Viel Freude mit der Geschichte vom Clown und viel Glück beim Knobeln! Herzliche Grüße..."

Darunter war noch eine krakelige Unterschrift, die Leo nicht lesen konnte. *Dr. Manfred Hofmann – Historiker* stand oben im Briefkopf.

„Wir haben sie doch noch!", jubelte Leo und griff zum Telefon.

„Hannes, ich habe die Geschichte. Gerade kam ein Eilbrief von irgendeinem Historiker. Keine Ahnung, woher er davon weiß und woher er meine Adresse kennt. Wir kommen gleich zu dir, vielleicht schaffen wir es doch noch."

Leo sah auf die Uhr: noch eine Dreiviertelstunde.

„Mama, kannst du mich mit dem Auto zu Hannes fahren?"

Aber da hielt Frau Winterfeld den Autoschlüssel bereits wieder in der Hand.

Während Leos Mutter auf der schneeglatten Straße eine passende Geschwindigkeit zwischen Vorsicht und Eile zu finden versuchte, überflog ihr Sohn bei eingeschalteter Innenbeleuchtung die Fotokopien nach Zahlen, Ziffern oder anderen numerischen Angaben; jetzt galt es, jede Sekunde zu sparen.

Hannes saß gerade beim Abendbrot, als Leo mit seiner Mutter in die warme Küche kam.

„Kommt rein und setzt euch", mümmelte er mit vollem Mund, aber das ging fast vollständig im Bellen von Nudel unter, die freudig an Leo hoch sprang.

„Lass jetzt, Nudel, ich habe jetzt keine Zeit zum Spielen, vielleicht nachher", sagte Leo und drückte die Hündin beiseite.

Hannes wischte sich mit dem Handrücken über den Mund und schob seinen Teller weg.

„Gib mir am besten die Fotokopien und ihr beide hört gut zu, damit uns die Lösung nicht durchschlüpft", sagte Hannes, rückte seine Brille zurecht und begann zu lesen:

Das Lied des Clowns

Die Schläge der schweren Hämmer hallten über den Marktplatz des kleinen Städtchens, als die Männer die Pflöcke für die Spannseile in den Boden trieben. Der Nachtwächter hatte schon damit begonnen, die Gaslaternen auf den Gehsteigen anzuzünden; bald würde es dunkel sein und morgen schon musste das große Zirkuszelt stehen. Morgen am frühen Nachmittag schon würden die Kinder mit ihren Eltern herbeiströmen, würden mit großen Augen der ersten Freivorstellung folgen, die der Zirkusdirektor dem Bürgermeister für jeden Adventssonntag versprochen hatte. Im Gegenzug hatte das Städtchen dem Zirkus ein freies Winterquartier gewährt, eine große Wiese vor der Stadt für die Zirkuswagen ausgewiesen und einige ausgediente Ställe für die Tiere bereitgestellt. Der Bürgermeister wusste nur zu gut, wie sehr die Kinder den Zirkus liebten, und so hatte er nach kurzer Bedenkzeit zugestimmt, als der Zirkusdirektor mit seinem Angebot bei ihm vorsprach.

Als die Dunkelheit hereingebrochen war, stellten die Anwohner Lichter in ihre Fenster, um so den Zirkusleuten ein wenig zu leuchten, aber erst als in dieser klaren Winternacht ein großer runder Vollmond hinter einem der Dächer erschien und den Platz in ein weißes Licht tauchte, konnten die Männer ihre Arbeit zügig fortsetzen. Alle fassten jetzt mit an: die Artisten, die Dompteure, die Musikanten, sogar der Zirkusdirektor selbst und auch Piccolo, der Clown. Bald war die riesige Zeltplane überall am Gestänge befestigt und verankert, die Leinen mit den Fähnchen zwischen den Zeltstangen verspannt und der große Glitzerstern oben auf der Zeltspitze befestigt. Die Manege und die Bänke für die Zuschauer würden sie dann morgen bei Tageslicht aufbauen.

Am nächsten Tag waren die Zuschauerränge bis auf den letzten Platz gefüllt. Die Vorstellung klappte vorzüglich, denn der Zirkus hatte dieses Programm den ganzen Sommer lang gespielt. So wollte auch der Applaus zum Schluss nicht enden und es dauerte lange, bis die Zirkusleute das Licht im Zelt löschen und sich auf den Weg zu ihren Wagen machen konnten.

Nachdenklich schloss der Clown Piccolo die Tür zu seinem Zirkuswagen auf. Er war unzufrieden mit seinem Auftritt heute, aber er wusste nicht warum. Er war doch wie immer über seine zu großen Schuhe gestolpert, hatte Grimassen geschnitten, war ausgerutscht und wie schon das ganze Jahr über am Ende seines Auftritts mit dem Gesicht in eine Torte gefallen. Die Kinder hatten wie sonst auch viel gelacht und ihm etwas zugerufen, wenn sein Hündchen Jumbo hinter seinem Rücken immer genau das Gegenteil von dem tat, was er gerade lautstark befohlen hatte. Was also stimmte nicht, was war nicht gut?

Piccolo dachte an seine laute Clownnummer, ließ alle seine tollpatschigen Späße an seinem inneren Auge vorüberziehen, und da merkte er, dass er jetzt eigentlich viel lieber ein anderer, ein stiller Clown wäre. Sein Blick blieb an einem kleinen Koffer hängen, der verstaubt in einer Ecke seines Wagens stand. Er sah diesen Koffer lange an – war das vielleicht die Lösung? In den anderen Zirkuswagen war es schon längst still geworden, als Piccolo schließlich müde aber zufrieden in sein Bett sank und einschlief.

In den nächsten Tagen bekamen die übrigen Zirkusleute Piccolo kaum zu Gesicht, er war in seinem Wagen verschwunden und kam nur kurz zum Vorschein, um mit Jumbo einen Spaziergang über die Wiese zu machen. Was tat er nur Geheimnisvolles? Die anderen blieben stehen und lauschten, wenn sie an seinem Wagen vorbeikamen.

„Piccolo, was ist los mit dir", fragte der Zirkusdirektor, als er ihn einmal, eine Melodie pfeifend, auf seinem Spaziergang traf.

„Ich arbeite an einer neuen Nummer", erwiderte Piccolo, „die letzte Vorstellung vor Weihnachten soll anders werden, da möchte ich ein anderer Clown sein."

Und dann erzählte er dem Direktor von seinem Vorhaben, bat um Erlaubnis für seinen veränderten Auftritt. Selbst von Weitem konnte man sehen, wie der Direktor nickte und Piccolo heftig auf die Schulter klopfte.

Die Zuschauer allerdings merkten erstmal nichts von diesen Absichten. Am zweiten und dritten Adventssonntag war alles so, wie die Kinder es ihren Freunden erzählt hatten. Nach den Hochseilartisten trat Piccolo in seinem bunten Clownskostüm in die Manege, trug wie immer riesige Schuhe und einen grünen Hut, der jedes Mal vom Kopf fiel, wenn er unter einer Wäscheleine hindurch musste. Wie immer hängte er deshalb die Wäsche im Handstand mit den Füßen auf, und Jumbo zog heimlich jedes Wäschestück wieder von der Leine, das sein Herrchen gerade vorher dort hochbalanciert hatte. Natürlich durfte das Hündchen wieder zur Strafe die dicke Wurst nicht haben, die dort an einem Haken hing, und es rollte sich jedes Mal ein Stückchen näher heran, sobald Piccolo sich abgewendet hatte oder wieder einmal irgendwo auf der Nase lag.

Die Kinder hatten wieder sehr lachen müssen, obwohl viele von Ihnen schon zum zweiten oder gar dritten Mal die Vorstellung besuchten. Dieser Clown war doch zu komisch. Am nächsten Sonntag, dem vierten Advent, da wollten sie alle noch einmal zur letzten Freivorstellung kommen.

Es war noch kälter geworden in dieser letzten Woche, in der sich das Städtchen und die Dörfer des Umlandes auf eine Zirkusvorstellung am Sonntag freuen durften. In den letzten Tagen vor Weihnachten hatte der Winter Einzug gehalten, hatte Eisblumen an die Fensterscheiben gemalt und die Teiche mit einer dicken Eisschicht überzogen. Am Morgen des vierten Advent begann es zu schneien. Dicke Flocken fielen auf das Zeltdach und sammelten sich unten am Rand, sodass die Zirkusleute noch kurz vor der Aufführung dort Leitern anstellten und den Schnee herunterfegten, damit die Last auf dem Zeltdach nicht zu schwer würde.

Lange bevor der Zirkus seine Pforten für seine vierte und letzte Vorstellung öffnete, begannen die Leute sich schon vor dem Eingang zu sammeln, denn alle wollten einen Platz in den vorderen Reihen. Ein kalter Wind pfiff über den Marktplatz, sodass die Erwachsenen ihre Mantelkrägen hochstellten und die Kinder vor Kälte von einem Fuß auf den anderen hüpften. Endlich war Einlass und das ganze Volk strömte ins Zelt. Die letzten Ankömmlinge wollte der Türsteher schon abweisen, weil die verfügbaren Plätze besetzt waren, aber die Leute versprachen zu stehen und wurden daraufhin alle noch eingelassen.

Es wurde eine grandiose Vorstellung. Alle Zirkuskünstler gaben sich äußerste Mühe, um ihrem Publikum in dieser letzten Vorstellung des Jahres noch einmal ihr ganzes Können zu zeigen. Die Hochseilartisten machten atemberaubende Darbietungen in der Zeltkuppel, und die Leute waren fast erleichtert, als die Truppe sich zum Schluss wohlbehalten in der Manege verbeugen konnte. Gleich würde es zur Erholung etwas zum Lachen geben, jetzt war der Auftritt von Piccolo dran.

Aber was war das? Die Feuerschlucker kamen in die Manege und fauchten sich mit riesigen Stichflammen an. Wo war Piccolo? Die Kinder schauten sich enttäuscht an. Es ging ein Raunen durch die Reihen - war er etwa krank?

Als die restliche Vorstellung beendet war, trat der Zirkusdirektor in die Manege und bat um Aufmerksamkeit. Er bedankte sich wortreich bei dem Publikum für das zahlreiche Erscheinen und bei dem Städtchen für dessen Gastfreundschaft. Er bedankte sich auch bei seinen Zirkusleuten für deren Arbeit und Fleiß und wünschte allen Leuten ein frohes Weihnachtsfest.

„Habe ich noch etwas vergessen?", fragte er zum Schluss mit Blick auf die Kinder.

„Ja", riefen die meisten wie aus einem Mund, „wo ist Piccolo? Wir haben den Clown noch nicht gesehen!"

Der Zirkusdirektor lachte und hob die Hände.

„Manege frei für Piccolo, den Clown!"

Das Licht wurde abgedunkelt, in der Manege huschten einige Schatten umher und dann wurde es wieder hell. Die Wäscheleine war gespannt, links daneben stand wie immer der Tisch mit der Torte darauf und mitten in dem Kreisrund stand die Kiste, über die Piccolo immer stolperte. Die Kinder klatschten vor Begeisterung. Dann wurde es mit einem Mal still, denn der Vorhang hatte sich bewegt – gleich würde er kommen.

Und dann kam er, hatte wie immer seinen grünen Hut auf, das bunte Kostüm und die riesigen Schuhe an. Hinter ihm lief Jumbo, scheinbar ganz brav, aber gleich würde er bestimmt Unfug machen. Piccolo ging auf die Wäscheleine zu. Dann erst schien er das Publikum zu bemerken. Er warf seinen Hut zur Begrüßung hoch, huschte derweil unter der Leine durch und der Hut landete wie selbstverständlich wieder auf seinem Kopf. Die Leute klatschten, Piccolo verbeugte sich, ging auf den Tisch zu und betrachtete die Torte. Würde er jetzt schon hineinfallen, vielleicht heute die ganze Zeit mit einem Tortengesicht herumlaufen? Die Kinder schauten wie gebannt auf den Boden vor seinen Füßen, suchten nach einem Stück Seife oder etwas anderem, worauf man ausrutschen konnte.

Aber Piccolo holte ein großes Messer hervor und teilte die Torte mit zwei Schnitten in vier Teile. Dann schaute er umher, zählte mit den Fingern in der Luft die Kinder in der ersten Reihe und betrachtete wieder die vier Tortenstücke. Flink setzt er noch sechs gleiche Schnitte und verteilte alle Tortenstücke an die Kinder, die freudig in die unerwartete Süßigkeit bissen.

Danach hängte er ein großes Tuch über die Wäscheleine und rief sein Hündchen herbei. Die Kinder glucksten schon als er sich abwandte und die Wurst vom Haken nahm – das Tuch würde wohl nicht lange hängen bleiben! Aber Jumbo saß artig da und wartete auf seinen Herren, der ihm über den Kopf streichelte und feierlich die ganze Wurst überreichte, an die er sich das gesamte Jahr vergeblich versucht hatte heranzumachen. Piccolo zog das Tuch auseinander und strich es glatt: ‚*Allen Menschen eine frohe Weihnacht*' stand mit schwungvollen Lettern darauf gemalt.

Nun ging Piccolo mit seinen großen Schuhen auf die Kiste zu, aber er stolperte nicht darüber. Er holte eine verbeulte Trompete heraus, schloss den Deckel der Kiste wieder und setzte sich oben drauf. Alle Laternen wurden abgedunkelt bis auf eine, die etwas Licht auf den Clown in der Mitte der Manege warf.

Und dann begann Piccolo zu spielen. Aufrecht saß er auf der Kiste, sein Hündchen neben sich, und blies auf seiner Trompete eine Melodie, die das ganze Zelt erfüllte. Die Leute wurden still und lauschten. Noch nie hatten sie ein so wunderbares Lied gehört, noch nie hatte ein Lied sie froh gemacht, einfach nur, weil es da war. Durch den Dachausschnitt für den Zeltmast kamen Schneeflocken herein, rieselten leise im Lichtkegel zu Boden, tanzten um den versunken spielenden Clown herum oder schmolzen auf dem blanken Messing der Trompete. Irgendwann erlosch auch das eine Licht, während die letzten Töne des Liedes in der Dunkelheit verhallten.

Still und besinnlich traten die Leute nach der Vorstellung auf die Straße hinaus, das Gelächter und aufgeregte Geplapper, das sonst nach einer Vorstellung über dem Markt gelegen hatten, war verstummt. Die Erwachsenen verabschiedeten sich herzlich für die Feiertage und die Augen der Kinder leuchteten, wenn sie an das Lied des Clowns dachten.

Hannes blickte von den Seiten hoch und seine Augen suchten heimlich die Küchenuhr an der Wand. Wie gerne hätte er jetzt den schönen Bildern in der Geschichte noch etwas nachgehangen, aber die Uhr mahnte zur Eile.

„Noch acht Minuten, und bisher bin ich mir über die Zahlen noch nicht im Klaren", murmelte er noch immer ein wenig angespannt.

„Haltet ihr meine Idee nun für richtig oder nicht?"

Leo sah abwechselnd Hannes und seine Mutter an. Nachdem die Geschichte vom Clown Piccolo gelesen war, hatten sie alle noch einmal wichtige Textstellen überflogen, um in dieser brenzligen Lage nichts unbedacht zu lassen. Carola Winterfeld zuckte unschlüssig mit den Schultern und Hannes zupfte sich etwas unbeholfen am Bart.

„Das linke Stellrad hat sicher etwas mit der Torte auf dem Tisch in der Manege zu tun", brummte er, „aber sind es jetzt die Schnitte oder die Stücke?"

„Die Schnitte führen doch zu den Kuchenstücken", drängelte Leo.

Seine Mutter gab ihm recht.

„Der Clown verteilte *alle* Stücke an die Kinder, und da entsteht die Frage, wie viele Tortenstücke es bei acht Schnitten waren. Ich würde auch links die *16* einstellen!"

„Und rechts?"

Leo ließ nicht locker, die Zeit konnte jeden Moment um sein. Er hatte längst das linke Stellrad auf die *16* gedreht und die Hand bereits am rechten. Forschend sah er die anderen an, während hinter ihm deutlich ein *klick* zu vernehmen war.

„Du hast die *4* ja schon eingestellt", grinste Hannes.

„Es muss die *4* sein", sagte Leo, „das Lied hat der Clown in der vierten Vorstellung am vierten Advent gespielt. Was soll es sonst sein?"

„Dann los, zieh den Knopf!"

Leos Mutter legte ihm ermutigend die Hand auf den Arm. Leo zögerte noch einmal, dann zog er entschlossen an der mittleren Stellschraube. Es dauerte wieder einen kurzen Moment. Fast hatte Leo den Eindruck, der Adventskalender müsse selbst noch überlegen, ob diese Zahlen nun die richtigen wären. Dann kam wieder das bekannte Knarren, es knirschte ein wenig, dann sprang das zehnte Türchen mit einem Ächzen auf.

„Puuh", alle Drei atmeten erleichtert auf – jetzt hatten sie es doch noch geschafft!

Es dauerte eine Zeit, bis die Anspannung langsam von Leo abfiel. Er saß zurückgelehnt auf einem der wackeligen Küchenstühle und schaute von Weitem in das offene Türchen hinein, aus dem ihm ein helles Grün entgegen leuchtete.

„Hoffentlich haben wir es das nächste Mal leichter", schnaufte er und stand auf.

Er öffnete das Türchen ganz weit, sodass etwas mehr Licht von der Küchenlampe auf die Innenseite fiel und versuchte, die Schrift zu lesen. Nach einer Weile blickte er hoch und sagte:

„Kann bitte einer von euch lesen, ich bin noch ganz fahrig. Im Titel steht was von einem weißen Mädchen, aber genau kann ich das nicht erkennen."

Hannes ging nah an die Schrift heran und kniff die Augen ein wenig zusammen.

„Von *Mädchen* steht da nichts", sagte er, „es soll *Märchen* heißen. Der neue Titel lautet: *Das Märchen vom weiten Kleegarten* und ist von einer *Katharina von Trausch* aufgeschrieben worden."

„Dann kann die Suche ja wieder von vorne losgehen", gähnte Leo.

„Ich werde gleich noch ein wenig stöbern", versprach Hannes, „aber jetzt möchte ich endlich wissen, wie du zum Schluss doch noch an den Text von dem Clown gekommen bist."

„Ich habe keine Ahnung. Vorhin hat es plötzlich an der Tür geklingelt und ein Eilbrief von diesem Dr. Hofmann wurde abgegeben. Aber es wird sicher spannend sein herauszufinden, woher der von uns und dem Holzhauser Adventskalender wusste."

„Heute werden wir nichts mehr herausfinden, außer vielleicht die Lücken, die noch in deinen Hausaufgaben klaffen", schaltete Leos Mutter sich ein, während sie aufstand und ihren Rock glatt strich, „komm Leo, zieh deinen Anorak an, es ist schon spät geworden."

Als Leo am nächsten Morgen am Frühstückstisch seinen Kinderkaffee schlürfte, klingelte das Telefon.

„Es ist für dich, Leo."

Hannes war entgegen seiner sonstigen Gewohnheit schon früh auf und hatte eine gute Nachricht:

„Hab' die Geschichte schon gefunden. Sie steht in einem Büchlein mit anderen Gute-Nacht-Geschichten, das derzeit noch ganz normal erhältlich ist. Ich besorge das Buch tagsüber; heute kannst du dich entspannen."

„Ich werde dafür nach der Schule diesen Historiker anrufen, um mich zu bedanken und zu fragen, in welchem alten Buch die Geschichte vom Clown steht und wie er von uns erfahren hat", sagte Leo und wünschte seinem Freund einen schönen Tag.

Nach dem Mittagessen suchte Leo den Brief heraus und wählte die Telefonnummer von Dr. Hofmann, die glücklicherweise im Briefkopf stand.

„Hofmann", meldete sich eine ältere Männerstimme.

„Hier spricht Leo Winterfeld. Ich wollte mich für Ihren Brief bedanken. Er ist gestern gerade noch rechtzeitig angekommen und wir haben das zehnte Türchen damit öffnen können."

„Das freut mich sehr, Leo. Aber nun erzähl doch einmal genau, warum die Geschichte so wichtig war und was es mit diesem geheimnisvollen Adventskalender auf sich hat. Ich weiß nur die Adresse von einem Leo, der elf Jahre alt ist, ein schwieriges Rätsel lösen muss und dazu bestimmte Geschichten braucht. Und diese Geschichten braucht dieser Leo immer sofort."

Leo merkte gleich, dass er den fremden Mann am anderen Ende der Leitung mochte. Daher fiel es ihm nicht besonders schwer, seine Neugierde zu zügeln und Dr. Hofmann zuerst von dem Holzhauser Adventskalender zu erzählen, auf welche Weise sie ihn entdeckt hatten und wie er funktionierte. Dann aber musste Leo seine Frage endlich loswerden:

„Woher haben Sie eigentlich die Geschichte vom Lied des Clowns und woher wussten Sie, dass ich die so dringend brauchte?"

„Das kommt, weil ich Literatur-Wissenschaftler und insbesondere Experte für die Geschichten des 19. Jahrhunderts bin. Ich habe mich auch mit fast vergessenen Dichtern und Erzählern aus dieser Zeit beschäftigt."

Dr. Hofmann räusperte sich und fuhr fort:

„*Johann Sanddorf* zum Beispiel war der Sohn eines Bäckers aus dem Emsland, der viele schöne Kurzgeschichten geschrieben hat. Leider hat sich damals kaum jemand dafür interessiert, und so musste *Sanddorf* die Herstellung seiner Bücher selbst bezahlen. Er hat einen Teil seines Erbes dafür eingesetzt, und trotzdem sind nur wenige seiner Bücher weltweit erhalten geblieben."

„Aber woher wussten Sie, dass gerade ich eine Geschichte aus diesem Buch lesen wollte?", beharrte Leo auf seiner Frage.

„Stimmt, das wollte ich dir ja erzählen. Gestern Nachmittag hat meine Sekretärin einen Anruf von einem Herrn Petersen aus Hamburg bekommen, der nach der Geschichte von *Johann Sanddorf* fragte. Er sprach von einem elfjährigen Schüler, der sie unbedingt heute noch benötigen würde, um hinter die Geheimnisse eines uralten mechanischen Adventskalenders zu kommen. Ich fand es sehr ungewöhnlich und bemerkenswert, dass sich ein Kind für diesen Autor interessiert, und so habe ich Professor John Steven in New York angerufen, den ich schon lange kenne und der eine Sammlung von alten und sehr seltenen Büchern besitzt. Ein Band von *Sanddorf* war tatsächlich dabei und der Professor war so nett, mir gleich die betreffenden Seiten über den Ozean herüber zu faxen."

„Und woher wussten Sie meine Adresse?", wollte Leo wissen.

„Deinen Namen und Wohnort hatte Petersen genannt. Ich habe schnell im Telefonverzeichnis nachgesehen. Zum Glück gibt es deinen Nachnamen nur einmal im Ort, und so habe ich versucht, dich anzurufen. Als niemand abhob, habe ich zur Sicherheit den Eilbrief geschickt."

„Vielen Dank", sagte Leo, „das war sicher ziemlich teuer."

„Das habe ich gerne gemacht, Leo. Es ist mir eine Freude, wenn Kinder lesen und sich für die Gedanken und Geschichten kluger Leute interessieren."

„Und woher wusste dieser Herr Petersen von meiner Suche?", bohrte Leo weiter.

Dr. Hofmann stutzte.

„Das müsstest doch *du* wissen! Ist denn dieser Petersen kein Verwandter oder Bekannter von dir?"

„Nein", sagte Leo, „ich habe keine Ahnung, wer das ist."

„Das ist ja äußerst merkwürdig", sagte Dr. Hofmann erstaunt, „dann muss dieser Mann wohl ein Hellseher sein."

Gegen vier Uhr klingelte es an der Tür, Hannes und Nudel standen draußen. Hannes schwenkte bedeutungsvoll seinen Rucksack.

„Was glaubst du ist da drin?", fragte er.

Leo blinzelte ihn an.

„Ein Gute-Nacht-Geschichten-Buch?"

„Richtig. Aber wir müssen deshalb nicht bis zum Abend warten, um darin zu lesen."

Leo winkte die beiden herein.

„Herr Schenker, könnte Ihr Hund vielleicht ...?"

Frau Winterfeld war aus einem Zimmer in den Flur gekommen und starrte auf die Tapsen, die Nudels nasse Pfoten auf den hellen Fliesen hinterlassen hatten.

„Mama, Nudel kann doch nicht im kalten Auto bleiben!", sagte Leo entrüstet.

Nudel blickte schwanzwedelnd zwischen Hannes und Leo hin und her; sie hatte gleich verstanden, dass von ihr die Rede war.

„Aber in der Küche oder im Wohnzimmer möchte ich sie mit ihrem nassen Fell auch nicht haben", drängte Frau Winterfeld.

„Dann bleibt sie eben hier im Flur."

Leo lief in den Keller, holte eine alte Decke, breitete sie vor einem Heizkörper im Flur aus, sah Nudel streng an und versuchte sie zu bewegen, auf die Decke zu gehen, aber die Hündin wollte nicht alleine bleiben. Hannes kam Leo zu Hilfe und deutete auf die alte Decke.

„Platz!", befahl er und Nudel streckte sich sofort ergeben auf der Decke aus und legte den Kopf zwischen die Vorderpfoten.

Wenig später saßen alle Drei um den großen Küchentisch herum. Frau Winterfeld hatte Kaffee gekocht und für Leo einen Kakao auf den Tisch gestellt. Auf dem Adventskranz flackerten zwei Kerzen ruhig vor sich hin. Leo blätterte in dem Buch, während Hannes fortwährend auf den Teller mit den Lebkuchen schielte.

„Die neue Rätselgeschichte ist ganz schön lang", bemerkte Leo, „trotzdem dürft ihr heute zuhören, weil ich vorlesen werde."

Die beiden Erwachsenen sahen sich erstaunt an, aber Leo hatte schon die richtige Seite aufgeschlagen, nahm noch einen kräftigen Schluck Kakao und begann das Märchen vom weiten Kleegarten vorzulesen:

Das Märchen vom weiten Kleegarten

Es war einmal eine Mutter, die hatte einen kleinen Sohn, den sie Felix rief und den sie über alles liebte. Sie liebte ihn besonders, weil er aufrichtig war, liebevoll mit allen großen und kleinen Lebewesen umging, und weil es ihr einziges Kind war. Dabei war es kein anmutiges Kind, war kleinwüchsig, ein wenig tollpatschig und seine Gedanken flossen schwerfällig, auch wenn es oftmals gute und kluge Gedanken waren. Sie lebten zusammen in einem Königreich, an das viele andere Länder angrenzten, so viele, dass der König kaum die Namen aller seiner Nachbarkönige behalten konnte.

Nun geschah es, dass die Mutter eines Tages schwer erkrankte. Kein Arzt und kein Kräuterweiblein kannte diese Krankheit oder wusste eine Heilmethode, aber die Frau spürte, dass sie bald sterben würde.

Da rief sie ihren Sohn zu sich und sprach:

„Mein lieber Sohn, ich werde bald von dieser Welt gehen und dich alleine lassen müssen. Aber ich will dir ein Geheimnis verraten, das dir helfen soll, in deinem Leben einen guten Weg zu finden."

Da war der Knabe sehr bestürzt und bat die Mutter inständig, sie möge ihn nicht verlassen. Aber die Mutter nahm ihn in den Arm und erzählte ihm von einem wunderbaren Kleegarten in einem fernen Land, zu dem er sich auf den Weg machen solle. In diesem Garten würde es genügend Nahrung für alle seine Bewohner geben, klare Quellen und herzliche Menschen, die weder falsch, noch abgünstig oder niederträchtig seien.

„Wenn es dort so schön und lebenswert ist, dann wird dieser Garten doch längst überfüllt sein und keinen Platz mehr für mich haben", wandte der Knabe ein.

„Es ist wahr, dass viele Menschen sich auf den Weg dorthin begeben", sprach die Mutter, „aber die meisten kommen niemals dort an, weil sie ohne Hingabe suchen. Der Kleegarten ist schwer zu finden, aber sobald du ihn entdeckt hast, werden seine Bewohner schon auf dich gewartet haben."

„Wie kann das gehen?", wunderte sich der Knabe, „die Menschen dort kennen mich doch gar nicht."

„Doch, sie erkennen dich, weil du es bist", sagte die Mutter, „geh' hin und achte auf die *richtigen* Wegweiser, dann wirst du den Kleegarten finden."

Als die Mutter gestorben war, trauerte der Knabe viele Monate lang um sie. Dann besann er sich ihrer letzten Worte, packte einige Habseligkeiten zusammen und machte sich auf den Weg, den Kleegarten zu suchen.

Nachdem er eine Zeit lang gewandert war, kam er in ein Land, in dem er endlich Wegweiser fand. Vergeblich hatte er auf seiner Reise die Leute nach dem Weg zum Kleegarten befragt, aber sie hatten nur mit dem Kopf geschüttelt. Da war ihm der Rat der Mutter wieder in den Sinn gekommen, er möge auf die Wegweiser achten und hatte Ausschau nach ihnen gehalten.

Wie freute sich der Knabe, als er nun den langen runden Pfahl am Rande der Wegkreuzung stehen sah, der stolz seine Hinweispfeile in alle vier Himmelsrichtungen streckte. Er las begierig die Weisungen auf den Pfeilen, die Städte und Provinzen, die es in der jeweiligen Richtung zu erwandern gab. Sein Herz machte einen Freudensprung, als er auf einem der Pfeile las:

„Kleegarten"

Er schaute die endlose Landstraße entlang, an deren Ende irgendwo der Kleegarten sein musste. Ein Windstoß blies ihm ins Gesicht, sodass sein Halstuch flatterte. Wie lange würde es dauern, um ihn zu erreichen? Aber das war nicht wichtig - Hauptsache, er hatte endlich den richtigen Wegweiser gefunden. Dankbar schaute er noch einmal zu den Pfeilen empor, bevor er sich auf den Weg machen wollte.

Da fuhr ihm der Schreck in die Glieder – plötzlich zeigte der Pfeil mit dem Hinweis auf den Kleegarten in eine andere Richtung. Wie konnte das sein? Welche unheilvolle Macht trieb ein Verwirrspiel mit ihm? Als der Knabe grübelnd den Wegweiser betrachtete, bemerkte er, dass der Wind ein ums andere Mal kräftig an den Hinweispfeilen rüttelte und den ganzen Wegweiser wie eine Wetterfahne drehte.

Erleichtert über diese einfache Erklärung marschierte der Knabe frohen Mutes in eine der möglichen Richtungen; der nächste Wegweiser würde bestimmt besser im Boden verankert sein und ihm eine klare Richtung zeigen können. Er hatte die Spur gefunden, nun war der Kleegarten nicht mehr fern.

Doch als der Knabe den nächsten Wegweiser erreichte, hatte der Sturm diesem noch übler als dem ersten mitgespielt. Schief steckte er im Boden und seine Pfeile wiesen wahllos in den Raum. Einer der Pfeile hatte vormals den Weg zum Kleegarten gewiesen, nun aber zeigte er schräg in den Himmel hinauf und der Knabe wusste nicht, welcher der vielen Wege einstmals gemeint gewesen war.

Konnten die Bewohner dieses Landes ihre Wegweiser nicht solide bauen? Wo immer der Knabe auf eines dieser Gebilde traf, so waren sie unnütz, waren krumm und schief, drehten sich im Winde oder waren ganz abgebrochen und lagen auf der Erde.

„Unser Land ist klein, wir brauchen keine Hinweise", sagten die Leute, wenn der Knabe sie nach dem Wert ihrer Wegweiser befragte, aber den Weg zum Kleegarten wussten sie auch nicht.

Die Zeit ging dahin und der Knabe wuchs heran. Eines Morgens erreichte er die Grenze eines fremden Landes. Schon von Weitem konnte er erkennen, dass Wälder von Schildern und Wegweisern die Ränder der Straßen und Wege säumten.

„Wegweiser sind sehr wichtig", sagte der Soldat, der die Grenze bewachte, „man kann nie genug davon haben."

„Bestimmt besitzt euer Land somit ein eigenes Wegweiser-Ministerium, das für die Richtigkeit und Verbesserung der vielen Hinweise sorgt", bemerkte der junge Wanderer.

„Nein", der Soldat schüttelte erstaunt den Kopf, „das Aufstellen und Beschriften der Wegweiser kostet uns so viel Mühe, dass wir uns nicht auch noch für das Ziel verbürgen können. Unsere Wegweiser geben daher nur an, was garantiert falsch oder vielleicht richtig ist."

Verunsichert betrat der junge Wanderer dieses neue Land. Als er den ersten Wegweiser erreichte, rüttelte er kräftig an ihm. Der Pfahl bestand aus Metall, roch nach frischer Farbe und war fest in den Boden eingemauert.

„Nach 37m links gehen", stand auf einem der Pfeile.

„Nicht nach Westen", stand auf einem anderen, der auf den Weg in Richtung der aufgehenden Sonne zeigte.

Ein dritter Pfeil versprach: „Keine Sackgasse"

Felix überlegte kurz und schlug dann diesen Weg ein. Er kam nur langsam voran, denn er musste ständig die Hinweise auf den vielen Schildern lesen, um nicht den

Weg zum Kleegarten zu verpassen. Endlich erkannte er auf einem der Pfeile das vertraute Wort.

„Kleegarten – erstmal 10m geradeaus", stand dort in akkurater Druckschrift.

Felix schaute in die Richtung des Pfeils und bemerkte in kurzer Entfernung eine leichte Rechtsbiegung der Straße. Als er jedoch zehn Schritte gegangen war und erwartungsvoll den Wegweiser an der Biegung betrachtete, fand er dort keinen Hinweis mehr auf den Kleegarten, sondern nur Angaben darüber, wo es nicht hinging.

So irrte Felix noch einige Zeit in diesem Land umher, traf mitunter auf Hinweise zum Kleegarten, aber die Spur verlor sich nach kurzer Wanderung immer wieder. Fast war er erleichtert, als er eines Tages abermals die Landesgrenze erreichte.

„Gefällt dir unser Land nicht?", fragte ihn der Grenzsoldat, während er die Reisepapiere kontrollierte, „gerade für Unkundige haben wir doch die vielen Wege beschriftet."

„Ich danke euch für eure Gastfreundschaft, die vielen Schrifttafeln und Richtungen", antwortete der junge Wanderer, „leider kommen alle eure Wege nicht zum Ziel."

Damit grüßte er und zog von dannen.

Die Jahre vergingen und aus dem Knaben war ein junger Bursche mit kräftigen Schultern und spärlichem Bart geworden. Er hatte aufgehört, nach dem Kleegarten zu suchen. Er wanderte durch die Lande, verdingte sich für Hilfsarbeiten und vergnügte sich bei jeder passenden Gelegenheit. Es gab so viele schöne Orte auf der Welt, wieso sollte er unbedingt im Kleegarten wohnen?

Nach einiger Zeit kam er in ein Land, dessen Wege allesamt nicht besonders breit waren. Nachdem er dort eine Zeit lang gewandert war, sah er von Ferne einen riesigen Mast, der wie ein dicker Baum mitten auf dem Weg stand und ihn fast vollständig verstellte. Als er näher kam, bemerkte er, dass an dem Mast viele Hinweisschilder und Wegepfeile bis in die Spitze hinauf befestigt waren.

Da kamen ihm die Worte der Mutter wieder in den Sinn und er fragte sich, ob bei dieser Menge von Angaben vielleicht auch eine Wegbeschreibung zum Kleegarten dabei sein könne. Zum Glück waren eiserne Trittstufen an dem Mast befestigt, sodass er bis in die Spitze steigen und bei seinem Aufstieg alle Hinweise genau betrachten konnte. Alle erdenklichen Orte standen dort beschrieben, die Wege zu allen Städten und aller Herren Länder.

„Damaskus – 1973 Meilen", stand auf einem Pfeil, „China – 5652 Meilen oder 4955 Seemeilen" auf einem anderen.

Als er weiter nach oben geklettert war, fiel ihm ein Pfeil mit der Aufschrift: „Honolulu – 12371 Meilen oder 10566 Seemeilen" auf, und er fragte sich, wo der Ort mit diesem merkwürdigen Namen wohl liegen könne. Ihm wurde schwindelig, als er nach unten blickte - sollte er wirklich noch weiter empor klettern? Sein Mut wurde belohnt; ganz oben traf er auf einen Pfeil mit der Aufschrift:

„Kleegarten – 1000 Meilen"

Er versuchte sich den Pfeil genau zu merken, ihn während des Abstiegs nicht aus den Augen zu lassen. Als er unten am Boden angekommen war, glaubte er, den richtigen Pfeil noch zu wissen. Er blickte in die Richtung, in die der Pfeil zeigte, aber es gab keinen festen Weg dorthin. Da nahm er den Weg, der dieser Richtung am nächsten war, denn in der Ferne sah er schon den nächsten dieser mächtigen Wegweiser stehen.

An seinem Fuße angekommen, erging es ihm wie bei dem vorherigen: Er musste bis fast in die Spitze hinaufklettern, musste eine große Zahl von Namen lesen, bis er endlich einen Hinweis auf den Kleegarten fand. Beim Abstieg strauchelte er kurz beim Sprung von der untersten Trittstufe, und als er wieder aufschaute, hatten seine Augen den richtigen Pfeil verloren. Hätte er doch ein Fernrohr gehabt!

„Südpol – 14734 Seemeilen", verriet ihm stattdessen einer der unteren Pfeile, dessen Schrift er gut vom Boden aus erkennen konnte.

„Welchem Polarforscher wird ein Hinweis hier an dieser Stelle jemals nützlich sein?", fragte sich der Jüngling, „immerzu stellen sich mir allwissende Wegweiser entgegen, obwohl ich doch nur zum Kleegarten finden möchte?"

Im Laufe der nächsten Tage machte er noch einige Versuche, sich die Weisungen dieser neunmalklugen Ratgeber zunutze zu machen. Als er sich aber nie sicher sein konnte, wirklich auf dem richtigen Wege zu sein, zwängte er sich fortan einfach an den dicken Masten vorbei, ohne deren Hinweispfeilen weiterhin Beachtung zu schenken.

Es dauerte einige Zeit, bis seine Wanderung ihn erneut in ein anderes Land führte. Auch hier gab es Wegweiser, aber seitlich am Rande der Straßen. Sie schienen besser geeignet zu sein und Felix trat interessiert näher, um die Hinweise zu lesen. Dummerweise war die frische Farbe etwas verlaufen, sodass er nicht alles entziffern konnte. Waren es nun sechzig, achtzig und gar neunzig Meilen bis zum nächsten Ort?

In den folgenden Tagen musste Felix zu seiner Enttäuschung feststellen, dass kaum einer der Wegweiser leserlich beschriftet war. Offenbar verfügten die Maler dieses Landes nicht über wetterfeste Farbe, denn fast alle Schriften auf den Hinweistafeln waren verwischt und verlaufen. Nur bei ganz neuen Wegweisern konnte ein Wanderer noch Rat finden.

Einmal verweilte Felix lange vor einem dieser Wegweiser.

„Kl..ga.t.n", konnte man gerade noch erkennen - sollte er diesem undeutlichen Hinweis glauben und die Richtung des Pfeils einschlagen?

Felix überlegte eine Weile. Dann ging er geradeaus weiter.

Einige Sommer gingen ins Land, und als Felix eines Morgens in einen Spiegel schaute, bemerkte er erstmals Falten an seinen Augen. Er starrte lange aus dem Fenster, beobachte die Leute, wie sie die Straße entlang eilten, wie sie auf der einen Seite plötzlich in seinem Blickfeld erschienen und wenig später auf der anderen hinter einer Häuserecke verschwanden. Da gab er sich einen Ruck, packte seine Sachen zusammen, bezahlte der Wirtin das Zimmer und machte sich mit großen Schritten auf den Weg.

Die Herbststürme hatten schon einige Wochen getobt, und als der müde Wanderer eines Tages oben auf einem Gebirgskamm an eine neue Landesgrenze kam, begann es das erste Mal in diesem Winter zu schneien. Er konnte weit in das Land hineinschauen, das nun vor ihm lag, und ganz in der Nähe bemerkte er einen Wegweiser, der aufrecht am Rande einer Kreuzung stand. Er war nicht viel höher als ein Mensch, sein kräftiger Pfahl stand fest in den Boden eingelassen und trug für jede der möglichen Wege einen sorgfältig beschrifteten Richtungspfeil.

„Ist das die Art Wegweiser, die die Mutter meinte?", fragte sich Felix und betrat hoffnungsvoll dieses Land. Nach einigen Tagen der Wanderung entdeckte er tatsächlich auf einer der Tafeln einen Hinweis auf den Kleegarten. Glücklich folgte er dem Pfeil und traf jeweils nach der beschriebenen Entfernung auf den nächsten Hinweisgeber. Nun wusste Felix, dass er nur noch *diesen* Wegweisern folgen musste.

Irgendwann fand er einen Pfeil mit der Aufschrift:

„Zum Kleegarten nach 500 Metern abbiegen", und als er um die Ecke kam, sah er schon in einiger Entfernung Leute stehen, die ihm zuwinkten.

Leo legte das Buch zurück auf den Küchentisch, lehnte sich zurück und sah die anderen beiden an.

„Du kannst ja schon richtig gut und fesselnd vorlesen", freute sich Frau Winterfeld.

Hannes zupfte an seinem Bart.

„Zahlen gibt es in dieser Geschichte sicherlich genug", brummte er, „aber welche davon sind die richtigen?"

„Das werden wir gleich noch herausfinden", sagte Leo, „aber zuerst will ich unbedingt wissen, woher dieser unbekannte Herr Petersen aus Hamburg von unserer Suche nach der Geschichte vom Clown wusste."

11

„Einen Moment bitte – ich stelle durch."

Leo horchte in die Telefonleitung, die leise rauschte. Im Kloster hatten sie offenbar noch keine Anlage installiert, die einige Sekunden Wartezeit sofort mit einer blechernen Telefonansage oder einer eintönigen Dudelei füllen musste. Nach dem Kaffeetisch am Nachmittag mit der Geschichte vom Kleegarten hatte er gleich die Nummer vom Kloster gewählt, um vielleicht dort eine Spur zu diesem Petersen zu finden.

„Hallo Leo, schön, dass du anrufst", ertönte nach einem weiteren Knacks die Stimme des Paters.

„Guten Tag, Pater Jakob. Ich wollte Ihnen nur mitteilen, dass wir die Geschichte vom Lied des Clowns noch ganz kurz vor Ablauf der Frist als Eilbrief bekommen haben."

Und Leo erzählte dem Pater von dem Historiker, der den Eilbrief geschickt hatte, von dem Professor in New York, den Fotokopien per Fax um die halbe Welt und dem eigenartigen Herrn aus Hamburg, den niemand kannte.

„Kennen Sie vielleicht einen Herrn Petersen und haben ihn nach der Geschichte gefragt?", beendete Leo den Bericht mit einer Frage.

Pater Jakobs Antwort kam prompt.

„Nein Leo, den kenne ich nicht. Ich habe lediglich Bruder Zacharias angerufen, als ich bei uns mit dem Namen *Johann Sanddorf* nichts gefunden hatte. Er leitet eine andere Klosterbibliothek, die in Grünfelde, und wollte mich zurückrufen, falls er etwas findet. Aber er hat sich nicht mehr gemeldet."

Leo war ratlos: Wie war dieser Mann aus Hamburg nur an die Informationen gekommen? Er erzählte Pater Jakob noch ein wenig stolz, dass sie schon bald das elfte Türchen würden öffnen können, denn alle waren sich bereits einig, welche Zahlen dieses Mal der Schlüssel für das Türchen zur nächsten Geschichte sein müssten.

„Ich würde mich freuen, wenn du mich auf dem Laufenden hältst", bat Pater Jakob Leo zum Abschied, „du bist offenbar der Richtige für diese Aufgabe und es sollte mich nicht wundern, wenn wir an Heiligabend endlich wissen, was es mit dem Audikular auf sich hat."

Als Leo am nächsten Morgen vor der Schule seine Cornflakes löffelte, klingelte es an der Haustür. Sein Vater öffnete und Leo hörte, wie er sich mit anderen Männern unterhielt.

„Leo – kannst du kurz mal kommen?", rief er plötzlich in Richtung der Küche.

Leo stand auf und ging zur Tür. Draußen standen zwei Männer in blauen Arbeitsanzügen, ein langer dürrer mit glatten pomadigen Haaren und ein etwas kleinerer mit einer dicken Brille und klobigen Ringen an den Fingern.

„Diese Herren fragen nach alten Möbeln und anderen Antiquitäten. Wir selbst haben nichts dergleichen, aber ich dachte gerade an Hannes und seine vielen Sachen." Herr Winterfeld sah seinen Sohn fragend an.

Leo betrachtete den schicken weißen Kleinbus, mit dem die Männer gekommen waren. Er dachte an Hannes' klapprigen Laster – konnten diese gelackten Männer erfolgreicher mit alten Sachen handeln als sein Freund? Noch nie hatten zudem Leute bei ihnen an der Tür nach Antiquitäten gefragt – irgendwas stimmte hier nicht!

„Ich glaube, Hannes hat alle seine wertvollen Stücke in letzter Zeit verkauft", sagte Leo ausweichend.

„Die Gegenstände müssen nicht unbedingt besonders wertvoll sein", schaltete sich einer der Männer ein und funkelte Leo durch seine Brille an, die ähnlich teuer aussah wie die vom Direktor an seiner Schule.

„Und wir zahlen außerdem gute Preise", ergänzte der andere.

„Wir könnten Hannes anrufen, und weit zu fahren hätten die Herren auch nicht", schlug Leos Vater vor.

„Papa, um diese Zeit hebt Hannes doch nie ab. Außerdem weiß ich ziemlich genau, dass er nichts zu verkaufen hat."

Während Herr Winterfeld seinen Sohn verwundert über den Rand seiner Gelehrtenbrille ansah, wandte Leo sich den beiden Männern zu.

„Sie können mir ja Ihre Telefonnummer geben, ich würde meinen Freund fragen und der könnte Sie anrufen, wenn er doch etwas anzubieten hat."

Die beiden Männer sahen sich fragend an.

„Wir sind meistens unterwegs und haben kein Mobiltelefon", nuschelte der mit der Brille hastig, „wir klingeln besser demnächst noch einmal bei euch und erkundigen uns, was dein Freund gesagt hat."

Die beiden Männer grüßten, stiegen in ihren weißen Kleinbus und fuhren davon. Leo sah ihnen nach und konnte gerade noch erkennen, dass der Kleinbus ein Hamburger Autokennzeichen hatte.

„Warum hast du ihnen nicht Hannes' Telefonnummer gegeben oder seine Adresse? Hannes hat doch so viel Trödel und mit seinem Geld ist er auch immer klamm", fragte Herr Winterfeld seinen Sohn mit einem leichten Vorwurf in der Stimme, nachdem sie wieder in der Küche waren.

„Warum sind die Typen weggefahren und haben nicht auch bei den Nachbarn geklingelt, wenn sie auf Antiquitätensuche sind?", fragte Leo zurück, „und warum haben sie kein Handy, wenn sie ständig unterwegs sind?"

Herr Winterfeld runzelte die Stirn.

„Du hast recht", sagte er nachdenklich, „außerdem kamen sie mir für Trödelhändler auch etwas zu glatt vor."

„Und in ihren niedlichen Kleinbus würden sie kaum ein Sofa kriegen, geschweige denn Schränke oder Regale wie Hannes in seinen Lastwagen", setzte Leo nach.

„Aber was könnten sie dann wirklich gewollt haben?", grübelte Herr Winterfeld, während er seine Strickjacke wieder ganz aufknöpfte, um dieses Mal das richtige Loch mit dem untersten Knopf zu treffen.

„Keine Ahnung. Aber ich bin froh, dass sie Hannes' Adresse nicht haben. Ich kann mir nicht helfen – irgendwie habe ich das Gefühl, dass die Männer nicht wirklich auf Antiquitätensuche sind", mümmelte Leo mit vollem Mund, während er die letzten Reste seiner Cornflakes mit dem Löffel zusammenkratzte.

Wieso hatten diese Männer an ihrer Tür geklingelt, was könnten sie gesucht haben? Sie kamen aus Hamburg, vielleicht kannten sie diesen Petersen oder einer der Männer war es selbst? Aber wieso hätte Herr Petersen ihnen bei der Suche nach der Geschichte geholfen, wenn er auf der anderen Seite unlautere Absichten verfolgen würde? Leo wusste nun, dass er herausfinden musste, wer dieser Petersen aus Hamburg war. Zum Glück bekam er heute Unterstützung bei der Suche nach der neuen Geschichte.

Am Abend zuvor hatte sein Vater ihn zu Hannes begleitet, um dort das elfte Türchen zu öffnen. Seiner Mutter war der Trubel um den Adventskalender an dem Tag zu viel, und so hatte sie sich abends in der Stadt mit einer Freundin verabredet. In der Küche bei Hannes waren die Rätselexperten übereinstimmend der Meinung gewesen, dass links wegen der Angabe auf dem Wegweiser eine *37* eingestellt werden musste. Bei der *10* für das rechte Stellrad waren sie erst unsicher, aber ein weiterer Wegweiser hatte zehn Meter vor einer Rechtsbiegung gestanden, sodass Leo zuletzt guten Mutes am mittleren Stellrad ziehen konnte. Nach dem üblichen Schnarren war das elfte Türchen aufgesprungen. Leos Vater hatte gleich die Nase hineingesteckt und den Titel der heutigen Geschichte verkündet: *Die wundersame Erleuchtung* hieß sie und war von einer *Maria Wüstenfeld* veröffentlicht worden. Zum Glück hatte Leos Vater heute keine Termine und ihm daher angeboten, sich um die Geschichte zu kümmern, während Leo in der Schule schmoren musste. Bestimmt würde sein Vater etwas herausfinden, wenn er sich nur bemühte.

Das Licht aus der Küche des alten Fachwerkhauses fiel hell in den verschneiten Vorgarten. Hannes saß auf seiner Küchenbank am Fenster und spähte in die diesige Abenddämmerung hinaus. Ein Rotkehlchen hüpfte geschäftig von einem Ast des alten Apfelbaums auf den nächsten, pickte zuweilen in die Rinde und lenkte Hannes für einen Moment ab.

„Ich kann mir nicht vorstellen, dass es überhaupt noch fahrende Antiquitätenhändler gibt", sagte er, schüttelte den Kopf und blickte wieder grübelnd aus dem Küchenfenster, „nein - das war vor vielen Jahren einmal üblich, als Antiquitäten gerade modern wurden, aber heutzutage lohnt sich das bestimmt nicht mehr."

Leo warf seinem Vater einen bezeichnenden Blick zu – was also hatten die beiden Männer heute früh wirklich im Sinn gehabt? Diese Frage hatte Leo den ganzen Tag nicht losgelassen, auch in der Schule nicht, obwohl er dort den Ausführungen seines Erdkundelehrers über Gesteinsschichten in der Kreidezeit hätte folgen sollen. Am Nachmittag dann war er mit seinem Vater zu dessen Kollegen in die Stadt gefahren, der Zugang zu einem Archiv mit alten Schriften besaß und ihnen die Buchseiten für das zwölfte Türchen hatte kopieren können. Jetzt saßen die beiden Winterfelds schon wieder bei Hannes im Hauptquartier für Rätsel aller Art, und Leo hatte seinem Freund natürlich gleich von den zwei merkwürdigen Besuchern berichtet, die angeblich von Haus zu Haus zögen, um nach alten Möbelstücken zu fragen.

„Wenn wir nur wüssten, was dieser Petersen weiß", brütete Leo, „hatte er nur zufällig erfahren, dass ich diese spezielle Geschichte suche, oder wusste er auch, wozu ich sie so schnell gebraucht habe?"

„Wer außer uns weiß denn überhaupt von dem Holzhauser Adventskalender und seiner Bedeutung?", fragte Herr Winterfeld plötzlich in die Runde, während er sich mit der Hand über seine kratzigen Bartstoppeln strich, die in seinem Gesicht eine große Seltenheit waren.

„Pater Jakob und wahrscheinlich sein junger Bibliothekar", fiel Leo sofort ein.

„Vergiss Frau Dr. Heinrich vom Museum und den Uhrmachermeister dort nicht", ergänzte Hannes.

„Richtig, aber das dürften alle sein."

„Was ist mit deinen Telefonaten und Besuchen in den umliegenden Büchereien, Leo", fragte Herr Winterfeld, „hast du dort erzählt, warum du die Geschichte suchst?"

Leo dachte kurz nach und schüttelte dann den Kopf.

„Nein, da habe ich immer nur nach dem Titel der Geschichte oder dem Autor gefragt."

Hannes fuhr sich durch die strubbeligen rotblonden Haare.

„Sicher ist doch, dass diesem Petersen aus Hamburg unsere Suche nach der Clowngeschichte bekannt war, und das zumindest konnten die Museumsleute nicht wissen. Also brauchen wir diese Spur erstmal nicht zu verfolgen, wenn wir diesen Petersen ausfindig machen wollen", überlegte er laut.

„Und das wird nicht leicht werden", führte Herr Winterfeld den Gedanken weiter, „der Name *Petersen* wird in Hamburg hunderte Male vorkommen, da brauchen wir an Telefonieren gar nicht zu denken. Aber Leo – kann es nicht sein, dass Pater Jakob seinem Kollegen in der Grünfelder Bibliothek von dem alten Adventskalender erzählt hat und der wiederum mit diesem Herrn Petersen in Kontakt steht?"

„Das könnte natürlich sein", rief Leo, „am besten, ich rufe gleich wieder an und frage ihn."

„Pater Jakob hat bestimmt noch anderes zu tun, als mit dir zusammen Gauner zu jagen", versuchte Herr Winterfeld seinen Sohn zu bremsen, „lass uns erstmal die neue Geschichte lesen. Morgen kannst du immer noch anrufen, und außerdem glaube ich immer noch, dass wir einem Hirngespinst aufsitzen und die beiden Männer völlig harmlose Antiquitätensammler waren."

Er nahm die Kopien aus dem Umschlag und setzte sich damit ans Licht. Leo überlegte kurz, dann gesellte er sich zu Hannes auf die speckige Küchenbank und Herr Winterfeld begann zu lesen:

Die wundersame Erleuchtung

Es war still in dem Raum mit dem großen Fenster zum Park, nur das Klappern von Besteck auf Porzellan war zu hören. Philipp schaute bedrückt in die Runde. Sein Vater saß steif am Ende des langen Tisches und stocherte lustlos in seinem Teller. Die Mutter saß stumm am anderen Ende des Tisches und seine beiden großen Brüder fläzten ihm an der langen Tischseite gegenüber und feixten sich mit den Augen zu. Heute aßen sie sehr früh, denn am Nachmittag war im Palast eine große Konferenz anberaumt, und als Hofrat musste der Vater sehr pünktlich sein, zumal er erst seit Kurzem in diesen Kreis der wichtigsten Berater des Königs berufen worden war.

„Was ist schon so schlimm an einem Krieg, Vater?", fragte Kuno in die Stille hinein, „wir hauen dem Feind ordentlich die Jacke voll und schon ist alles vorbei und die Ordnung wieder hergestellt. Ich wünschte, ich könnte schon Soldat sein."

Der Vater sah seinen ältesten Sohn, aus dem das letzte Jahr einen kräftigen jungen Mann gemacht hatte, lange an.

„Ihr Burschen meint, Krieg wäre nur eine große Rauferei. Aber wenn Krieg herrscht, wird die Menschlichkeit abgeschafft und unser Land für lange Zeit in Not und Grausamkeit versinken", sagte er ernst und tupfte sich den Mund gedankenschwer mit einer Serviette ab.

„Vater ist immer so ängstlich", sagte Wilm zu seinem Bruder Kuno neben sich, als der Hofrat aufgestanden und mit schweren Schritten gegangen war, „ich finde auch, dass unsere Armee endlich losschlagen muss; man kann sich schließlich nicht alles gefallen lassen."

Philipp hatte Angst vor Krieg, aber vor seinen großen Brüdern wollte er das nicht zugeben. Er war doch erst dreizehn Jahre alt und sie hätten ihn nur ausgelacht. Er stand vom Tisch auf und ging hoch in sein Schlafgemach. Dort warf er sich aufs Bett.

„Wieso kann denn niemand etwas dagegen tun?", dachte er.

So lag er auf seinem Lager, starrte an die Decke und dachte an die alten Krüppel in der Stadt, die damals nach dem letzten Krieg *Helden* genannt worden waren und jetzt um ein Stück trockenes Brot betteln mussten. Irgendwann stand er mit einem Ruck auf, erbat bei seiner Mutter die Erlaubnis, in die Stadt fahren zu dürfen, und rief den Kutscher. Kuno und Wilm übten Schießen im Park, als die Kutsche mit Philipp durch das große Tor auf die Hauptstraße rollte und in Richtung Stadtmitte entschwand.

Auf dem Weihnachtsmarkt herrschte großer Trubel. Viele Leute in festlichen Gewändern flanierten an den Marktständen vorbei, zeigten auf die angebotenen Waren oder handelten mit den Marktweibern um ein paar Kupfermünzen. Philipp ließ sich ziellos treiben. Er hatte keine Eile, denn der Kutscher würde ihn erst in einer Stunde wieder abholen. An einigen Ständen roch es verführerisch nach Weihnachtsgebäck und Mandeln.

Philipp entschloss sich, nach einer Leckerei Ausschau zu halten, und ließ den Blick über den Platz wandern. Da schien es ihm, als ob der Strom der vorbeitreibenden Menschen einen Bogen um einen Platz am Rande des Marktes machte, dass dort wie von Geisterhand ein scheinbar leerer Halbkreis entstanden war, obwohl auf dem Markt großes Gedränge herrschte. Verwundert querte er den Platz, und je näher er kam, desto mehr bekam er den Eindruck, dass dieser Bereich heller erleuchtet war als der übrige Markt, obwohl dort keine Laterne oder Fackel brannte.

Mitten in diesem von unsichtbarer Hand abgegrenzten Teil des Marktes saß eine alte Frau auf einem Schemel neben einem wackeligen Holztisch. Sie trug ein graues Kopftuch, hatte verschlissene Sachen am Leibe und strickte Strümpfe, aber Philipp konnte nirgendwo lange Wollfäden oder ein Knäuel entdecken. Auf ihrem Schoß saß eine gescheckte Katze mit einem grünen und einem roten Auge, mit denen sie abwechselnd in die Menschenmenge blinzelte. Die alte Frau schien das Treiben um sie herum nicht zu interessieren, sie ließ behände ihre Stricknadeln klappern, und der bunte Strumpf wuchs mit erstaunlicher Geschwindigkeit in die Länge. Auf dem Tisch lagen einige Kerzen und daneben war ungelenk ‚1 Taler pro Stück' mit Kreide auf die Tischplatte gemalt.

Als Philipp neugierig einen Schritt in den Halbkreis hinein tat, öffnete die Katze plötzlich beide Augen und funkelte ihn grünrot an. Dann wandte sie ihren Kopf der alten Frau zu und Philipp schien es tatsächlich so, als ob sie ihr etwas zuflüstern würde. Nun hob auch die alte Frau den Kopf und sah ihm direkt ins Gesicht. Philipp erschrak ein wenig, denn er glaubte in ihren Augen zu lesen, dass sie auf ihn gewartet hatte. Verunsichert suchte er nach Worten.

„Habt Ihr nicht mehr als diese wenigen Kerzen zu verkaufen, Mütterchen?", sagte er schließlich verlegen. Die alte Frau sah ihn freundlich an.

„Es ist genug", sagt sie nur.

„So werdet Ihr nie etwas verkaufen. Wer zahlt schon einen ganzen Taler für solch bescheidene Kerzen?"

„Es sind besondere Kerzen", sagte die Frau.

„Was kann an diesen Kerzen schon Besonderes sein?", fragte Philipp ungläubig.

„Sie können den Menschen gute Gedanken machen", antwortete die alte Frau.

Philipp dachte an seinen Vater, wie er wohl gerade im großen Konferenzsaal des Königspalastes mit den Generälen darüber stritt, ob ein Krieg unvermeidlich sei.

„Bitte gebt mir eine Eurer Kerzen", sagte Philipp kurz entschlossen und suchte einen Taler aus seinem Beutel heraus. Die Alte wickelte eine der Kerzen in ein Tuch ein und reichte sie ihm. Er steckte die Kerze in seine Jacke, sagte einen Gruß wandte und sich zum Gehen.

„Aber bedenkt, junger Herr, für gute Gedanken muss die Kerze brennen", rief die Alte ihm hinterher.

Als die Kutsche zum verabredeten Zeitpunkt erschien, wartete Philipp schon ungeduldig am Straßenrand.

„Zum Palast des Königs", wies er den Kutscher an.

Die Palastwachen staunten nicht schlecht, als die Kutsche des Hofrates ein zweites Mal am heutigen Tage vorfuhr.

„Er braucht nicht warten, ich komme zu Fuß oder mit dem Vater", rief Philipp dem Kutscher zu, als er heraussprang und auf das Schlosstor zulief. Die Palastwachen kannten Philipp und grüßten nur, als er an ihnen vorbeilief. Er wandte sich im Innenhof des Schlosses gleich dem Gebäudeteil mit den Gesindewohnungen zu. Er wollte als Erstes seinen Freund Johannes suchen, um sich mit ihm zu beraten. Johannes war der Sohn des Zeremonienmeisters. Die beiden Jungen waren zusammen aufgewachsen und wussten, dass sie einander vertrauen konnten.

Johannes musste gerade silberne Kerzenleuchter putzen, als Philipp unter der Tür erschien.

„Das trifft sich gut", begrüßte Philipp den Freund, „einen Kerzenleuchter werden wir gleich brauchen."

Und dann erzählte er ihm leise und mit verschwörerischer Stimme von der wichtigen Konferenz, von seinem Erlebnis auf dem Weihnachtsmarkt und zeigte ihm zum Schluss die Kerze, die er vorsichtig aus dem Tuch auswickelte.

„Johannes, die Kerze muss in dem Saal brennen. Dort werden gute Gedanken jetzt dringend gebraucht!"

Johannes zog die Stirn in Falten.

„Wie sollen wir das anstellen? Es ist strengstens verboten, während einer Konferenz den Saal zu betreten."

„Aber dein Vater bringt doch mitunter Getränke oder Speisen hinein. Kann er sie nicht mitnehmen und entzünden?"

Der Sohn des Zeremonienmeisters starrte grübelnd auf die Tischplatte und knackte mit seinen Fingern.

„Er wird uns nicht glauben", sagte er mutlos, „aber wir müssen es probieren, mehr können wir beide gegen einen Krieg nicht tun – *ich* glaube deinen Worten!"

Die Knaben liefen durch die Räume, bis sie den Zeremonienmeister, der gerade Wein in Krüge abfüllte, in der Weinkellerei fanden. Der sah verwundert hoch, als die beiden Jungen auf ihn einstürmten und Philipp ihm aufgeregt von der alten Frau auf dem Weihnachtsmarkt mit ihren geheimnisvollen Kerzen berichtete. Der Zeremonienmeister hörte mit skeptischem Blick zu.

„Da seid ihr doch einem Unfug aufgesessen", sagte er, nachdem Philipp geendet hatte, „die Alte war eine Betrügerin und dir hat sie einen ganzen Taler aus dem Beutel geleiert."

„Nein, ich bin sicher, dass sie es ehrlich meinte", gab Philipp heftig zurück, „es ist bestimmt eine besondere Kerze!"

Der Zeremonienmeister hatte ein nachdenkliches Gesicht bekommen. Nach einer Weile sagte er:

„Nun gut. Kerzen schaden nicht und so will ich sie mitnehmen, wenn mich der König das nächste Mal rufen lässt. Putzt ihr derweil den Leuchter blitzblank, damit es auch stattlich aussieht."

Die beiden Freunde liefen schnell zurück und begannen eifrig zu wienern, als bald eine Glocke aus dem Konferenzsaal ertönte, und der Zeremonienmeister kurz darauf im Eilschritt mit den Weinkrügen in der Küche erschien.

„Seid ihr fertig? Geschwind, steckt die Kerze auf und stellt mir den Leuchter aufs Tablett. Der König hat schon gerufen."

Johannes tat wie ihm geheißen.

„Bitte denkt daran, die Kerze auch anzuzünden", rief Philipp dem Zeremonienmeister hinterher, als dieser mit dem Tablett davoneilte.

„Und was nun?", fragte Johannes seinen Freund, als sie wieder alleine waren.

„Wir können nichts anderes tun als warten", antwortete Philipp achselzuckend.

„Vielleicht doch!"

Johannes kam näher und flüsterte in Philipps Ohr:

„Kennst du den *Schrank mit Ohren?*"

Philipp schüttelte den Kopf.

„Der Schrank mit Ohren ist eine geheime Kammer in der Wand zum Konferenzsaal", flüsterte Johannes weiter, „man kann sich dort verstecken und durch kleine Löcher in der Wandverkleidung sehen und hören, was im Saal passiert."

Und er erzählte Philipp, dass dieses Versteck dazu benutzt wurde, um ausländische Gesandte zu belauschen und hinter deren verborgene Absichten zu kommen.

„Wir könnten uns dort hineinschleichen und alles beobachten. Aber wehe uns, wenn wir erwischt werden!"

„Wer soll *uns* schon erwischen", flüsterte Philipp zurück

Johannes lief voraus und der Freund blieb ihm auf den Fersen. Sie schlichen durch ein paar Flure, bis Johannes neben einem großen Schrank stehen blieb. Er öffnete eine Tür, aber es war nichts darin.

„Schnell, geh hinein. Und keinen Laut", zischte Johannes.

Er schlüpfte hinter Philipp drein und zog die Tür von innen zu. Es war stockfinster, aber es waren Männerstimmen zu hören, die eindringlich redeten.

„Lass uns warten, bis die Augen sich an die Dunkelheit gewöhnt haben", flüsterte er Philipp zu, „rechts ist eine Holztreppe, die müssen wir hoch. Pass auf, dass sie nicht knarrt. Sie hat elf Stufen und oben ist die kleine Kammer, von der aus wir in den Saal sehen können."

Nach einer Weile konnten sie die Umrisse der Treppe erkennen. Mit äußerster Vorsicht krochen sie dort empor. Oben war tatsächlich ein winziger Raum, den einfallendes Licht durch Löcher in der Wandverkleidung schummrig beleuchtete.

Beide Jungen suchten sich sofort ein Loch und schauten hindurch. Der Zeremonienmeister ging gerade hinaus und alle Männer im Saal wandten sich wieder ihren Beratungen zu. Auf dem Tisch brannte tatsächlich die weiße Kerze. Philipp fiel ein Stein vom Herzen.

„Was ist nun, General", hörten sie den König sagen, „kann er mir unter diesen Umständen einen Sieg garantieren?"

Der König saß am Kopfende des länglichen Tisches mit dem Rücken zu den beiden Spionen im Schrank mit den Ohren. Auf der einen Längsseite saßen Männer in Uniformen mit vielen Abzeichen und Orden, ihnen gegenüber einige Herren im Frack, einer davon war Philipps Vater. Auf dem Tisch standen Trinkbecher herum, lagen Tabakpfeifen und an den Wänden brannten Fackeln.

„Majestät, lassen Sie mich unseren Plan mithilfe einer Karte erläutern", sagte der General und zog eine große Landkarte unter dem Tisch hervor. Um Platz für sie zu schaffen, schob er einige der Becher hastig beiseite und stieß dabei den Kerzenleuchter um, der laut auf die Tischplatte polterte. Die Flamme flackerte noch kurz auf und erlosch. Eine kleine Rauchfahne schlängelte sich zur Decke empor. Philipp vergaß das Atmen – jetzt war alles verloren.

„Hast du das gesehen", flüsterte Johannes aufgeregt, „was machen wir jetzt?"

Philipp war bleich geworden.

„Jemand muss unter irgendeinem Vorwand dort hinein, um die Kerze wieder anzuzünden", sagte er schließlich.

„Bist du von Sinnen? Niemand darf eine Konferenz des Königs stören, schon gar nicht wir. Das wird streng bestraft", sagte Johannes erschrocken.

„Und wenn schon!", Philipps Stimme klang entschlossen, „wenn die Verheißung der Wahrsagerin stimmt, dann ist es egal. Aber was sage ich nur?"

Er begann langsam, die Stiege hinunter zu steigen.

„Komm sofort zurück!", zischte Johannes in großer Sorge, aber er wusste, dass der Freund sich nicht würde hindern lassen, und so schaute er wieder resigniert durch eines der Löcher in den Saal. Der General hatte die Landkarte entrollt und erklärte mit vielen Worten seinen Angriffsplan, während sein Zeigefinger auf der Karte hin und her fuhr. Philipp war währenddessen unten angekommen und Johannes hörte, wie er sich am Schließmechanismus der Geheimtür zu schaffen machte.

„Kann er nicht etwas mehr Licht machen?", hörte Johannes den König mit dem General granteln, „so können wir seine kluge Strategie nicht erkennen!"

Philipp hatte jetzt das Schloss von innen geöffnet, leise hörte Johannes die Geheimtüre knarren. Was würden sie mit ihm machen, wenn er gleich unverhofft im Konferenzsaal erscheinen würde?

Johannes guckte wieder durch das Loch. Der General hatte den umgefallenen Kerzenleuchter genommen und ging damit zu einer der Fackeln an der Wand.

„Philipp! Philipp, komm zurück."

Johannes horchte in das Dunkel hinein.

„Philipp, der General zündet die Kerze wieder an!"

Er bekam nur ein leises Knacken zur Antwort, als das Schloss der Geheimtür einschnappte. Jetzt war Philipp unterwegs durch die Flure, nur noch wenige Sekunden, dann würde er die Saaltür erreichen. Johannes sah, wie der General mit der brennenden Kerze zurückkam, den Leuchter mitten auf die Karte stellte und mit seinen Erklärungen fortfuhr. Johannes versuchte die Eingangstür durch das kleine Loch zu sehen, aber es gelang nicht. Gleich würde der Freund im Saal erscheinen und das Unglück würde seinen Lauf nehmen.

„Majestät, ich kann an den Plänen des Generals nichts Listiges oder gar Besonderes erkennen", hörte Johannes Philipps Vater sagen, „wieder wird das, was hier so schön und einfach klingt, in Wirklichkeit in einem schrecklichen Gemetzel enden."

Der König wiegte bedächtig den Kopf.

„Vorsicht ist sicher eine wichtige Tugend für einen Hofrat, aber in diesem Fall erscheint mir sein Rat eher kleinmütig. Der Plan des Generals ist doch stichhaltig und durchdacht", antwortete er, und die übrigen Herren nickten zustimmend.

„Warum hören sie auf meinen Vater nicht?", flüsterte es plötzlich neben Johannes.

„Philipp, hast du mich erschreckt!", brachte Johannes hervor.

„Ich musste die Tür wieder von innen zuziehen, weil jemand den Gang entlang kam – zum Glück, da habe ich dich noch gehört", flüsterte Philipp.

Die beiden Lauscher wandten sich wieder den Geschehnissen im Saal zu. Ein paar Herren waren aufgestanden und sahen dem General über die Schulter. Sie stellten Fragen, die der General beantwortete, während er energisch mit einem Zeigestock auf die Landkarte pochte. Philipp sah, dass einige der Herren fast unmerklich den Kopf schüttelten und jetzt hatte er auch den Eindruck, dass die Linien der Schatten auf dem Tisch schärfer geworden waren. Der General war inzwischen aufgesprungen und schimpfte auf die Dummheit der Zivilisten.

„Wird auch Ihr Sohn mit in die Schlacht ziehen?", fragte einer der Herren im Frack unerwartet den erregten General.

„Es wäre sein sehnlichster Wunsch", entgegnete dieser gereizt, „aber leider darf er auf der Militärschule nicht fehlen."

„Ein Vater ist immer im Recht, wenn er seinen Sohn beschützen will", entgegnete der Zivilist ungerührt und sah dem General dabei fest in die Augen. Der General hielt diesem Blick nur kurze Zeit stand, dann senkte er den Kopf und seine Augen irrten auf der Tischplatte umher.

„Er ist doch unser einziges Kind", sagte er nach einiger Zeit verhalten.

„Jeder Soldat ist das Kind seiner Eltern", erwiderte ein anderer Herr darauf, „sollten wir nicht daran denken, bevor wir tausende Männer und Väter aus Stolz in eine Schlacht um ein Stück Land schicken, das wir im Grunde nicht brauchen?"

Es herrschte längere Zeit Schweigen. Der König schaute von einem zum anderen, schaute in alle Gesichter, die ihm im hellen Licht der Kerze ungewohnt zerfurcht und vergrämt vorkamen. Als sein Blick länger auf einem der Offiziere ruhte, sagte dieser schließlich:

„Ich gebe dem Hofrat Recht, wir würden einen Krieg beginnen, den wir im Grunde nur verlieren können."

Der General stand mit gesenktem Haupte da und sagte nichts. Die Kerze flackerte hell, erleuchtete nun fast den ganzen Raum und warf zackige Schattenbilder an die Wand. Plötzlich nahm der General die Karte mit dem Schlachtplan und rollte sie langsam zusammen.

„Es muss Schluss sein damit", sagte er mit leiser Stimme und hob den Kopf, „einer muss den Anfang machen!"

Die Miene des Königs hellte sich auf, er rückte seine Krone zurecht und lehnte sich in seinem prunkvollen Sessel zurück.

„Ich danke Ihnen allen", sagte er erleichtert, „morgen werde ich einen Boten mit der Nachricht zu unseren Nachbarn entsenden, dass ich den Anspruch auf die Schilfebene aufgebe und anbiete, in Zukunft gegenseitig Botschafter auszutauschen".

Die beiden Jungen in ihrem Versteck sahen sich an. Philipp legte seine Hand auf Johannes' Arm.

„Und ich fand anfangs, ein Taler für die Kerze wäre Wucher", flüsterte er.

Er sah durch das Loch und seine Augen suchten die weiße Kerze auf dem Tisch. Sie brannte jetzt schon seit über einer Stunde, aber es schien ihm, als sei sie in dieser Zeit kaum heruntergebrannt.

Herr Winterfeld blickte vom Text hoch.

„Solche Kerzen könnten wir auch heute noch brauchen, und nicht nur zu Weihnachten", sagte er eindringlich und schaute nach draußen. Ein heftiger Wind war aufgekommen, Böen pfiffen am Hausgiebel vorbei und rüttelten an den alten Holzfenstern.

„Hast du denn schon eine Idee zu den Zahlen, Leo?", wollte Hannes wissen.

Leo guckte etwas betreten.

„Für die rechte Stellschraube schon, aber links ....? Papa, kannst du noch einmal lesen?"

DEZEMBER

12

Im Wald herrschte Stille, der Wind war genau so plötzlich wieder abgeflaut, wie er gekommen war. Die Wege waren tief verschneit und die Zweige der Tannen hingen schwer von Schnee herunter. Leo und Hannes standen und lauschten: kein Zwitschern, kein Rauschen in den Bäumen, nur das leise Hecheln des Hundes und ab und zu von Ferne ein Auto – sonst war alles still.

Sie waren jetzt schon über eine Stunde draußen. Herr Winterfeld war nach Hause gefahren und die beiden Freunde hatten daraufhin beschlossen, einen Winterspaziergang mit Nudel zu unternehmen, um dabei die Zahlenkombination für das zwölfte Türchen zu besprechen. Sie waren immer wieder von ihrer Analyse abgelenkt worden, wenn sie auf eine neue Tierspur stießen und Leo raten sollte, um welchen Waldbewohner es sich dabei handelte. Hannes war ein großer Experte im Spurenlesen, und so hatten sie schon Fußspuren von Rehen, Hasen und einem Fuchs entdeckt. Irgendwann fanden sie sogar winzige Mäusetrippeln im Schnee.

Es war schon längst dunkel als Hannes' Haus in der Ferne auftauchte. Sie hatten sich auf die Zahlen für das Türchen geeinigt und waren schon auf die neue Geschichte gespannt, als sie auf eine weitere Spur im Schnee stießen.

„Und Leo, was ist das für ein wildes Tier?"

Leo begutachtete die Spur, dann grinste er Hannes an.

„Du kannst mich nicht anschmieren, das war Nudel!"

Durchgefroren kamen sie in der Diele an. Hannes holte noch ein paar Scheite Kaminholz, fachte das Feuer im Kohleherd ordentlich an und setzte heißes Wasser auf. Leo nahm derweil das zwölfte Türchen in Augenschein. Es war ein besonders hübsches Türchen mit einem Violinschlüssel und einigen Noten darauf. Leo sah auf die Küchenuhr: noch eine Dreiviertelstunde, um acht Uhr wollten sie den Versuch wagen.

Die Minuten verronnen zäh. Die beiden saßen und starrten die Uhr an. Endlich war es acht und Leo konnte das mittlere Stellrad auf die *12* drehen, das rechte drehte er auf die *11* und das linke auf die *13*, dann zog er in der Mitte und beide lauschten.

Warum knarrte es nicht? Ein anderes Geräusch war zu hören, ein dumpfes Klacken. Waren die Zahlen falsch eingestellt? Die Geheimtreppe mit elf Stufen ging rechts hoch und Philip war dreizehn Jahre alt – das musste richtig sein! Aber das Uhrwerk arbeitete immer noch – komm schon, bitte! Jetzt ging das Geräusch wieder in ein Knarren über und dann endlich sprang das Türchen mit einem Ruck auf; von hinten leuchtete es gelb heraus.

Beide schnauften erleichtert durch und Hannes stocherte gleich an dem widerspenstigen Schließmechanismus herum.

„Nun lies schon", drängelte Leo.

Hannes beäugte längere Zeit die Innenseite der Klappe.

„Wir müssen eine Geschichte mit dem Titel *Himmelwärts* finden, der Autor heißt: *Thomas Greif.*"

„Leo, warte doch mal!"

Leo wollte gerade auf sein Rad steigen und losfahren. Er war spät dran, denn Frau Heyse hatte wieder wie üblich ein paar Minuten überzogen. Latein in der letzten Schulstunde war sowieso eine Frechheit. In sechs Stunden mussten sie schon wieder das nächste Türchen öffnen, und gestern Abend hatten sie nichts mehr erreicht. Was also konnte Arne aus der Parallelklasse jetzt Wichtiges von ihm wollen?

Leo hielt inne und nötigte sich ein Lächeln ab:

„Was gibt's denn?"

Eigentlich mochte er Arne; der gehörte nicht zu den Angebern, die immer nur Stuss daherredeten. Trotzdem hatte Leo jetzt gerade keine Lust auf eine längere Unterhaltung mit ihm. Arne kam angekeucht und stellte seine schwere Schultasche auf einem Fahrradgepäckträger ab. Leo musterte ihn, wie er da stand und nach Luft ringen musste, obwohl er ein toller Sportler war. Er war etwas größer als Leo, hatte einen kurzen dunklen Bürstenschnitt, trug eine bunte Skijacke und ausgelatschte Sneakers. Arne beugte sich zu Leo herüber:

„Kennst du einen Hannes?", fragte er mit gedämpfter Stimme.

„Ja, wieso?"

„Aber der ist nicht hier auf der Schule, oder?", fragte Arne weiter.

„Nein, aber warum willst du denn das wissen?"

„Heute Morgen lungerten eine Frau und ein Mann vor der Schule herum und fragten uns, ob wir einen Hannes kennen", sagte Arne. „Als keiner mit dem Namen etwas anfangen konnte, meinten sie, er müsse ein Freund von Leo Winterfeld sein. Kannst du dir das erklären?"

Leo schüttelte den Kopf.

„Nein, wie sahen die denn aus?"

„Die Frau trug eine Kurzhaarfrisur und riesige grüne Ohrringe, der Mann war groß und dürr und hatte glänzende schwarze Haare. Beide waren um die Vierzig und sahen aus wie Reporter oder Autoverkäufer."

Leo grübelte – wer konnte das sein?

„Ach ja, sie fuhren einen dunkelgrünen Audi", fiel Arne noch ein, „mit Hamburger Kennzeichen."

„Bist du dir sicher?"

Mit einem Mal war Leo hellwach.

„Ja, bin ich. Also kennst du die Typen doch?"

Arne war nicht entgangen, dass Leo plötzlich eine Idee gekommen war.

„Vielleicht", murmelte Leo nachdenklich, „auf jeden Fall bin ich dir dankbar, dass du mir von den beiden erzählt hast."

Damit sprang er auf sein Rad, klopfte seinem Schulkameraden noch einmal freundschaftlich zum Dank auf die Schulter und radelte eilig davon, ohne sich noch einmal nach dem verdutzten Arne umzusehen.

Am frühen Nachmittag saß Leo in seinem Zimmer über den Hausaufgaben. Seit fast einer Stunde starrte er nun schon auf die Spalten mit englischen und deutschen Wörtern, ohne dass sich die Vokabeln schon in nennenswertem Maße in seinem Kopfe eingenistet hätten. Eigentlich war seine Aufmerksamkeit an einem ganz anderen Ort, eigentlich wartete er darauf, dass das Telefon endlich klingelte. Er wartete gleich auf zwei Anrufe: Zum einen war Hannes unterwegs zu einem Antiquariat, in dem er ein Buch mit Geschichten von *Thomas Greif* entdeckt hatte, ohne dass sie wussten, ob die gesuchte Geschichte dabei war; zum anderen wartete er auf einen Rückruf von Pater Jakob, der seinen Kollegen in der Klosterbibliothek in Grünfelde anrufen und nach diesem Herrn Petersen fragen wollte. Leo hatte den Pater gleich nach dem Mittagessen erreicht und ihm erklärt, weswegen er dringend die Spur zu diesem unbekannten Herrn aus Hamburg zurückverfolgen musste.

Endlich schrillte das Telefon. Leo sauste die Treppe hinunter und riss den Apparat von der Station.

„Leo Winterfeld!"

„Leo, ich bin's", hörte er die Stimme seines Freundes Hannes, „Entwarnung! Die Geschichte war dabei und ich habe das Buch schon in der Tasche. Wir treffen uns um fünf bei mir – okay?"

„In Ordnung", sagte Leo erleichtert, „bis nachher."

Gerade als er wieder an seinem Schreibtisch saß, klingelte der Apparat erneut; Pater Jakob war dran.

„Ich habe mit Grünfelde gesprochen. Pater Zacharias ist heute nicht im Haus, aber ich habe seinen Mitarbeitern deine Telefonnummer gegeben und gesagt, um was es geht. Ich denke, der Kollege wird dich morgen anrufen."

Leo bedankte sich für die Information und musste sich dabei Mühe geben, seine Enttäuschung darüber zu verbergen, dass er wieder einen weiteren Tag würde warten müssen, bevor er mehr wusste.

„Und passt gut auf", sagte Pater Jakob zum Abschied, „vielleicht haben die Leute aus Hamburg tatsächlich keine guten Absichten."

„Werden wir tun", gab Leo sich zuversichtlich, „das Schränkchen ist so schwer, das klaut man nicht so leicht."

„Vielleicht geht es denen gar nicht um den Holzhauser Adventskalender", sagte Pater Jakob und machte eine gedankenvolle Pause, „vielleicht geht es in Wirklichkeit um das Audikular?"

Um Viertel vor fünf machte Leo sich auf den Weg zu Hannes. Jetzt hatten sie noch ungefähr drei Stunden, um der neuen Geschichte ihr Geheimnis zu entlocken – das müsste reichen.

Als er mit dem Rad auf die Straße kam, fiel ihm ein dunkler Wagen mit zwei Insassen auf, der wie ein Geisterfahrer verkehrt herum auf der gegenüberliegenden Straßenseite stand. Seltsam, aber er schenkte ihm keine weitere Beachtung und radelte los in Richtung Dorfmitte. Vor ihm rollte ein Lieferwagen, der wegen der Straßenglätte nur langsam fahren konnte, und plötzlich sah Leo im Spiegelbild einer der Heckscheiben, wie die Scheinwerfer des fremden Fahrzeugs aufflammten und der Wagen sich in den Verkehr einfädelte. Das war jetzt wirklich auffällig. Hatten die Insassen etwa auf ihn gewartet?

Leo beschloss zu prüfen, ob er verfolgt wurde, und fuhr rechts ran. Er stieg ab und fingerte an der Schaltung seines Fahrrads herum, als ob sich die Kette verklemmt hätte. Dabei schielte er unauffällig nach hinten: Tatsächlich – der Wagen war ebenfalls rechts ran gefahren, aber der Auspuff blies graue Wolken in die kalte Winterluft. Leo holte ein Papiertaschentuch aus seinem Anorak, wischte sich umständlich die Hände ab und lief dann einige Meter damit zurück zu einem Papierkorb. Aus den Augenwinkeln beobachtete er den merkwürdigen Wagen am Straßenrand, der dort immer noch mit laufendem Motor stand: Es war ein dunkler Audi und er hatte ein Hamburger Autokennzeichen.

Jetzt wusste Leo, dass diese Leute seinetwegen hier waren, und dass sie wissen wollten, wohin er fuhr.

„Diese Suppe werde ich euch versalzen", dachte Leo hämisch. Er versuchte sich noch schnell, die übrigen Buchstaben und Ziffern des Autokennzeichens einzuprägen, stieg dann wieder auf sein Rad und radelte weiter, ohne sich scheinbar um seine Verfolger zu kümmern.

Im Dorf angekommen nahm er aber nicht die Straße, die zu Hannes' Haus führte, sondern fuhr Fußwege zwischen den Häusern hindurch, drehte ein paar Schleifen, und bog dann in eine Sackgasse ein, von der es einen Wanderweg in den Wald gab, der auf der anderen Seite an Hannes' Grundstück angrenzte.

„Ich dachte schon, du hättest unsere Verabredung vergessen", begrüßte Hannes ihn, als er eine Viertelstunde zu spät in die Küche der alten Bauernkate geplatzt kam. Nudel stürmte sogleich mit ihrem verknautschten Ball auf ihn ein und wollte spielen, aber Leos Kopf war voll mit anderen Dingen.

„Von wegen *vergessen*", schnaufte er, „ich musste einen Umweg fahren und bin von hinten durch den Wald gekommen, weil ich Verfolger auf den Fersen hatte, die ich erst abhängen musste. Was glaubst du, wie gut es sich auf ungeräumten, verschneiten Waldwegen Fahrrad fährt?"

„Verfolger?", Hannes zog die Augenbrauen hoch, „wie kommst du denn darauf?"

Leo erzählte Hannes aufgeregt von dem dunklen Audi, der auffällig in der Nähe seiner Wohnung geparkt hatte, der gleich wieder anhielt, als Leo eine Fahrradpanne vortäuschte, und wiederum zeitgleich mit Leo weiterfuhr.

„Es müssen die gleichen Typen sein, die heute früh schon vor der Schule nach dir gefragt haben", schloss er seinen Bericht.

„Vor deiner Schule nach *mir* gefragt?", Hannes verstand überhaupt nichts mehr.

„Ach ja, das weißt du ja auch noch nicht", und Leo konnte gleich das zweite merkwürdige Ereignis des heutigen Tages anbringen.

„Das ist wirklich eigenartig", meinte nun auch Hannes, nachdem Leo geendet hatte. „Was könnte an einem uralten mechanischen Adventskalender so wichtig sein, dass Leute aus Hamburg sich als Antiquitätenhändler verkleiden, morgens vor einer Schule geheimniskrämerische Fragen stellen und elfjährige Jungen mit dem Auto verfolgen?"

„Pater Jakob meint, es könnte sein, dass es im Grunde um das Audikular geht", sagte Leo.

Hannes zog die Stirn in Falten.

„Ich verstehe nicht, was dahinter stecken könnte. Will vielleicht jemand herausfinden, wie das Audikular funktioniert, um dann spezielle Hörgeräte herzustellen?"

„Kann sein", meinte Leo, „aber ich stelle mir unter dem Audikular mehr vor, als nur ein Hörgerät. In seiner Reiseerzählung konnte *Hermann van der Hüls* bereits nur vom Hören die Verse auswendig aufsagen und erkannte plötzlich die Schönheit einer Musik. Das schafft ein noch so gutes Hörgerät nicht. Außerdem – wer weiß schon, was ein Audikular ist?"

„Pater Jakob hat jedenfalls den Begriff gekannt", konterte Hannes, „aber nun lass uns erstmal die neue Geschichte lesen, damit zumindest *wir* es in zwölf Tagen genau wissen."

„Da hast du recht", sagte Leo, und lehnte sich auf der Küchenbank zurück, „ich bin ganz Ohr. Aber zuerst brauche ich noch einen Zettel."

Er riss sich eine Ecke von einer alten Zeitung ab und notierte das Kennzeichen des grünen Audis, während Hannes das Buch aus seiner Tasche holte. Dann setzte der sich verkehrt herum auf einen Stuhl, strich sich gewichtig durch den Bart und las:

Himmelwärts

Mit Pitkowski war sehr still geworden. Er, der sonst immer selbst viel erzählte, saß da, hatte sein Kinn in der Hand aufgestützt und lauschte, was dieser fremde bärtige Kerl berichtete. Der war auf der Durchreise, hatte mit seinem Kahn am Flussufer festgemacht und wollte hier in der Gegend irgendeine Landratte besuchen, die er von früher kannte. Nun saß er hier an Pits Tisch im Wirtshaus hinter einem großen Krug Bier und palaverte über das Meer, über langgezogene Küsten, endlose Horizonte und ferne Länder.

Endlose Horizonte!

Pit dachte an das Leben, das er seit unzähligen Jahren führte, dachte an die dunkle Enge, die ihn Tag für Tag umgab, an seinen Zwei-Meter-Horizont, den er trotz dessen Nähe nur im Dämmerlicht der Grubenlampe sehen konnte.

Wie unendlich weit musste es da draußen sein?

Seit seinen jungen Jahren fuhr Pit Tag für Tag in den tiefen, dunklen Schacht hinunter, schuftete dort viele Stunden mit Pickel und Spitzhacke, schürfte Tonne um Tonne schwarze Kohle und kam meistens erst wieder staubig und abgekämpft nach oben, wenn es dort auch schon dunkle Nacht geworden war. Nur am Sonntag hatten sie von der Arbeit frei. Dann ging Pit morgens in die Kirche und danach in das Wirtshaus an der Ecke, traf dort seine Kumpel und trank mit ihnen bis in den Abend. Dann träumten sie gemeinsam von einem anderen Leben, von einem großen Gewinn beim Glücksspiel, von Goldklumpen, die ihre Spitzhacke plötzlich trifft, von gutem Essen und dicken Zigarren. Manchmal, wenn es spät geworden war und das Bier seine Zunge gelöst hatte, dann schwärmte Pit von einem eigenen Häuschen, von einer süßen Frau und Kindern, die in dem kleinen Garten lärmten.

Aber über diesen Träumereien war Pit alt geworden. Er bewohnte immer noch ein kleines dunkles Zimmer in einer heruntergekommenen Baracke, und sein schmaler Verdienst hatte es ihm nicht gestattet, ein größeres Sümmchen zu sparen. Auch eine Frau hatte Pit nicht gefunden; unten im Stollen gab es keine Frauen und über Tage hatte es sich nie ergeben. Aber irgendwann würde es bestimmt klappen, da wollte Pit ein anderes Leben führen.

Vielleicht war heute dieser Tag! Pits Augen wurden feucht, als er sich vorstellte, wie er selbst am Ufer des Meeres aufwachte, die Wellen rauschen hörte und dann in der Morgenfrische seine Arbeit aufnahm. Vielleicht würde er ein Boot bauen, ein Fischernetz reparieren, oder sogar als Matrose auf einem Kahn fahren.

Als Pit spät in der Nacht knarrend die Tür zu seiner muffigen Behausung öffnete, da wusste er es mit einem Mal: Er würde hier alles hinter sich lassen und ans Meer ziehen – und er würde es nicht irgendwann tun, sondern *jetzt*.

„Du bist doch verrückt", sagten seine Kumpel, als Pit ihnen am nächsten Tag in der Mittagspause tief unter der Erde von seinen Plänen erzählte, „du hast doch nichts dergleichen gelernt!"

„Dann werde ich es lernen", sagte Pit.

„Du kennst dort oben doch niemand", sagten sie ihm, „willst du einsam und alleine an einem fremden Ort dahinsiechen?"

„Ich freue mich darauf, neue Menschen zu treffen", gab Pit ihnen zur Antwort.

„Du kannst jederzeit zurückkommen, wenn du es dort nicht mehr aushältst", boten sie ihm in ihrer Kleinmütigkeit an.

„Wir werden sehen", sagte Pit und griff zum letzten Mal nach der Mittagspause zur Spitzhacke.

Am Abend sagte er dem Steiger, dass er am nächsten Tag nicht mehr kommen würde, holte sich seinen restlichen Lohn und lud die Kumpel zu einem Abschiedstrunk in seine alte Wirtschaft ein. Als die Sommersonne am nächsten Tag aufging, war Pit schon auf dem Weg. Er hatte früh ein paar Habseligkeiten in ein Bündel geschnürt, seinen überraschten Wirtsleuten den Zimmerschlüssel überbracht und war pfeifend auf die Landstraße nach Norden eingebogen.

Nachdem Pit mehrere Tage gewandert war, begann sich langsam die Landschaft zu verändern: Die großen Wälder wurden lichter, das Land immer flacher und die Häuser mit ihren dicken Reetdächern duckten sich immer tiefer an den Boden. Zudem frischte der Wind auf, zunehmend heftiger blies er dem Wanderer ins Gesicht. Aber Pit machte das nichts.

Es dauerte nochmals über eine Woche, bis der Wind plötzlich ein Rauschen an Pits Ohr trug. War das das Meer? Geschwind erklomm Pit den Kamm einer seichten Hügelkette aus weißem Sand. Da lag es vor ihm, riesiger und weiter noch, als er es sich hatte vorstellen können. Kleine Wellen mit weißen Schaumkronen liefen gleichmäßig auf den Strand zu und eine Schar weißer Vögel rief aufgeregt durcheinander. Pit ließ sich glücklich in den warmen Sand fallen, streckte sich aus und atmete die würzige Seeluft tief ein. Er konnte sich nicht sattsehen und staunte noch immer über diese neue Welt, als nach Stunden eine große rote Sonne im Meer versank.

Am nächsten Morgen machte Pit sich auf. Er hatte furchtbaren Durst, einen Bärenhunger und gerade noch einen Taler in seinem Beutel. Davon wollte er noch einmal ausgiebig essen und trinken, dann war all sein Geld aufgebraucht und er hoffte auf ein Glück, das ihm danach zur Seite stehen möge.

In einem Gasthaus, dessen Wirtsleute er wegen ihres fremdartigen Zungenschlags kaum verstehen konnte, ließ er sich eine Empfehlung geben, bekam daraufhin einen gebratenen Fisch, einen Krug Bier und zum Abschluss noch einen klaren Schnaps ausgeschenkt. Als er bezahlt hatte, fragte er die Leute nach Arbeit.

„Givet heer nich“, sagte der Wirt und zog an seiner Pfeife. Und dann erklärte er Pit, wobei er sehr langsam und deutlich sprach, dass die Leute hier alle Fischer wären und selbst gerade genug zum Leben hätten. Vielleicht würde es Arbeit in den großen Hafenstädten geben.

Also wanderte Pit weiter an der Küste entlang. Immer wenn er ein Dorf erreichte oder auf seinem Weg Menschen begegnete, fragte er nach einer Arbeit, aber meistens schüttelten die Leute mit dem Kopf. Manchmal durfte Pit für eine Mahlzeit eine kleine Hilfsarbeit machen, ein Ruderboot streichen oder einen Deich befestigen helfen. Meistens aber musste er fremde Leute um ein Stück Brot, ein Glas Milch oder einen Schlafplatz in einem Stall bitten, und dabei fühlte Pit sich klein und unnütz. Wie gerne hätte er endlich eine Arbeit gehabt!

Zum Glück bot ihm der Spätsommer jetzt eine Fülle von Früchten an: Es gab Beeren und Bohnen am Wegesrand, rote Äpfel und gelbe Birnen an den Bäumen, und manchmal hatten die Leute auf ihrem Kartoffelacker beim Ernten eine Knolle übersehen, die Pit dankbar auflas. Aber die Nächte wurden schon spürbar kälter. Bevor der Winter hereinbrach, musste er eine feste Bleibe gefunden haben.

An einem grauen Morgen erreichte Pit wieder einmal ein fremdes Dorf. Die Nacht war bitterkalt gewesen und er war frühmorgens mit einem lauten Knurren im Bauch aufgebrochen, um beim Wandern zumindest etwas warm zu werden. Nun tauchte ein Kirchturm im Dunst auf und Pit fragte sich gleich zum Dorfschulten durch, um dort seinen Wunsch vorzutragen.

„Wir haben hier keine Arbeit zu vergeben", sagte der weißhaarige Mann und blickte Pit durch seinen Zwicker auf der Nase an, „aber auf der anderen Seite der Bucht ist vor zwei Tagen der alte Leuchtturmwärter gestorben. Wenn du schwindelfrei bist und des Nachts wenig Schlaf brauchst, dann solltest du dich sputen."

Pit wusste nicht, ob er schwindelfrei war, aber es dauerte nicht lange, bis er mit großen Schritten unterwegs zum Leuchtturm war.

Leuchtturmwärter!

So viele Jahre hatte er die Welt von unten angeschaut, jetzt bot sich die Möglichkeit, sie jeden Tag von oben zu betrachten. Der Weg war weit und es dämmerte bereits, als er in der Ferne das Leuchtfeuer des Turms erblickte. Eilig lief er auf das Licht zu. Da stand der Leuchtturm ganz auf der äußersten Spitze der Landzunge, majestätisch ragte er weit in den Himmel hinein, schien mit seinem massiven Rund jedem Sturm trotzen zu können. Pits Blick wanderte an den roten Ziegelsteinen bis zum weißen Häuschen mit dem Leuchtfeuer empor, um das einige Nebelkrähen kreisten. Das war sein Platz – er war angekommen.

Er klopfte zaghaft an die Tür, ahnend, dass niemand oben in schwindelerregender Höhe sein Klopfen hören konnte. Also drückte er vorsichtig auf die Türklinke und stieg dann beklommen die steile Wendeltreppe hoch. Vielleicht kam er zu spät und dort oben war längst ein neuer Leuchtturmwärter im Amt?

Oben am Leuchtfeuer traf er einen jungen Burschen von vielleicht fünfzehn Jahren an.

„Bist du der neue Leuchtturmwärter?", fragte Pit mit Zittern in der Stimme und gab ihm die Hand.

„Moin", sagte der Junge, obwohl es schon Abend war, und berichtete Pit, dass er nur so lange hier oben Wache halten müsse, bis ein neuer Leuchtturmwärter gefunden sei.

„Ich möchte gerne der neue Leuchtturmwärter sein", sagte Pit erfreut und ließ sich von dem Burschen erklären, wo er sich um diese Arbeit bewerben konnte. Am nächsten Tag schon stellte er sich dort vor. Er musste viele Fragen beantworten, denn die Herren dort wollten sich ein Bild machen, ob dieser fremde Bergmann auch ein zuverlässiger Wärter sein würde.

„Weißt du, dass die Arbeit manchmal sehr anstrengend sein wird?", fragte einer.

„Ich möchte es unbedingt und ich werde es schaffen", antwortete Pit.

„Und viel Lohn gibt es auch nicht dafür."

„Es wird schon reichen", sagte Pit.

„Du wirst dort oben oft sehr einsam sein", gab ein anderer zu Bedenken.

„Ich werde nicht genug davon bekommen, auf das weite Meer hinaus zu schauen", entgegnete Pit.

Zum Schluss aber hatte er alle überzeugt und einer der Männer holte eine Flasche mit Rum hervor, damit sie gemeinsam auf ihren neuen Leuchtturmwärter anstoßen konnten.

In den folgenden Wochen lernte Pit alles, was ein Leuchtturmwärter wissen musste: wann das Leuchtfeuer anzuzünden war, wie die Öllampen zu bedienen seien und welche besonderen Zeichen es gab. Auch lernte er die eigenartigen neuen Linsen zur Bündelung des Lichtes verstehen, die ein Franzose namens *Fresnel* unlängst erfunden hatte.

Und dann kam der große Tag: Pit bezog die winzige Wärterwohnung im Leuchtturm. Es gab zwei kleine Fenster, ein Bett, einen Tisch mit zwei Stühlen und einen Herd. Es war kärglich, aber Pit war glücklich.

Das bemerkten auch die Leute, wenn Pit tagsüber bei guter Sicht freihatte und ins Dorf kam. Er war immer freundlich und gut aufgelegt, sodass die Leute sich zuraunten:

„Der neue Leuchtturmwärter ist ein famosen Kerl, auch wenn er nich' von hier is'."

Der Winter hielt Einzug, die Stürme brausten mit ganzer Kraft und rüttelten an dem Leuchtturm, sodass es Pit mitunter unheimlich wurde. Aber er vergaß nie, das Leuchtfeuer zu entzünden und über die Flamme zu wachen. Am Tage saß er an seinem wärmenden Herd und schaute stundenlang auf das Meer hinaus oder über das weite flache Land. Und langsam, ganz langsam - so schien es ihm – begann sein eingeengtes Blickfeld sich zu weiten, eroberten seine Augen und Ohren nach und nach zurück, was ihnen so lange verwehrt worden war, schweifte seine Seele aus, die in der dunklen Enge der Schächte keinen Raum dafür gehabt hatte.

Die dunkelste Jahreszeit war angebrochen und es wurde Weihnachten. Heiligabend war ein trüber nebliger Tag, sodass das Leuchtfeuer den ganzen Tag nicht ausgehen durfte. Als es abends finster wurde und die Kirchenglocke durch den Nebel zu ihm hinauf klang, da dachte Pit Pitkowski an seine alte Wirtschaft an der Ecke. Hier hatten sie sich Weihnachten getroffen, hatten erzählt, getrunken, und manchmal auch gemeinsam ein Lied gesungen. Jetzt saß er hier oben ganz alleine und sah auf die stille Welt hinunter. Dieser Ort war nun Heimat, auch wenn über ihm die Decke der winzigen Behausung heute so düster und schwer erschien.

Pit wollte gerade gegen die trüben Schatten ein Licht in sein Fenster stellen, als er Schritte auf der Wendeltreppe hörte. Olaf, der Bursche, der ihn eingelernt hatte, erschien mit einem länglichen Paket in der Tür.

„Frohe Weihnachten, Pit", sagte er und legte das Päckchen auf den Tisch, „meine Mutter lässt dich grüßen und hat dir für die Feiertage eine gute Mettwurst eingepackt."

Pit war freudig überrascht und lud Olaf zu einem heißen Grog ein. Als beide kurz darauf am Tisch saßen, waren erneut Schritte auf der Treppe zu hören.

„Frohe Weihnachten, Herr Pitkowski!"

Der Dorfschulte kam durchgefroren zur Tür herein und stellte eine Flasche Rum auf den Tisch. Pit bot ihm gerührt den zweiten Stuhl an und stellte ohne viele Worte seinen dampfenden Grog vor ihn hin. Er selbst musste jetzt stehen, aber recht bald schon gesellte sich Olaf zu ihm, der für die Frau des Bäckers aufstehen musste, die mit einem Kuchen die vielen Stufen hinaufgeschnauft war. Und so sollte es noch weiter gehen. Gerade als Olaf gehen wollte, kam ein Fischer aus dem Dorf, um Pit frohe Feiertage zu wünschen und ihm einen zubereiteten Seefisch als Festtagsschmaus zu bringen. Plötzlich war da ein Leben in Pits kleinem Zimmer, und als später noch der Pfarrer eintraf, um Pit eine dicke Weihnachtskerze zu überreichen, da passte der kaum noch hinein.

Spät am Abend war Pit wieder allein auf seinem Turm und blickte in die weite Weihnachtsnacht hinaus. Ein Dampfer fuhr vorüber und schickte mit seinem Horn Weihnachtsgrüße zu Pit herauf. Da wusste Pit Pitkowski, dass er hier nie wieder weggehen würde.

„Ich denke, das 13. Türchen wird kein Problem sein", sagte Leo, nachdem Hannes geendet hatte, „schon eher diese unangenehmen Leute aus Hamburg. Was machen wir jetzt?"

„Wenn ich zu Hause bin, dann sollen die ruhig kommen", knurrte Hannes und tätschelte Nudel dabei den Kopf, „und wenn ich weg muss, dann nehme ich das Schränkchen einfach mit."

„Du weißt nicht, wie empfindlich das Uhrwerk auf Erschütterungen reagiert, wenn es läuft", gab Leo zu bedenken, „stell dir vor, es bleibt stehen, wenn du durch ein Schlagloch holperst."

„Das ist richtig", sagte Hannes nachdenklich, „aber wie sollen wir denn sonst verfahren?"

„Ich denke, wir werden den Adventskalender bewachen müssen, wenn du unterwegs bist", schlug Leo vor, „und morgen ruft hoffentlich jemand aus der Grünfelder Bibliothek an, damit wir endlich wissen, wer dieser Petersen ist. Wenn nicht, werde ich noch mal Dr. Hofmann anrufen. Vielleicht können wir doch auf irgendeine Weise den mysteriösen Anruf an seine Sekretärin zurückverfolgen."

Plötzlich fuhr ihm ein Schreck in die Glieder, ein neuer Gedanke war ihm gekommen:

„Hatte ich eigentlich diesem Historiker auch von dem Audikular erzählt?", fragte er sich und versuchte angestrengt, eine Erinnerung an das Telefonat zu greifen.

Es war kurz vor acht Uhr abends und Leo wollte gerade das mittlere Stellrad auf die *13* einstellen, als Nudel anschlug und knurrend zur Küchentür lief.

„Was ist denn los?", fragte Hannes und lugte durch das Küchenfenster, von dem aus er die Hofeinfahrt überblicken konnte.

„Wir bekommen wohl Besuch", gab er bekannt, aber es hörte sich fast wie eine Frage an.

„Vielleicht haben meine Eltern es doch noch geschafft und kommen zum Türöffnen", fiel Leo als Erstes ein

„Dann würde Nudel nicht knurren; es muss ein fremdes Auto sein", entgegnete Hannes und ging zur Küchentür.

„Ich werde mich am besten um die neuen Gäste kümmern, während du aufpasst, dass die Frist nicht versehentlich abläuft – wäre doch schade", sagte er zwinkernd und drückte auf die Türklinke. Sofort schoss Nudel hinaus und tobte jetzt an der großen Eingangstür zur Diele. Leo schielte auf die Küchenuhr: In spätestens vier Minuten mussten sie die Räder einstellen.

Er lief schnell ins Nebenzimmer und schaute dort aus dem Fenster, von dem er in den Innenhof sehen konnte. Hannes hielt Nudel am Halsband und versuchte, sich durch ihr Bellen hindurch mit einem großen hageren Mann zu verständigen, der in einer offenen Autotür stand. Leo sah, dass die Autotür zu einem dunklen Audi gehörte und er bemerkte, wie dieser Mann sein Jugendrad musterte, das an die Wand gelehnt stand.

„Mist", dachte er, „jetzt haben sie uns doch!"

Mit einem flauen Gefühl im Magen ging er in die Küche zurück. Es war höchste Zeit! In Windeseile stellte er das Tagesrad ein, drehte die linke Stellschraube auf die *2* und die rechte auf die *15* und zog in der Mitte. Draußen hatte Nudel aufgehört zu bellen, aber dafür drang Hannes' Stimme ungewöhnlich laut herein. Zankte er sich schon mit den Leuten herum? Fast wäre Leo entgangen, dass das 13. Türchen in der Zwischenzeit aufgesprungen war. Jetzt schlug die Autotür zu und der Motor wurde angelassen. Die Dielentür knallte ebenfalls ins Schloss und Hannes erschien mit Nudel wieder in der Küche.

„Denen war angeblich das Benzin ausgegangen und nun wollten sie wissen, ob es hier in der Nähe eine Tankstelle geben würde. Dann fragten sie nach einem vollen Reservekanister, und als ich das abgelehnt habe, wollten sie reinkommen und von meinem Apparat aus telefonieren. Dass ich nicht lache, als ob gerade die kein Handy hätten", schnaubte er.

„Hast du auf das Autokennzeichen geachtet?", wollte Leo wissen.

„Natürlich!"

„War es dieses hier?"

Leo hielt ihm seinen Zettel hin, auf den er das Kennzeichen des Verfolgerautos gekritzelt hatte.

„Ja", nickte Hannes.

„Und wie ging es dann weiter?"

„Ich habe mir nicht anmerken lassen, dass sie durchschaut sind. Habe mich ganz unfreundlich gezeigt, ihnen weisgemacht, dass ich auf einen dringenden Anruf warten würde und sie mit einer groben Wegbeschreibung zur nächsten Tankstelle fortge- schickt."

Hannes' Blick fiel auf das Schränkchen auf dem Küchentisch.

„Ach sieh da, das Türchen ist ja schon auf", freute er sich, „hab's dir doch gesagt, dass Olafs Alter zusammen mit dem Handschlag eine *15* am rechten Stellrad ergeben würde, die *2* für den Zweimeterhorizont war ja klar. Wie heißt denn die nächste Geschichte?"

„Hab' noch nicht geschaut", sagte Leo und kramte schon in der Tischschublade nach der Lupe. Er hielt sie vor die kleine Schrift auf der Innenseite der Klappe und spähte eine Zeit lang hindurch.

„Die nächste Geschichte heißt *Alle Jahre wieder* und stammt von einer *Magdalena Rabe*", sagte er.

Der nächste Tag schien ähnlich wie der Vortag zu verlaufen: Wieder hatte Leo sechs Schulstunden und wieder saß er am Nachmittag unkonzentriert über seinen Vokabeln, weil er eigentlich auf das Läuten des Telefons horchte. Allerdings wartete er heute nur auf einen einzigen Anruf, den aus dem Kloster Grünfelde. Die heutige Geschichte hatten sie schon längst: Das Internet war so freundlich gewesen und hatte die Geschichte gleich ausgespuckt, nachdem Titel und Autorin in das Suchfenster ein- getippt war. Hannes brauchte nur noch zu drucken – das war wirklich komfortabel gewesen und ließ Zeit übrig, um mehr über diese unheimlichen Leute aus Hamburg und ihre Absichten herauszufinden.

Endlich läutete das Telefon.

„Hier spricht Pater Zacharias aus dem Kloster Grünfelde", hörte Leo zu seiner Freude eine angenehm samtige Stimme am anderen Ende der Leitung, nachdem er sich mit seinem Namen gemeldet hatte. Er bedankte sich für den Rückruf und erklärte dem Pater in wenigen Sätzen, warum es wichtig war, diesen Petersen aus Hamburg zu finden.

Pater Zacharias überlegte einen Moment und sagte dann:

„Der Mann war an dem bewussten Tag bei uns und hörte mein Telefonat mit Pater Jakob, das ich in der Bibliothek entgegengenommen hatte, zufällig mit. Er stellte sich daraufhin vor und bot an, bei Bedarf zu helfen, denn er hatte mitbekommen, dass es um ein sehr altes, seltenes Buch ging. Ich habe ihm dann den Titel der Geschichte gegeben, den Autor und deinen Namen. Viel mehr kann ich dir leider nicht sagen, der Mann ist hier weder bekannt noch als Leser registriert."

„Hat er vielleicht seinen Vornamen gesagt?", hakte Leo nach.

Pater Zacharias überlegte wieder einen Moment.

„Er hat sich mit *Hanjo Petersen* vorgestellt", sagte er dann, „vielleicht kann dir jetzt das Telefonverzeichnis von Hamburg weiterhelfen?"

Das versprach Leo gleich zu versuchen, und kaum dass er sich verabschiedet hatte, blätterte er schon nach der Nummer der Telefonauskunft.

„Ich möchte bitte die Nummer eines Herrn Hanjo Petersen in Hamburg", erklärte er kurz darauf einer Dame von der Telefongesellschaft.

„Einen Moment bitte", sagte die Frauenstimme.

Leo wartete, die Sekunden kamen ihm ewig lang vor wie beim Fiebermessen.

„Es tut mir leid", hörte er die Frauenstimme wieder, „ich habe keinen einzigen Eintrag in Hamburg auf den Namen Hanjo Petersen."

Leo hatte miese Laune. Einsilbig saß er neben seinem Vater, der mit ihm auf dem Weg zu Hannes war. Sie hatten das Auto genommen, denn es herrschte Schneetreiben. Kalter Wind peitschte die Flocken über das Land und jedermann war froh, wenn er nicht raus musste.

Wie sollte Leo nun diesen Petersen finden? Der Mann war sicher eine Schlüsselfigur, aber seine Spur hatte sich verloren. Leo hatte noch einmal den Historiker Dr. Hofmann angerufen, ob der nicht vielleicht in seiner Telefonanlage einen Nummernspeicher hätte oder auf sonst eine Art an die Rufnummern seiner Anrufer gelangen könne. Aber Dr. Hofmanns Telefon war, seiner Antwort nach zu urteilen, ebenfalls historisch, sodass es vermutlich noch eine Wählscheibe, aber keinen elektronischen Speicher besaß und so auch keine früheren Nummern hervorzaubern konnte. Über das Audikular konnte dieser Mann allerdings nichts wissen; Leo war sich nach einiger

Überlegung sicher, in dem ersten Telefonat nur über den Kalender selbst gesprochen zu haben.

Nudel kam ihnen schon in der Hofeinfahrt entgegen gelaufen, lief bellend neben dem Auto her und gab erst Ruhe, als Leo ausgestiegen war und ihr einen Schneeball geworfen hatte, den sie jetzt in der weißen Winterlandschaft wieder zu finden versuchte. Hannes erwartete die beiden schon in seiner Küche. Der Tisch war aufgeräumt und neben dem Herd zischte schon der Tauchsieder.

„Was ist denn los?", fragte er, als er Leos sauertöpfisches Gesicht sah.

Leo erzählte ihm die letzten Neuigkeiten.

„Wenn wir diesen Mann nicht finden können, wird es schwer werden, hinter die Pläne dieser merkwürdigen Leute zu kommen", grübelte Hannes, „aber jetzt sollten wir uns erstmal um die neue Geschichte kümmern."

„Das finde ich auch", sagte Herr Winterfeld und blätterte schon in den Ausdrucken, „jetzt setzt euch hin und hört mir gut zu!"

Alle Jahre wieder

„Wir hätten den breiten Weg niemals verlassen dürfen", stieß Lotte zwischen ihren Zähnen hervor, „es war eine dumme Idee mit der Abkürzung. Jetzt werden wir später und nicht früher zu Hause ankommen – wenn überhaupt."

„Du hast recht", sagte ihr Bruder Hans kleinlaut, „aber ich war mir so sicher, dass ich auch im Schnee den Pfad über den Gebirgskamm finden würde. Ich wollte auch schnell zu Hause sein, heute ist doch Heiligabend."

Die beiden Kinder sahen an den Felsen hoch und versuchten, sich zu orientieren. Von dieser Seite der Berge sah alles so anders aus. Wo war der zackige Gipfel, der aus ihrem Fenster daheim wie eine Zipfelmütze aussah? Welcher der Gipfel, die sie von hier aus sahen, könnte eine Zipfelmütze von der anderen Seite sein? Die beiden Geschwister sahen sich ratlos an.

„Zurück können wir nicht mehr, dann schaffen wir es nie, bevor es dunkel ist", murmelte Hans und zog sich die Mütze tiefer über die rot gefrorenen Ohren.

„Dann lass es uns durch diese kleine Schlucht versuchen", meinte Lotte entmutigt, „wir müssten doch bald oben sein, und vielleicht können wir von dort besser sehen, wo unser Hof ist."

Die beiden Kinder stapften mühsam weiter durch den tiefen Schnee, ihre Füße waren eisig kalt und die Wegzehrung, die ihnen die Großmutter für den langen Heimweg eingepackt hatte, war schon längst aufgegessen.

Gestern früh waren sie zu ihren Großeltern aufgebrochen, die auf der Westseite der Berge lebten. Vor einigen Monaten war auch Lotte zwölf Jahre alt geworden, und so durften die beiden jetzt alleine unterwegs sein. Sie hatten einige kleine Gaben dabei gehabt, etwas frisches Brot, Äpfel aus der Erdmiete und eine Flasche Holunderbeerensaft. Die Großeltern hatten sich sehr über den Besuch gefreut und die Kinder waren über Nacht geblieben. Heute nach der Morgenmahlzeit waren sie gleich aufgebrochen, um nicht zu spät zurück bei den Eltern zu sein; und weil der Weg lang und beschwerlich ist, waren sie auf den unseligen Gedanken gekommen, den direkten Weg über den Bergkamm zu nehmen.

Als sie eine Zeit lang die kleine Schlucht emporgestiegen waren, bekamen sie erneut Zweifel, ob dieser Weg sie auf die andere Seite führen würde. Plötzlich machte der Pfad eine abrupte Biegung und die Schlucht verlief in die falsche Richtung. Hier waren sie wirklich noch nie gewesen, vielleicht endete dieser Weg irgendwo im Nichts?

Sie wanderten eine Zeit lang weiter, bis Hans plötzlich rief:

„Schau mal, ist das da vorne im Schnee nicht ein Haus?"

Und tatsächlich, jetzt sah Lotte es auch. In einiger Entfernung vor ihnen drückte sich ein kleines Haus an den Felsen. Es war völlig zugeschneit, aber unter der dicken Schneedecke auf dem Spitzdach und hinter den langen Eiszapfen, die von dort herunterhingen, konnte man deutlich eine Giebelwand mit einer Tür und Fenstern erkennen. Freudig liefen die Kinder auf das Haus zu – sicher konnten sie sich hier ein wenig aufwärmen und Hilfe für ihren Heimweg bekommen.

Als sie näher kamen, wurden ihre Schritte langsamer. Es gab keinerlei Geräusche, keine Spuren im Schnee oder irgendein anderes Zeichen, dass hier Menschen lebten.

„Siehst du die Schneeverwehungen vor der Haustüre, da ist schon lange niemand durchgegangen", sagte Lotte argwöhnisch.

„Aber neben der Tür hängt noch eine Milchkanne, der Besen steht an der Wand und alle Scheiben sind heil", bemerkte Hans, „das Haus war sicher vor kurzer Zeit noch bewohnt."

„Vielleicht liegen die Leute auf dem warmen Ofen und kommen tagelang nicht heraus?", mutmaßte Lotte.

„Dann würde aber der Schornstein rauchen", setzte Hans dagegen, „komm, lass uns klopfen!"

Die beiden Kinder stapften zögerlich durch den unberührten Schnee auf das gespenstische Haus zu. Vorsichtig klopfte Hans an die Tür, aber nichts regte sich. Er klopfte noch einmal lauter.

„Ist hier jemand?", rief er, nachdem sich immer noch nichts gerührt hatte.

Es gab keine Antwort, nur das pfeifende Geräusch ihres eignen Atems, das den Kindern plötzlich überlaut vorkam.

„Ich will sehen, ob die Tür abgesperrt ist", sagte Hans und drückte langsam die Klinke nach unten. Er zog, aber die Tür bewegte sich kaum. Hans nahm den Besen, räumte den Schnee fort und versuchte es erneut. Es ruckte und die Tür ging knarrend auf.

„Ist jemand zu Hause?", rief Hans in den Flur hinein, aus dem ihm ein kalter, muffiger Geruch entgegen wehte.

Als immer noch keine Antwort kam, betrat er mit einem beklommenen Gefühl das Haus, und Lotte folgte ihm in kurzem Abstand. Im Flur war es dämmrig, denn außer durch die offene Eingangstür fiel nur Licht durch den dünnen Spalt einer angelehnten Zimmertüre hinein. Hans stolperte über einen Schemel, der mitten im Weg lag. Jetzt erst bemerkten die Kinder, dass Schuhwerk umherlag, Pantoffeln und Filzschuhe lagen durcheinander geworfen, als ob Leute es sehr eilig gehabt hatten. Hans drückte die angelehnte Türe langsam auf und spähte in das Zimmer hinein.

„Was siehst du da?", flüsterte Lotte hinter ihm.

„Es ist ein Schlafzimmer; die Betten sind gemacht, aber es scheint schon lange niemand dort geschlafen zu haben."

Lotte reckte sich, um über Hans' Schulter blicken zu können. Jetzt sah sie es auch: Beide Betten waren ordentlich gemacht, aber auf den ehemals weißen Bezügen lag Staub und dazu einige tote Stubenfliegen, die offenbar beim Anbruch der kalten Jahreszeit von der Decke gefallen waren. Vor den Fenstern und in den Ecken hingen Spinnweben, und in der Waschschüssel auf einem Schränkchen klebten angetrocknete Schmutzränder. Das Öffnen der Türe hatte die abgestandene Luft aufgewirbelt, die jetzt kalt und stickig an den Kindern vorbei in den Flur wehte. Vorsichtig betraten sie den leblosen Raum. In der Ecke stand eine Wiege, in der eine fleckige Matratze lag.

„Lass uns die anderen Räume ansehen", flüsterte Lotte und ging zurück in den Flur.

„Was für ein Raum wird hier wohl sein?", fragte Hans, als sie sich im Dämmerlicht des Flurs umgesehen hatten und er sich einer gegenüberliegenden Zimmertür zuwandte. Er drückte sein Ohr an die Tür, aber auch in dem Raum dahinter war nicht das leiseste Geräusch zu hören. Hans öffnete langsam. Die Tür knarrte unwillig, als ob sie über diese Ruhestörung empört sei. Die beiden Kinder traten auf leisen Sohlen ein und sahen sich um – in welch eine unwirkliche gespenstische Welt waren sie hier geraten?

Der Tisch in der Mitte des Raumes war festlich gedeckt. Sechs Teller standen dort und sechs Becher, silbernes Besteck war aufgedeckt und in der Mitte standen eine Suppenterrine und ein Leuchter, in dem angebrannte weiße Kerzen steckten. Fast hätte man meinen können, dass das Essen gleich losgehen sollte, aber über das ganze Gedeck hatte sich, wie in einem Dornröschenschloss, ebenfalls eine gleichmäßige Staubschicht gelegt. Nur unter die Tellerränder hatte der Staub nicht so ungestört rieseln können, sodass hier noch etwas von dem ursprünglichen Weiß der Tischdecke sichtbar war, die ansonsten grau und unansehnlich über der Tischplatte hing. Neben einem der Teller am Tischende lag aufgeschlagen eine Bibel bereit, um aus ihr zu lesen, aber die Schrift war durch die dicke Staubschicht nicht mehr zu erkennen, sodass Lotte bei dem Anblick den Wunsch verspürte, näher zu treten und einmal feste zu pusten. Aber sie blieb wie angewurzelt stehen, getraute sich nicht, die versteinerte Ruhe des Tisches zu stören, der schon so lange auf seine Gäste wartete. Schließlich trat sie doch näher heran und strich mit dem Finger über eine der Buchseiten.

„Da machte sich auf auch Josef aus", las sie in dem hellen Streifen, an dessen Ende sich ein kleiner Staubberg türmte.

„Sie haben die Weihnachtsgeschichte aus dem Lukas-Evangelium lesen wollen", sagte sie leise und sah zu ihrem Bruder auf. Dann wanderten ihre Augen weiter durch den Raum; grau und unbewohnt lag er da, Spinnweben hingen von der Decke, die Scheiben waren blind und auf der Fensterbank verteilte sich eine Unzahl toter Insekten. Auf der Ofenbank lagen Holzscheite fein säuberlich aufgeschichtet, aber der erloschene Ofen konnte dem Raum nicht mehr das geringste Fünkchen Wärme spenden.

Da erst bemerkten die Kinder den Weihnachtsbaum in der hinteren Zimmerecke. Sie blickten sich ungläubig an – so etwas hatten sie noch nie gesehen! Es *musste* ein Christbaum sein: Er trug Kerzen, es hingen Strohsterne und Nüsse an ihm und auf seiner Spitze prangte ein Stern aus Holz. Aber all diese Zierde hing an braunen Zweigen ohne Nadeln, schmückte ein dürres Gerippe aus Ästen, das seinen Betrachtern ein Schaudern über den Rücken jagte. Der Boden unter dem Baum war übersät mit braunen Tannennadeln, die auch mehrere bunte Schachteln zugedeckt hatten, die dort lagen. Waren das Weihnachtsgeschenke, und für wen waren sie gedacht?

Was war hier geschehen?

Die beiden Geschwister sahen sich ratlos um. Sollten sie die anderen Räume auch untersuchen und was würden sie dort vorfinden? Lotte bemerkte die Unentschlossenheit ihres Bruders.

„Ich möchte von hier schnell wieder fort", sagte sie.

„Was kann hier nur passiert sein?", grübelte Hans, „das würde ich zu gerne wissen. Es scheint, als ob dieses Haus seit genau einem Jahr verlassen steht, als ob es 365 Tage lang von jeder Menschenseele unberührt geblieben ist. Und ich glaube, dass die Leute, die hier gewohnt haben, sehr plötzlich und in großer Eile aufgebrochen und nicht wiedergekehrt sind."

„Wieso glaubst du das?", wollte Lotte wissen.

„Im Flur liegen Hausschuhe aber keine Winterschuhe, die Bewohner müssen sie tragen. Bestimmt sind sie durch irgendetwas überraschend nach draußen gelockt worden."

Aber Hans hatte selbst keine Vorstellung, was ein Grund gewesen sein könnte? War es vielleicht ein Hilferuf, der die Leute aus dem Haus hatte stürzen lassen. Aber warum kehrten sie nicht zurück, hatten sie sich etwa verlaufen? Das wäre ungewöhnlich für Bewohner der Berge. Es musste anders gewesen sein!

„Ich möchte gerne glauben, dass den Leuten ein großes Glück widerfahren ist, sodass sie überstürzt aufgebrochen sind und nie wieder hierher zurückkommen mussten", flüsterte Lotte.

„Was könnte denn *das* gewesen sein?", fragte Hans ungläubig.

„Vielleicht hatte sich ein König oder ein anderer hoher Herr hier im Gebirge verlaufen. Er könnte an Weihnachten zu einer wichtigen Feier geladen worden sein und fürchtete nun, sie zu verpassen. Er bot den Leuten eine gute Stellung an seinem Hofe an, wenn sie ihn sofort aus diesem Labyrinth herausführen würden. Die Leute waren beglückt, ließen alles stehen und liegen und reisten sofort mit dem Edelmann davon."

Hans zog die Stirn in Falten und schüttelte den Kopf.

„Das klingt für mich zu märchenhaft, um wirklich passiert zu sein. Aber ich habe noch eine Idee. Vielleicht war es auch so, dass..."

„Pssst", machte Lotte plötzlich und zuckte dabei ein wenig zusammen, „hast du die Stimmen da draußen gehört?"

Herr Winterfeld sah auf und blickte in die überraschten Gesichter der anderen beiden.

„Ja, da staunt ihr, aber die Geschichte ist hier tatsächlich zu Ende", sagte er, überlegte einen Moment und fuhr dann fort, „so ein überraschendes Ende schreit eigentlich nach einer Fortsetzung der Geschichte, oder sollen wir uns vielleicht selbst einen Schluss ausdenken. Hättet ihr denn eine Idee?"

Leo zuckte mit den Schultern und Hannes kraulte Nudel das Fell.

„Aber ich habe eine Idee", sagte Herr Winterfeld, „nicht zu dem Fortgang der Geschichte, auf den werden wir hoffentlich noch stoßen, sondern wie wir vielleicht doch diesen Hanjo Petersen finden können."

„Und wie soll das gehen?"

Leo guckte seinen Vater gespannt an, der eine schlaue Miene aufgesetzt hatte.

Herr Winterfeld nahm seine Brille ab, rieb sich die Augen und blinzelte in die Runde.

„*Hanjo* ist doch vielleicht gar nicht sein richtiger Vorname", sagte er dann, „denkt doch an den *Hans,* von dem wir eben gelesen haben. Hanjo könnte doch eine Kurzform von *Hans-Jochen* oder *Hans-Joachim* sein. Ich wette, wenn wir nach diesen Namen in ganz Hamburg suchen, sollten wir fündig werden."

Aber es gab niemanden, der dagegen wetten wollte. Leo fand die Idee toll und griff sofort zum Telefon, die Nummer wusste er noch auswendig. Die Telefonauskunft begrüßte ihn mit seichter Warteschleifenmusik.

„Bitte haben Sie noch einen Moment Geduld, Sie werden gleich bedient."

Leo verdrehte die Augen, wie lange sollte er denn noch warten?

„Please hold the line."

Wollten denn jetzt plötzlich alle eine Telefonauskunft? Es war doch bereits spät, schon nach acht! Endlich war ein richtiger Mensch am anderen Ende der Leitung.

„Guten Abend, mein Name ist Veronika Besen, was kann ich für Sie tun?"

„Guten Abend. Ich möchte die Telefonnummer eines Hans-Jochen oder Hans-Joachim Petersen aus Hamburg wissen; die Straße kenne ich leider nicht", sagte Leo ungeduldig.

„Einen Moment bitte ... ich habe ... zweimal einen Hans-Joachim und einmal einen Hans-Jochen Petersen in Hamburg", sagte die Frauenstimme.

„Kann ich bitte alle drei Nummern haben", bat Leo.

Die Stimme nannte die Nummern und Leo schrieb sie gewissenhaft auf einen Block, den er sich vor dem Telefonat bereitgelegt hatte. Er bedankte sich bei der Telefondame und wandte sich seinem Vater und Hannes zu, die am Küchentisch saßen und ihn erwartungsvoll anblickten.

„Wir haben drei Versuche", sagte Leo, „soll ich gleich die erste Nummer probieren?"

Sein Vater schüttelte den Kopf.

„Willst du es dir gleich mit dem Herrn verderben, falls er es tatsächlich ist? Es wäre unhöflich, jetzt so spät noch anzurufen. Versuch es lieber morgen nach dem Frühstück und lass uns jetzt nach Hause fahren."

Leo hätte es so gerne gleich ausprobiert, aber er sah das Argument seines Vaters ein und nahm seinen Anorak.

„Gute Nacht, Hannes!"

„Gute Nacht, Leo. Zum Glück ist morgen Wochenende. Wenn du nach dem Frühstück Lust hast, können wir beide ja zusammen versuchen, die neue Geschichte zu finden", sagte Hannes und nickte auch Herrn Winterfeld zum Abschied zu.

Die neue Geschichte klang wieder einmal vielversprechend, sie hieß *Wie ein Tropfen Zeit,* den Namen des Autors hatte Leo schon wieder vergessen – Hannes konnte morgen noch mal nachsehen, das 14. Türchen stand ja auf. Sie hatten nach längerer Diskussion rechts die *6* eingestellt und links die *12*. Dieses Mal war es gar nicht mehr so leicht gewesen. Auf dem Tisch standen sechs Teller und Lotte war zwölf Jahre alt geworden, aber welche der Zahlen kam auf welche Seite? Hannes hatte die richtige Idee gehabt: Die Westseite der Berge ist auf einer Landkarte immer links.

Als Leo am nächsten Morgen auf dem Weg zum Einkaufen im Ort um eine Häuserecke radelte, sah er plötzlich vor dem Rathaus den dunklen Audi mit dem bekannten Kennzeichen stehen, von dem Leo mittlerweile wusste, dass es ein Mietwagen war. Sein Vater hatte seine Verbindungen zur Polizei genutzt und nach dem Halter gefragt – zu dumm, so kamen sie also auch nicht weiter. Die Seitenscheibe des Audis war etwas heruntergedreht und es quoll Zigarettenrauch aus dem Spalt. Leo bremste unweigerlich und peilte die Lage. Auf dem Bürgersteig neben dem Wagen stand eine Litfaßsäule; wenn er dahinter stehen würde, könnte er vielleicht hören, was im Auto gesprochen wird. Leo stellte schnell sein Fahrrad ab und schlich hinter die Litfaßsäule. Er lauschte angestrengt, konnte aber nichts hören. Vorsichtig lugte er hinter der Säule hervor – tatsächlich, da saß der Mann, der gestern bei Hannes gewesen war, und daneben saß vermutlich die Frau mit den riesigen Ohrringen.

„Hallo Leo, was machst du denn da?"

Leo erschrak und sah sich um. Sein Mitschüler Arne aus der Parallelklasse, den die beiden im Auto vor der Schule angesprochen hatten, war ebenfalls aus der Seitenstraße gekommen und winkte ihm zu. Leo hielt schnell den Finger vor den Mund und machte mit der anderen Hand Zeichen, dass er nicht bemerkt werden wollte. Arne stellte ebenfalls sein Rad hin und huschte zu Leo hinter die Säule. Er hatte den Audi auch entdeckt und konnte sich denken, dass Leo hier auf Horchposten war.

„Hast du schon was erfahren?", flüsterte er.

„Nein, die beiden schweigen die ganze Zeit. Aber ich bin auch noch nicht lange hier."

„Hier pfeift ein richtig kalter Wind", bemerkte Arne nach einiger Zeit.

„Egal", flüsterte Leo, „ich will wissen, was die beiden reden."

Plötzlich klingelte das Autotelefon.

„Ja", näselte der Mann in die Freisprecheinrichtung.

Jetzt hatte auch Arne den kalten Wind vergessen und verharrte neben Leo, der angespannt lauschte.

„Nein, wir haben noch nichts erreicht", sagte der Mann im Audi jetzt.

„Nein, wir warten auf weitere Anweisung. Der Trödelhändler hat uns nicht ins Haus gelassen, wir wissen also nicht genau, ob das Ding da ist."

Der Anrufer redete etwas, aber leider war es zu leise, als dass die Jungen es hätten verstehen können.

„Das wird schwierig, er hat einen großen Hund", tönte es aus dem Fensterspalt.

Wieder nuschelte es energisch aus dem Telefonlautsprecher.

„Der Junge ist gewitzt, der hat neulich schon an der Haustür Lunte gerochen", war der Mann im Auto wieder zu hören. Die beiden Lauscher sahen sich vielsagend an.

„Natürlich werden wir uns was einfallen lassen", sagte nun der lange dünne Mann ärgerlich.

Die Lautsprecherstimme bekam einen drohenden Unterton.

„Ja, Chef, Sie können sich drauf verlassen. Wir sorgen dafür, dass das Ding niemals in Umlauf kommt."

Dann war das Telefonat zu Ende, der Mann ließ den Motor aufheulen und brauste davon.

„Willst du auch Frühstücksbrötchen holen?", fragte Leo.

„Ja, wir können zusammen zum Bäcker fahren", antwortete Arne.

Die beiden Jungen warteten, bis der Audi nicht mehr zu sehen war, stiegen auf ihre Räder und fuhren nebeneinander weiter.

„Was wollen die denn und um was für ein Ding geht es überhaupt?", wollte Arne wissen.

Leo überlegte, was er tun sollte. Sollte er Arne einweihen, aber richtig gut kannte er ihn auch nicht. Vielleicht war er doch ein Plappermaul? Aber wenn er weiterhin geheimnisvoll tat, dann würden bestimmt Gerüchte entstehen.

„Das ist eine etwas längere Geschichte, die ich dir in ein paar Minuten nicht erzählen kann", sagte er schließlich, „heute ist es knapp, aber wenn du Lust hast, können wir uns morgen Nachmittag treffen, dann erzähle ich dir alles."

Leo hatte heute keine Zeit für ein ausgiebiges Frühstück. Hastig schmierte er sich ein Brötchen und stürzte seinen Kakao hinunter. Er wusste gar nicht, was er nach dem Frühstück als Erstes tun sollte: Er musste sich um die neue Geschichte bemühen, er wollte die Telefonnummern in Hamburg anrufen und am Nachmittag hatte er einen Wachdienst bei Hannes übernommen, der für ein paar Stunden weg musste. Sie hatten verabredet, dass sie den Holzhauser Adventskalender vorläufig nicht mehr aus den Augen lassen wollten. Ach ja – und bei seinem Adventskalender oben im Zimmer musste er auch noch das Türchen von gestern und heute öffnen. Zwischen dem Schmieren und Essen erzählte Leo seinen Eltern von seinem Erlebnis vorhin im Dorf und über das, was Arne und er hinter der Litfaßsäule erlauscht hatten. Sein Vater blickte nachdenklich drein und nickte.

„Ich kann mir gut vorstellen, dass Pater Jakob recht hat und es denen um das Audikular geht. Was daran aber könnte so gefährlich sein und vor allem für wen?"

Gleich nach dem Essen machten Vater und Sohn sich daran, nach der heutigen Geschichte zu forschen. Herr Winterfeld nahm einige seiner Bücher aus dem Regal, blätterte ein wenig darin und schüttelte dann den Kopf, während Leo schon am Computer suchte. Schließlich hatten sie herausgefunden, dass es noch einen Sammelband zu kaufen gab, der auch Geschichten von diesem *Traugott Wunschacker* enthielt, allerdings gab es keine Hinweise auf die Geschichte über die Zeittropfen. Herr Winterfeld griff zum Telefon und wählte die Nummer des größten Buchladens in der Stadt. Er sprach eine Zeit lang mit einem Buchhändler und sagte dann zum Schluss:

„In Ordnung, dann kommen wir gegen eins auf Gutglück bei Ihnen vorbei. Vielen Dank vorerst und auf Wiederhören."

Leo sah seinen Vater fragend an.

„Das seltene Buch ist natürlich nicht vorrätig und sie müssen es bestellen", sagte Herr Winterfeld, „eigentlich wäre es frühestens Montag gekommen, aber der freundliche Verkäufer hat versprochen, sein Möglichstes zu tun, das Buch noch in die letzte Lieferung heute Mittag zu bekommen. Jetzt hilft nur noch Daumendrücken."

„Und was machen wir, wenn es nicht dabei ist?", wollte Leo wissen.

Herr Winterfeld zuckte mit den Schultern.

„Dann müssten wir uns was Neues überlegen."

Leo war nicht wohl bei diesem Gedanken, aber es gab jetzt keine andere Wahl, als auf das Buch zu hoffen. Er holte seinen Notizblock mit den Hamburger Telefonnummern und wählte die erste davon.

„Petersen", meldete sich eine Männerstimme.

„Mein Name ist Leo Winterfeld. Ich suche den Herrn Petersen, der mir vor einigen Tagen die Geschichte vom Lied des Clowns besorgt hat."

„Was für ein Lied?", fragte die Männerstimme entgeistert.

„Die Geschichte von *Johann Sanddorf.* Hatten Sie vielleicht Herrn Dr. Hofmann deswegen angerufen?"

„Wen soll ich angerufen haben? Nee Junge, ich habe keine Ahnung, von was du sprichst."

„Dann entschuldigen Sie bitte", sagte Leo und legte enttäuscht auf.

Unter der zweiten Nummer meldete sich eine Frauenstimme. Leo erklärte wiederum, um was es geht und fragte die Frau, ob ihr Mann bisweilen in die Klosterbibliothek in Grünfelde gehen würde.

„Der in eine Klosterbibliothek?", gluckste die Frau, „da muss ein Irrtum vorliegen, der geht höchstens in eine Klosterbrauerei. Nein, nein, ich wäre schon froh, wenn der überhaupt mal etwas lesen würde."

Leo wählte etwas resigniert die letzte Telefonnummer auf dem Block.

„Hier ist der Anrufbeantworter von Hanjo Petersen", war die Stimme eines älteren Herrn zu hören, „ich bin auf unbestimmte Zeit verreist. Bitte probieren Sie es frühestens nach dem 15. Dezember erneut."

Leo wusste einen Moment lang nicht, ob er lachen oder weinen sollte. Fast sah es so aus, als ob er den richtigen Mann gefunden hatte, und nun war der verreist und sie konnten wieder nicht weiterkommen. Es war wie verhext.

Kurz vor eins betrat Leo mit seinem Vater den Buchladen in der Stadt. Sie gingen direkt wie verabredet ins Untergeschoss, wo die neuen Bücher sortiert wurden, und fragten nach dem hilfsbereiten Verkäufer.

„Der Kollege musste heute leider früher gehen", sagte ein Mann mit dicker Brille, „vielleicht kann ich Ihnen helfen?"

„Wir kommen wegen eines seltenen Buches mit Geschichten von *Traugott Wunsch-acker,* das Ihr Kollege heute früh noch rasch bestellen wollte", sagte Herr Winterfeld, „es heißt *Punschgeschichten;* wissen Sie, ob es dabei gewesen ist?"

„Oh, das weiß ich leider nicht", sagte der Mann mit der dicken Brille und winkte ihnen mitzukommen. Im hinteren Teil des Raumes lagen ungeordnet Bücher auf einem Tisch, teilweise noch in Kartons. Der Verkäufer begann unter den Augen der beiden Besucher die Stapel durchzusehen, nahm ein Buch nach dem anderen in die Hand und legte es wieder weg.

„Vielleicht ist es noch in einem der Kartons", sagte er, aber sein Gesicht verriet Zweifel, dass der Großhändler das Buch noch rechtzeitig würde verpackt haben können. Er nahm alle Bücher aus den Kartons heraus, aber die Punschgeschichten waren nicht dabei.

„Es tut mir leid, aber am Montag ist es bestimmt da", sagte er mit bedauernder Miene.

„Dann ist es zu spät", murmelte Leo ärgerlich und drehte sich zum Gehen um. Herr Winterfeld bedankte sich bei dem Mann, knuffte Leo wegen seiner Unfreundlichkeit ein wenig und sagte:

„Uns fällt schon noch was ein. Ich werde zu Hause herumtelefonieren – wäre doch gelacht, wenn keiner meiner vielen Bekannten uns weiterhelfen könnte. Aber erst schauen wir oben noch schnell nach einem Kochbuch, damit ich vielleicht an Weihnachten selbst einmal die Knödel und das Rotkraut hinbekomme."

Einige Minuten später standen sie an der Kasse und Herr Winterfeld ließ sich extra eine große Tüte für sein neues Buch geben, mit dem er sicher die Weihnachtsessen der nächsten Jahrzehnte zubereiten konnte. Als sie den Laden gerade verlassen wollten, rief ihnen die Kassiererin hinterher:

„Sind Sie das vielleicht, der auch die *Punschgeschichten* bestellt hatte?"

Die beiden drehten sich ruckartig wie zwei siamesische Zwillinge um und sahen die Kassiererin ein hellbraunes Büchlein schwenken, ihr Wunsch-Büchlein! Leo machte vor Freude einen Hüpfer und sein Vater holte das Portemonnaie gleich wieder hervor. Der Verkäufer, der heute früher gegangen war, hatte vorher das Buch noch herausgesucht, an der Kasse hinterlegt und auf einen Vater mit seinem Sohn verwiesen, der es gegen eins abholen wollte. Leo schlug gleich das Inhaltsverzeichnis auf, sauste mit dem Finger über die Titel und knuffte dann vor Übermut seinen Vater in die Seite: auch die Zeittropfengeschichte war dort enthalten. Jetzt wünschte er sich nur noch, gemütlich in Hannes' Küche zu sitzen, die Geschichte zu lesen und über die Zahlen zu grübeln.

Zwei Stunden später war Leos Wunsch in Erfüllung gegangen. Sein Vater hatte ihn mit dem Buch bei Hannes abgesetzt, der daraufhin gleich mit seinem Lastwagen vom Hof gerumpelt war. Leo hatte die Geschichte aufgeschlagen und wollte gerade beginnen, als das Telefon klingelte. Er überlegte, was er tun sollte. Vielleicht waren es seine Eltern oder Hannes hatte etwas vergessen?

Er hob den Hörer ab.

„Bei Schenker!"

„Ich möchte gerne Herrn Schenker sprechen", sagte eine Männerstimme.

„Herr Schenker ist nicht da", sagte Leo, „mit wem spreche ich denn?"

Die Stimme kam Leo bekannt vor.

„Mein Name ist...", es war einen Moment still, „...Müller. Wann kommt Herr Schenker denn zurück?"

Jetzt erkannte Leo die Stimme wieder.

„Sind Sie nicht der Mann, der gestern hier nach einer Tankstelle gefragt hat?"

„Was ich? Nein, ich doch nicht", sagte der Mann, zögerte einen Moment, nuschelte dann einen Fluch und legte auf.

Wie gut, dass sie den Wachdienst beschlossen hatten. Leos Blick streifte Nudel, die zusammengerollt auf ihrer Decke unter dem Tisch lag – sollten sie nur kommen! Leo nahm sich vor, sich die schöne Lesezeit jetzt nicht von diesen leidigen Schnüfflern vermiesen zu lassen. Er legte die Beine auf einen Stuhl, steckte sich eine Pfeffernuss in den Mund und begann die Geschichte von den Zeittropfen zu lesen:

Wie ein Tropfen Zeit

Im Morgenland, dort wo die Sonne heiß brennt, wo Dattelpalmen wachsen und die Männer Turbane tragen, da geschah es vor langer langer Zeit, dass zwei Männer zu einem langen Marsch durch die Wüste aufbrachen, ohne dass sie voneinander wussten. Beide hatten vernommen, dass im fernen Judäa ein großer König geboren worden wäre, und so wollten sie diesen Herrscher sehen und ihm die Ehre erweisen.

Der eine nannte sich Jasuur und war ein großer kräftiger Kerl mit pechschwarzem Bart. Er konnte mühelos ein ausgewachsenes Schaf tragen, konnte unglaubliche Mengen essen und schien niemals müde zu werden. Der andere hieß Fakim. Er war viel kleiner und schmächtiger als Jasuur, hatte einen fusseligen Bart und tiefbraune blitzende Augen. Beiden aber war gemein, dass sie unternehmungslustige Einzelgänger waren, an allem Neuen interessiert und vermögend genug, um sich von heute auf morgen zu einer weiten Reise zu entschließen.

So also kam der Tag, an dem die beiden Abenteurer ihre Wanderung beginnen wollten. Jasuur war schon auf, bevor die Sonne hinter dem Horizont erschien. Er suchte sich aus seiner Herde zwei gesunde kräftige Kamele aus und begann damit, frisches Wasser aus dem Brunnen zu schöpfen, um alle Wasserbehälter zu füllen. Jasuur hatte sich extra für diese weite Reise besonders große Wasserschläuche anfertigen lassen, denn er wusste, dass er über Tage hinweg in der Wüste weder auf Brunnen noch auf Oasen stoßen würde. So schleppte das eine Kamel nur den riesigen Wasservorrat, wogegen das andere gesattelt wurde und neben dem Reiter die Decken, Datteln und übrigen Vorräte tragen musste. Jasuur hatte auch überlegt, ob er dem neugeborenen König wohl ein Geschenk mitbringen müsse, hatte sich dann aber dagegen entschieden, denn er wusste nicht, was ein so kleines Kind würde gebrauchen können.

Fakim schlief noch, als Jasuur bereits die Wüste im Morgenlichte vor sich liegen sah, während er durch das Stadttor ritt. Fakim hatte noch lange wach gelegen, in den Himmel geschaut und sich Gedanken über den Lauf der Sterne gemacht. Jetzt räkelte er sich, trank genüsslich einen grünen Tee und begann im Anschluss mit den Vorbereitungen zu seiner Wanderung. Auch er hatte sich beim selben Meister neue Wasserschläuche anfertigen lassen, auch er wusste, dass er einen großen Wasservorrat brauchen würde, und so nahm auch er zwei Kamele auf seine Reise mit, von denen das eine nur das lebenswichtige Wasser tragen musste. Wie sein unbekannter Reisegefährte, der schon durch die Wüste trabte, hatte auch Fakim über ein Geschenk an den kleinen König nachgedacht. So hatte er ein wertvolles Duftöl und für die Eltern kostbaren Schmuck eingepackt. Als er nach Stunden alles sorgsam verschnürt hatte, machte auch er sich auf den beschwerlichen Weg nach Norden.

Als Fakim eine Weile geritten war und die Sonne mittags im Zenit stand, da konnte er plötzlich in der flirrend heißen Luft einen anderen Wanderer mit zwei Kamelen vor sich sehen. Fakim machte erst gar nicht den Versuch zu rufen oder sich in anderer Weise bemerkbar zu machen, denn ein Sohn der Wüste weiß, dass eine Fata Morgana seine Spiegelbilder von weither holt. So beobachtete er diesen unbekannten Reisenden nur interessiert und fragte sich, welches Ziel dieser wohl haben würde.

Auch Jasuur erblickte irgendwann einen anderen Wanderer mit zwei Kamelen in einer Luftspiegelung weit hinter sich.

Als die Mittagshitze am nächsten Tag wieder unerträglich wurde, suchte Fakim sich einen Rastplatz im Schatten eines Wadi. Er stieg ab und wollte seine Wasserflasche neu füllen, als er plötzlich eine schlimme Entdeckung machte: Von allen neuen Wasserschläuchen fielen langsam aber gleichmäßig Wassertropfen in den heißen Sand, alle Schläuche waren undicht geworden und konnten das kostbare Nass nicht halten. Nach dem ersten Schreck dachte Fakim für kurze Zeit, das Unglück wäre eigentlich doch nicht so arg, da es nur winzige Tröpfchen seien, die da unnütz verdampften, die Schläuche hingegen ungeheuer groß waren. Dann aber wurde ihm klar, dass die kleinen aber stetigen Tropfen über Tage hinweg zu einer großen Pfütze werden würden und die Unwägbarkeit der Reise ihn in die Gefahr brachten, mitten in der Wüste mit leeren Schläuchen zu verdursten.

Auch Jasuur hatte im Laufe des folgenden Reisetages entdeckt, dass seine Wasservorräte ganz langsam, aber unaufhaltsam schwanden.

„Was muss das für ein lausiger Handwerker sein, bei dem ich die Schläuche habe anfertigen lassen", dachte er ärgerlich, aber dann ritt er unbeschwert weiter – was machten diese winzigen Tröpfchen schon aus, er hatte doch Wasser genug dabei.

Fakim dagegen machte sich unverzüglich daran, etwas zu unternehmen, um dem ständigen Verlust an Wasser Einhalt zu gebieten. Er versuchte, die undichten Stellen zu finden, drehte Schläuche um oder veränderte ihre Lage. Einige der Wasserschläuche hörten daraufhin auf zu tropfen, andere tropften langsamer, aber aus dem meisten fielen die Tropfen unaufhaltsam weiter. Da nahm Fakim den schlechtesten Schlauch, füllte das restliche Wasser in seine Trinkflasche, zerschnitt ihn und baute sich aus den Häuten einen Behälter, den er wie eine Hängematte befestigte und der viele Tropfen auffing, bevor sie in den Sand fielen.

Nun musste er seine Wanderung von Zeit zu Zeit unterbrechen, um das aufgefangene Wasser wieder vorsichtig zurück in die Schläuche zu füllen - jeder Schluck in dieser unwirtlichen Gegend war kostbar.

Auch bei Nacht konnte Fakim nun nicht mehr unbeschwert schlafen. Er hängte die Schläuche so auf, dass alle möglichst ihre Tropfen in die Wasserhängematte fallen ließen und musste mehrmals in der Nacht aufstehen, um das aufgefangene Nass zu versorgen.

Jasuur hatte diese Sorgen nicht. Als die Sonne unterging und die Beine der Kamele im Schattenbild neben ihm wie Stelzen aussahen, stieg er ab, nahm dem hinteren Tier die Wasserschläuche zur Nacht ab, aß ein paar Früchte und legte sich unbekümmert nieder, bis die aufgehende Sonne ihn an der Nase kitzelte.

Sobald diese wieder hoch am Himmel stand, konnten die beiden Wanderer sich wieder ab und zu in einer Luftspiegelung erkennen, mal nur verschwommen, aber manchmal auch recht klar. Dann wunderte sich Jasuur jedes Mal, wenn er sah, wie der fremde Wanderer anhielt, zu seinem hinteren Kamel ging und irgendetwas an seinen Wasserschläuchen hantierte. Was tat er da? Fakim dagegen beneidete seinen unbekannten Gefährten bisweilen ein wenig, weil dieser offensichtlich vergnügt und mühelos reisen konnte, während er ständig bedächtig und sparsam sein musste.

So kam es, dass die beiden Männer auf ihrer eintönigen Reise mittags schon ungeduldig auf das Bild ihres Begleiters warteten, dass eine Vertrautheit zwischen ihnen entstand, ohne dass sie sich kannten oder hätten erreichen können.

Nachdem sie einige Tage geritten waren, sah Fakim plötzlich das Spiegelbild des anderen vor sich, wie dieser offenbar in Hast einen Schlauch nach dem anderen vom Rücken seines Kamels nahm, ihn in der Hand wog und dann mitunter heftig auf den Boden warf. Er sah, wie der Andere den Inhalt von einem in den anderen Schlauch füllte, wie er die Schläuche drückte und quetschte, und sich auch ansonsten sehr fragwürdig benahm. Was war passiert?

Jasuur hatte plötzlich mit großer Bestürzung festgestellt, dass alle seine Wasserschläuche fast leer waren, dass der enorme Wasservorrat in Gestalt der winzigen Tröpfchen verdampft war. Da geriet er in Panik. Er war mitten in der Wüste und es gab weit und breit keinen Brunnen. Das Wasser war unwiederbringlich verloren, was konnte er jetzt noch tun? Er zermarterte sich den Kopf, suchte verzweifelt nach einem Ausweg, aber es gab keine andere Möglichkeit, als mit dem verbliebenen Rest außerordentlich geizig umzugehen.

Er blickte sich Hilfe suchend um – wo war sein Gefährte? Irgendwann erblickte Jasuur ihn wieder in der Fata Morgana, wie er abgestiegen war und sich an den Wasserschläuchen zu schaffen machte. Und mit einem Mal wusste Jasuur, was der andere da tat. Plötzlich wurde ihm klar, dass der andere in der gleichen misslichen Lage wie er steckte, dass auch seine Schläuche undicht waren, aber dieser kluge Mann schon früh damit begonnen hatte, sorgsam mit seinem Wasser umzugehen.

Auch Fakim hatte die Notlage seines fernen Reisegefährten begriffen. Er tastete unwillkürlich seine Schläuche ab. Viele waren noch reichlich gefüllt und gerne hätte er dem vertrauten fremden Wanderer etwas von seinem Wasser abgegeben. Aber auch wenn er wusste, dass der andere in großer Not war, so wusste er auch, dass er ihm nicht helfen konnte, weil er nur ein Bild besaß und sein Wasser niemals den trockenen Mund des Weggefährten erreichen konnte. Er blickte zu dessen Spiegelbild auf und sah, wie er an das Kamel gelehnt dastand, das Gesicht in den Händen vergraben, und am ganzen Körper bebte.

An dem darauf folgenden Tag wagte Fakim kaum, in den Mittagsstunden wie gewohnt am Firmament nach den flirrenden Spiegelungen seines Weggefährten Ausschau zu halten. Wenn er ihn einmal zu Augen bekam, dann sah er ihn gebeugt auf seinem Kamel sitzen, das sich langsam vorwärts schleppte. Das zweite Tier hatte der Mann offensichtlich zurückgelassen, damit er es nicht tränken musste.

Fakim dachte seit dieser Zeit viel an seinen Gefährten, zumindest mit seinen Gedanken konnte er bei ihm sein. Nachdem er ihn einen Tag lang überhaupt nicht mehr gesehen hatte, glaubte er, dass der Fremde sicher nur noch bei Nacht reiten würde, um den heißen Tag dafür an einem Schattenplatz zu verbringen. Vielleicht schaffte er es doch noch aus der Wüste heraus?

Als Fakim am nächsten Tag wieder einmal abstieg, um das aufgefangene Wasser umzufüllen, da sah er plötzlich das Flimmerbild eines der Kamele in der glühend heißen Luft. Zuerst dachte er, dass es das zurückgelassene Tier wäre, das dort im Sand stand. Dann aber sah er das helle Gewand seines Freundes, sah ihn reglos am Boden liegen neben seinem Turban, der ihm vom Kopf gerutscht war.

Nach einigen Tagen erreichte Fakim wohlbehalten den Rand der Wüste und machte an einer großen Oase Rast. Er starrte lange auf die Oberfläche des kleinen

Sees zwischen grünen Palmen und dachte an den armen Wanderer in der Wüste. Es gab doch Wasser genug, warum nur hatte dieser unglückliche Mensch es nicht verstanden, sorgsam damit umzugehen?

Leo legte das Buch auf den Küchentisch und blickte aus dem Fenster. Hinter dem Wald versank eine große Sonne und tauchte die Schneelandschaft in ein rötliches Glitzermeer; heute Nacht würde es bitterkalt werden.

Leo dachte über den Titel der Geschichte nach: Was hatten die unaufhaltsam tropfenden Wasserschläuche mit Zeit zu tun? Zeit ist doch einfach da, fließt vorbei, aber wird nicht weniger. Jasuur glaubte am Anfang der Reise, dass seine Wasservorräte unerschöpflich seien und er deshalb nicht achtgeben müsse. Aber die Schläuche tropften unablässig, Sekunde für Sekunde, Stunde für Stunde, Tag und Nacht. Schneller als Jasuur es je für möglich gehalten hätte, waren die zuerst riesig scheinenden Vorräte aufgebraucht, waren nutzlos in den heißen Sand getropft.

War der Wasservorrat vielleicht wie die Zeit in den Augen von Kindern, die ihnen immer unendlich vorkommt? Leo überlegte, ob Zeit in Wirklichkeit wie das Wasser vergeht, das ständig tropft, dass sie begrenzt ist und die Menschen sie daher achten sollten. Plötzlich musste er an seine Eltern denken und an seine Großeltern, die hin und wieder Geschichten aus ihrer Kindheit erzählten, und Leo hatte immer Mühe bei der Vorstellung, dass auch die Erwachsenen einmal klein gewesen waren. Wie schlimm musste es sein, wenn einmal fast alle Lebenszeit unwiederbringlich aus den Vorratsbehältern getropft ist und jemand mit Schrecken feststellt, dass sie nutzlos in den Sand geronnen ist?

Die Geschichte hatte Leo nachdenklich gemacht. Er nahm sich vor, in Zukunft besser auf seine Tage zu achten und war so in Gedanken versunken, dass er das Auto gar nicht hörte, das in den Hof gefahren kam.

Nudel war aufgesprungen und knurrte böse. Leo wurde davon aus seinen Gedanken gerissen.

„Was hast du denn, Nudel?"

Nudel bellte ärgerlich und lief zur Küchentür. Jetzt hörte Leo, wie draußen eine Autotür zugeschlagen wurde. Das war es also, was die Hündin so in Aufregung versetzte. Wer konnte das sein? Waren das etwa die Typen aus Hamburg, die Hannes hatten fortfahren sehen und sich nun sicher fühlten? Leo lief zu einem Fenster, von dem er den Hof überschauen konnte, und spähte hinaus. Draußen stand ein fremder Personenwagen ohne Insassen und durch das Bellen des Hundes hindurch konnte Leo hören, wie jemand laut an die Dielentür pochte.

Leo schlich zurück in die Küche. Dort horchte er angestrengt auf die Geräusche im Hof und starrte dabei auf einen Fleck an der Tapete: Er war ganz alleine in dem alten Haus, vielleicht sollte er sich einfach still verhalten? Aber nein, das Licht in der Küche hatte einen hellen Schein nach draußen geworfen und ihn damit verraten. Würden gefährliche Leute vorher anklopfen? Schließlich nahm er Nudel am Halsband, nahm seinen Mut zusammen und ging mit ihr in die Diele hinaus.

„Wer ist da?", rief er durch die Tür, als Nudel gerade einmal beim Bellen Luft holte.

„Mein Name ist Holzmann, ich möchte zu Herrn Schenker", erklang eine Männerstimme von draußen.

„Herr Schenker ist nicht da!"

„Ich möchte nur etwas abgeben", tönte die Stimme durch die Tür hindurch, „ich habe hier einen Regulator, eine alte Pendeluhr, die ich nicht mehr brauche. Herr Schenker handelt doch mit solchen Sachen?"

„Ich kann Ihnen kein Geld dafür geben, das muss Herr Schenker selbst beurteilen", sagte Leo nun etwas beruhigter und zischte dabei Nudel an, damit sie endlich Ruhe geben sollte.

„Ach was, ich möchte dafür nichts haben. Ich bin froh, wenn die Uhr in gute Hände kommt", sagte die Männerstimme, „wo kann ich sie abstellen?"

Leo überlegte, was er jetzt tun sollte.

„Es wäre sicher gut, wenn sie im Trocknen stehen könnte", gab der Mann zu bedenken.

Leo öffnete eine Luke in der Dielentür und äugte vorsichtig heraus. Draußen stand ein älterer Mann mit Hut, der Leo betont freundlich anblickte und tatsächlich eine schöne alte Uhr in den Armen hielt. Leo steckte den Kopf heraus und sah sich im Hof um – sonst war niemand zu sehen.

„Eigentlich soll ich niemanden hereinlassen", sagte Leo.

„Das ist schon in Ordnung, dann muss ich sie doch hier draußen an die Wand stellen", sagte der Mann.

Leo betrachtete den unbekannten Mann mit der schönen Uhr, die geschlossene Schneedecke im Hof und den großen Hund neben sich.

„Einen Moment", sagte er dann entschlossen zu dem Fremden, „ich mache auf und dann können Sie die Uhr in der Diele abstellen."

Er schob den Riegel beiseite, öffnete und ließ den Mann eintreten. Leo hörte ihn leise ächzen, als er die Uhr auf dem Boden abstellte. Nudel hatte sich auch beruhigt und schnupperte an der Hose des Mannes.

„Du riechst unseren Hasso, nicht wahr?", sagte der Mann und tätschelte ihren Kopf. Dann wandte er sich Leo zu.

„Wir haben auch einen Hund und deiner riecht die Leckerchen, die ich immer in der Tasche habe. Darf ich ihm eins geben?"

Hannes hätte es wahrscheinlich nicht erlaubt, aber während Leo noch zögerte, hatte der Mann schon einen Hundekeks hervorgeholt und Nudel hingehalten, die ihn gierig herunterschlang.

„Darf ich noch kurz auf die Toilette?", fragte der Mann.

Leo nickte und zeigte ihm den Weg. Dann wartete er mit Nudel in der Küche, bis der fremde Mann wieder vom Klo zurück war. Der steckte den Kopf zur Küchentür herein und sah sich ausgiebig um, als ob er sich etwas einzuprägen versuchte.

„Schön habt ihr es hier", sagte er und ging zurück in die Diele.

Leo überkamen plötzlich Zweifel, irgendetwas stimmte nicht mit diesem Mann. Er begleitete ihn hinaus.

„Schönen Gruß auch unbekannterweise an Herrn Schenker", sagte der Mann zum Abschied und steckte Nudel noch einen Hundekeks zu. Dann stieg er in sein Auto und fuhr davon. Leo sah ihm nach. Das Auto war nicht aus Hamburg. Wahrscheinlich hatte der Mann wirklich nur eine alte Uhr abgeben wollen, und Leo sah schon wieder Gespenster. Er verriegelte die Dielentür und trug die Uhr in die warme Küche. Ob sie noch ging? Leo öffnete die hohe schlanke Glastür unter dem Zifferblatt, zog das blanke Gewicht nach oben und gab dem Pendel einen Schubs.

„Tick-tack-tick-tack-tick-tack", machte die Uhr sofort – Hannes würde sich freuen.

Am nächsten Morgen kam Leo schwer aus dem Bett, als ihn seine Mutter zum Frühstück rief; am Abend zuvor war es spät geworden, Hannes war erst gegen sieben zurückgekommen. Leo hatte ihm zuerst von dem fremden Mann mit der alten Pendeluhr berichtet, worauf sie dann gemeinsam das gute Stück in Augenschein genommen hatten. Die Uhr schien tatsächlich recht wertvoll zu sein. Allerdings fand auch Hannes es eigenartig, dass ein Fremder kein Geld dafür nehmen wollte. So etwas war ihm noch nie passiert, obwohl auch er sich nicht vorstellen konnte, was gefährlich daran sein sollte. Sicher, der fremde Mann hatte die Küche mit dem Holzhauser Adventskalender auf dem Tisch gesehen, aber was machte das schon?

Als Nächstes hatten sie noch einmal zusammen die Geschichte von den beiden unglücklichen Wüstenwanderern gelesen und sich Gedanken über die richtigen Zahlen gemacht. Sie waren bald übereingekommen, dass die heutigen Lösungen die *2* für die beiden Wanderer und die *8* sein müssten.

„Aber welche Zahl kommt auf welche Seite", hatte sich Hannes gefragt.

Dann waren sie darauf gekommen: Die acht langen Schattenbeine der Kamele tauchten natürlich am Abend rechts vom Reiter im Wüstensand auf, wenn er nach Norden ritt! Ihre Idee hatte sich als richtig heraus gestellt und das fünfzehnte Türchen war anstandslos aufgesprungen. Toll hatte das ausgesehen, wie mittlerweile ein großer Teil der Kalendertürchen offen stand und Leo war richtig stolz. Die Geschichte für den heutigen Tag hieß *Brief an einen Hellsichtigen,* stammte von einem *Leopold Fünfgeld* und schien anfangs wieder eine dieser Stecknadeln im Heuhaufen zu sein. Später zu Hause lag dann unverhofft ein Buch auf Leos Nachttisch, in dem schon ein Zettel mit der Aufschrift ‚*Lesen wir morgen gemeinsam – Gute Nacht*' an der richtigen Stelle steckte. Leo hatte ordentlich gestaunt, bevor sein Vater das Geheimnis lüftete: Während Leo mit Hannes' klapprigen Drahtesel auf dem Heimweg war, hatte er selbst mit Hannes telefoniert und daraufhin einen Band von diesem *Leopold Fünfgeld* aus einer verstaubten Ecke seines Bücherregals hervorzaubern können.

Der Frühstückstisch war festlich gedeckt, es gab für jeden ein Stück Christstollen, Butterhörnchen und ausnahmsweise Schokocreme. Auf dem Adventskranz durfte ab heute die dritte Kerze brennen, es duftete nach Tannennadeln – Weihnachten war nicht mehr weit.

Nach dem Frühstück suchte Leo seinen Notizzettel mit den Telefonnummern hervor. Vielleicht war dieser Hanjo Petersen endlich von seiner Reise zurück und Leo konnte von ihm das nächste Teilchen für sein Puzzle bekommen. Er wählte die Nummer und das Freizeichen tutete kurz darauf in sein Ohr.

„Der Mann ist immer noch unterwegs, stimmt's?", fragte ihn sein Vater, als Leo kurz darauf wieder ins Wohnzimmer kam.

„Nein", schmunzelte Leo, „der Anrufbeantworter hebt nicht mehr ab, er muss also zumindest zurück in Hamburg sein."

Am Nachmittag kam Arne. Er hatte schon die Stunden bis zu der Verabredung gezählt, denn er war unheimlich gespannt auf das, was Leo ihm über diese Leute in dem dunklen Audi erzählen würde. Er hatte hin und her überlegt, aber ihm war keine passende Erklärung eingefallen, warum erwachsene Leute aus Hamburg nach einem Schüler aus der sechsten Klasse fragten und um welches Ding es gehen könnte, das dieser Chef am Telefon niemals in Umlauf kommen lassen wollte. So wurde er ganz ungeduldig, als Leo ihm erst einen Saft anbot und ihm dann auch noch seinen Tischtenniskeller zeigen wollte.

„Lass uns doch in dein Zimmer gehen und erzähl mir erstmal, um was es eigentlich gestern Morgen bei dem Lauschangriff ging", quengelte er.

Leo willigte gerne ein. Bald saßen die beiden Jungen oben in Leos Zimmer zusammen, und Leo erzählte von seinem Freund Hannes und der Entdeckung des Holzhauser Adventskalenders, von dem geheimnisvollen Audikular, das angeblich hinter dem letzten Türchen verborgen war, und von den aufregenden Rätselgeschichten, die sie lösen mussten, um ein Türchen nach dem anderen öffnen zu können.

„Die Geschichte für das sechzehnte Türchen werden wir nachher lesen und untersuchen – wenn du magst, kannst du gerne dabei sein und miträtseln", versprach Leo.

Arnes Augen leuchteten.

„Das wäre klasse! Aber was ist denn nun mit diesen Leuten, die wir belauscht haben? Was spielen die für eine Rolle und um welches Ding geht es da?"

„Ich weiß es auch nicht", gab Leo zu, „aber ich muss es unbedingt herausfinden!"

Und dann berichtete Leo über die Leute, die sich plötzlich für Antiquitäten interessierten, über die beiden Autofahrer und ihrem albernen Vorwand, eine Tankstelle zu suchen, und er weihte Arne in die Vermutung von Pater Jakob ein, dass es im Grunde um das Audikular gehen könnte, das nach Meinung bisher unbekannter Leute niemals wiederentdeckt werden darf.

„Da bist du ja in ein tolles Abenteuer hineingeraten", sagte Arne bewundernd, nachdem Leo seinen Bericht beendet hatte.

Leo sah versonnen aus dem Fenster.

„Ja, das hätte ich mir auch nicht träumen lassen, als ich vor zwei Wochen zu Hannes fuhr, um mir seine goldene Sprungdeckeluhr anzuschauen", sagte er.

Die Stimme von Leos Mutter drang zu ihnen ins Zimmer.

„Kommt ihr beiden runter zum Kaffeetrinken?"

Als Arne mit Leo die Treppe herunter kam, schnupperte er das Gemisch von Kaffee, Weihnachtsplätzchen und Tannennadelduft, das er auch von Zuhause kannte, und er merkte, dass er sich bei den Winterfelds wohlfühlte.

Nachdem der Kaffeetisch wieder aufgehoben war, klopfte Herr Winterfeld die Kuchenkrümel von seiner Cordhose und nahm das alte Buch zur Hand.

„So Arne, jetzt wirst du also auch in den verschworenen Kreis der Geschichten-leser und Rätselrater aufgenommen", sagte er zwinkernd und schlug die Seite mit dem Lesezeichen auf, „weißt du schon, worauf du achten musst?"

Arne nickte stumm.

„Dann hört gut zu", sagte Herr Winterfeld, schlüpfte aus seinen weichen braunen Hausschuhen, legte die Beine hoch und las den Brief.

Brief an einen Hellsichtigen

Berlin am 15. Dezember anno 1835

*L*ieber Freund,
gestern erreichte mich Dein begeisterter Brief; ich freue mich mit Dir, dass vor einer Woche einer Deiner kühnsten Träume tatsächlich wahr geworden ist. Welche Genugtuung muss es sein zu beobachten, wie der Lauf der Geschichte nun nach vielen Jahren Deinen phantastischen Ideen folgt und uns anderen einen Denkzettel verpasst, die so oft über Dich gelächelt haben. Jetzt ist es an Dir zu lachen!

Ich erinnere mich noch genau an den Tag, als wir jungen Burschen einmal wie-der die schweren Getreidesäcke mit dem Handkarren zur Mühle bringen sollten. Ich zog vorne an der Deichsel und Du musstest hinten schieben. Am Aufstieg zur Anhöhe kurz vor dem Ziel mussten wir wieder tüchtig schwitzen und waren erschöpft, als wir endlich die Kuppe erreicht hatten. Wir ließen uns prustend ins Gras fallen und bemerkten erst zu spät, dass der Karren sich selbständig gemacht hatte und den Abhang ganz alleine wieder hinunterrollte. Schreiend liefen wir hin-ter ihm her, aber er war so schnell geworden, dass wir ihn erst einholten, als er schon im Graben lag. Zum Glück waren die Säcke heil geblieben, und so schnauf-ten wir den Hang erneut hinauf, während Dich der Gedanke nicht losließ, dass der schwere Wagen eben noch ganz von alleine gerollt war.

‚Wieso sollte es nicht gelingen, schiebende oder ziehende Kräfte dem Wagen selbst einzupflanzen, sodass er auch in der Ebene oder sogar bergauf von alleine fährt?', höre ich Dich noch heute fragen und ich weiß, dass ich diesen Gedanken für völlig abwegig hielt. Wie sollte das gehen, ein Wagen, der den Berg hinauf rollt, ohne dass er gezogen oder geschoben würde? Aber Du warst beseelt von dieser Idee, sprachst ununterbrochen von Kräften und Druckleitungen, bis ich Dich ärgerlich ermahnte, endlich mit dieser Spinnerei aufzuhören.

Nun ist Deine Vision eingetreten: Eine Lokomotive rollt wie von Geisterhand durch das Land und kann sogar noch andere Wagen ziehen. Wie schön für Dich, dass Du auf einem dieser Anhänger sitzen durftest.

Eine ähnliche Begebenheit kommt mir wieder in den Sinn. Weißt Du noch, als wir nach dieser langen Wanderung durch Eis und Schnee das einsame Sommerhaus Deiner Großeltern erreichten? Wir froren erbärmlich, waren hungrig und hätten uns so gerne an einen gedeckten Tisch gesetzt, um anschließend ein warmes Bad zu nehmen. Aber das Haus war völlig ausgekühlt, und wir mussten zuerst ausgiebig Holz spalten, mussten im Dunkeln nach Kerzen und Zündhölzern suchen, mussten danach mühselig mit klammen Fingern ein Feuer im Herd und im Ofen entzünden, mussten Eis im Brunnen zerschlagen, um dann nach Stunden bei schummrigem Kerzenlicht eine lauwarme Mahlzeit und etwas Wohnlichkeit zu haben.

Auch dieses Mal gabst Du Dich nicht zufrieden. Wieso man Licht und Wärme nicht auf Vorrat halten und bei Bedarf einfach nutzen könne, wolltest Du wissen. Es müsse dem Menschen doch möglich sein, sobald er müde, hungrig und verfroren in ein Haus käme, einfach einen Hebel oder etwas Derartiges zu betätigen und damit eine Energie zu entfesseln, die die Zimmer hell und warm macht. Du sprachst von einem Herd, der heiß ist, wenn man kochen möchte und von Wasser, das in beliebiger Menge und Temperatur zur Verfügung steht, wie eine Quelle in der Wand, die niemals versiegt.

‚Lieber Freund', habe ich damals gesagt, ‚das klingt nach Hexerei. Hast Du denn den *Zauberlehrling* des Dichters Goethe nicht gelesen oder verstanden?'

Aber Du wolltest von Zauberei nichts wissen und beharrtest darauf, dass nur der menschliche Verstand noch nicht so weit sei, um diese Vorrichtungen erfinden zu können. Dein reger Geist und Deine Vorstellungskraft ließen die Träume über zukünftige Errungenschaften der Menschheit oft abheben und in die kühnsten Höhen aufsteigen wie die Schwalben, deren Flug wir einmal gemeinsam im Herbst beobachteten.

Während ich Schönheit und Eleganz des Fluges bewunderte, versuchtest Du, den Vögeln das Geheimnis ihrer Kunst zu entreißen. Du hattest beobachtet, wie die Schwalben streckenweise segelten, ohne mit den Flügeln zu schlagen.

‚Sie können auch *nur* aufgrund ihrer Gestalt durch die Luft fliegen', riefst Du aufgeregt aus und fügtest hinzu, ‚wir Menschen brauchen also nur das Wesen der Flügel verstehen lernen, um mit einem Fluggerät selbst durch den Himmel zu gleiten.'

Das war wieder typisch für Dich, und ich empfand damals dieses Eindringen in den Himmel als Gotteslästerung. Der biblische Auftrag an uns Menschen lautet, sich die *Erde* untertan zu machen – war es da nicht anmaßend, wenn wir nun auch den Vögeln ihren Raum streitig machen wollten?

Das klingt jetzt so, als hätte ich mich immer gegen Dich gestellt, wenn Du ins Schwärmen kamst. Aber denke nur an unseren Besuch des Weihnachtsoratoriums, das damals nach längerer Unterbrechung wieder zur Adventszeit in unserem Dom aufgeführt wurde. Wir hatten uns lange darauf gefreut und als es endlich soweit war, verging die Zeit wie im Fluge und schon waren die letzten Töne der sechsten Kantate verklungen. Beseelt von der herrlichen Musik standen wir draußen im Schneetreiben in der Gewissheit, dass wir nun wieder mindestens ein Jahr warten müssten, bis wir dieser einmaligen Komposition erneut würden lauschen können.

‚Wie schön wäre es doch, wenn man die Klänge und Töne konservieren könnte, sodass man sie hören kann, so oft man will', sagtest Du damals wehmütig, als wir uns die Hand zum Abschied reichten.

‚Wie stellst Du Dir das vor?', fragte ich begeistert von dieser Idee, ‚soll man etwa die Töne einkochen wie ein Kompott?'

Du lächeltest versonnen vor Dich hin und sagtest dann: ‚Ja, so in etwa müsste es sein. Immer wenn man den Wunsch verspürt, eine schöne Musik zu hören, holt man sich ein Einmachglas voller Töne aus einer Vorratskammer, lüftet den Deckel und nascht ein wenig davon.'

Ein unglaublicher Gedanke, ähnlich dem, den Du mir in einem Weihnachtsbrief mitteiltest, nachdem Du Berlin verlassen hattest und wir die Feiertage das erste Mal nicht gemeinsam verbringen konnten. Wir waren nicht gewohnt, wochenlang auf eine Antwort des anderen zu warten, sondern miteinander zu sprechen, und so hatte Dein nimmermüder Geist längst über eine Lösung nachgedacht. Es sollte doch – so schriebst Du mir – eine Möglichkeit geben, auch das gesprochene Wort auf einen Briefbogen zu schreiben und diesen Brief dann mit Schallgeschwindigkeit zuzustellen, sodass auch ein Gespräch über größere Entfernung möglich würde. In der Tat wäre es ein großes Glück, wenn ich jetzt direkt zu Dir sprechen könnte. Aber alle diese Gedanken und Ideen sind so phantastisch, dass sie wohl niemals Wirklichkeit werden können.

Oder doch?

Vielleicht werden wir Menschen tatsächlich in der Zukunft in kleine Kästchen sprechen, und dann unmittelbar danach die Antwort des fernen Freundes hören, vielleicht werden wir irgendwann mit Flugkörpern durch den Himmel bis zu den Sternen fliegen und unsere Wunschmusik zu jeder Zeit an allen Orten hören können. Vielleicht wird die Zeit kommen, in der wir auf Knopfdruck genug Licht erzeugen können, um die Nacht zum Tage zu machen, in der Maschinen unsere Häuser bauen, sie beheizen und uns von aller unangenehmen Arbeit befreien, sodass wir uns ausschließlich um unser Glück, unsere Mitmenschen und um gute Taten in der Welt kümmern können.

Das klingt nach einem Paradies, aber würden diese Maschinen sich dann mit ihrer niederen Arbeit begnügen, würden sie nicht plötzlich auch Musik komponieren, Gedichte schreiben und unsere Kinder erziehen wollen?

Das erscheint mir als entsetzliche Vorstellung, als erneuter Sündenfall, und vielleicht sollten wir daher besser die bescheidenen Dinge zu schätzen lernen, wenn beispielsweise des Morgens der Postillion bei uns klopft und uns den Brief eines Freundes überreicht, den wir dann mit Genuss lesen können.

Herzliche Grüße und ein frohes Weihnachtsfest
Dein Freund und Weggefährte
Leopold

Es begann schon dämmrig zu werden, als Herr Winterfeld das Buch zur Seite legte. Arne stand auf.

„Ich bin spät dran, aber ich werde meine Eltern fragen, ob ich gegen sieben Uhr zum Öffnen des Türchens kommen darf."

„Ruf doch schnell an, zum Glück besitzen wir mittlerweile kleine Kästchen zum Hineinsprechen", grinste Leo, aber Arne war in Eile und wollte los. Er verabschiedete sich und Leo brachte ihn zur Haustür. Arne sah Leo an.

„Danke", sagte er nur.

Da wusste Leo, dass es richtig gewesen war, Arne ins Vertrauen zu ziehen.

„Ich würde mich freuen, wenn du nachher kommst", sagte er und es überkam ihn dabei das Gefühl, dass gerade eine gute Freundschaft begonnen hatte.

Als Leo auf dem Weg zurück ins Wohnzimmer war, klingelte das Telefon und Leo nahm gleich ab. Hannes war dran.

„Leo, kannst du schon früher zu mir kommen und Wache schieben, ich muss schnell mit Nudel in die Tierklinik."

Leo erschrak.

„Was ist denn passiert, hat sie jemand angefahren?"

„Nein, kein Unfall, ich weiß es auch nicht", sagte Hannes, und Leo konnte Angst in der Stimme seines Freundes hören, „aber sie liegt nur auf ihrer Decke, will nicht raus und ihre Nase fühlt sich heiß und trocken an. Vorhin hat sie sogar erbrochen, vielleicht hat sie etwas Falsches gefressen, aber ich wüsste nicht was."

„Die Hundekekse!", fiel Leo sofort ein.

„Was für Hundekekse?", wollte Hannes wissen.

„Der ältere Mann gestern, der mit der Pendeluhr, der hat Nudel einfach Kekse aus seiner Hosentasche gegeben, ohne dass ich etwas dagegen unternehmen konnte."

Am anderen Ende der Leitung war es einen Moment still.

„Das wird es sein, Leo", sagte Hannes grimmig, „die Uhr war nur ein Vorwand, hierher zu kommen und dich zu überrumpeln. Die wollten Nudel ausschalten und haben sie vergiftet. Ich muss sofort los in die Notfallklinik. Ich lege den Hausschlüssel draußen in das Versteck. Sieh zu, dass du schnell kommst, und bring vielleicht deinen Vater mit."

n der Küche des alten Fachwerkhauses wurde kaum ein Wort gesprochen. Leo rutschte nervös auf seinem Stuhl herum, und sein Blick wanderte ständig von der Küchenuhr nach draußen in die Dunkelheit hinaus und wieder zurück.

„Nudel wird bestimmt wieder gesund", sagte Leos Vater in die Stille hinein, „in der Klinik werden sie ihr den Magen auspumpen oder Medikamente geben. Sie ist jung und kräftig, sie schafft das."

Leo dachte an die kleine Clara, die ihrem Papagei Kolumbus nicht hatte helfen können. Nicht auszudenken, wenn Nudel etwas zustoßen würde! Leo war heilfroh, dass es Tierärzte gab, hoffentlich wussten sie Rat.

„Ich hätte nie gedacht, dass diese Leute so gemein sind", sagte er kopfschüttelnd, „was kann so Wichtiges dahinter stecken?"

Leo hatte seinen Vater sofort nach Hannes' Anruf gebeten, mit ihm zum Advents-kalender zu fahren, und ihm im Auto alles berichtet. Auf der Landstraße waren sie Hannes in seinem Lastwagen begegnet, hatten sich zugewunken und den beiden fest die Daumen gedrückt. So war der Hof nur wenige Minuten unbewacht geblieben.

„Ich werde sofort die Polizei verständigen, sobald wieder fremde Leute hier auf-tauchen", sagte Herr Winterfeld erbost, und seine sonst eher leise Stimme hatte einen energischen Unterton bekommen.

Wieder war es längere Zeit still.

„Da hinten nähert sich ein Licht", sagte Leo plötzlich, als er wieder einmal aus dem Fenster sah, „aber Hannes ist es nicht, die blassen Lichter von seinem alten Laster würde ich erkennen."

Herr Winterfeld stand auf und spähte ebenfalls durch das Küchenfenster.

„Ja, aber eben nur *ein* Licht", brummte er.

„Vielleicht ist es jemand mit einer Taschenlampe?", meinte Leo.

Sie beobachteten, wie das flackernde Licht stetig näher kam.

„Die haben Hannes bestimmt wegfahren sehen – was machen wir jetzt?", flüsterte Leo.

Schließlich blieb das Licht an der Hofeinfahrt stehen. Im schwachen Lichtschein der Hofbeleuchtung konnten sie jetzt undeutlich einen vermummten Fahrradfahrer erkennen, der sich umblickte. Wer konnte das sein und kamen da noch mehr? Leos Blick suchte das Telefon – war es vielleicht schon tot? Ein komischer Gedanke war ihm durch den Kopf geschossen: Wurde dieses einsame Haus vielleicht noch durch Überlandleitungen mit der Außenwelt verbunden? Leo dachte an alte Filme, in denen Bösewichte mit Kneifzangen die Telegrafenmasten emporgeklettert waren und alle Telefondrähte gekappt hatten. Doch da fuhr der Radfahrer in den Hof und zog dabei die Kapuze vom Kopf.

„Ach, das ist ja Arne!", rief Leo erleichtert.

Er lief hinaus und war bald mit seinem neuen Freund zurück in der Küche. Arne staunte nicht schlecht, als er das bunte Metallschränkchen auf dem Küchentisch stehen sah. Er pfiff durch die Zähne, ging näher und fuhr mit dem Finger über das Relief der Bücherklappen und über die leicht gewellte Oberfläche mit den emaillierten Wörtern und Noten. Er öffnete einige der Klappen und versuchte die Schrift an deren Innenseiten zu lesen. Als er eines der blanken Stellräder anfasste, pfiff Leo ihn sofort zurück.

„Halt, nicht verdrehen, sonst müssen wir womöglich ein ganzes Jahr warten, bis wir weitermachen können!"

Arne schreckte zurück.

„Schuldigung", nuschelte er und zog erstmal seine Jacke aus.

„Ist dein Freund Hannes nicht da?", fragte er dann, nachdem er sich auf die Küchenbank gesetzt hatte.

Leo erzählte ihm, was vorgefallen war, und augenblicklich bekamen die Winterfelds Unterstützung beim Daumendrücken für Nudels Genesung.

Es dauerte noch über eine halbe Stunde, bis sie endlich Hannes' Laster in den Hof rattern hörten. Leo sprang auf und rannte hinaus.

„Und – was ist?", rief er schon von Weitem, als er Hannes aus dem Führerhaus klettern sah. Hannes sagte nichts und legte dem heranstürmenden Leo seinen Arm um die Schulter, aber er wirkte gelöst.

„Das war gerade noch rechtzeitig, wir haben Glück gehabt", sagte er erleichtert, „in ein paar Tagen ist Nudel wieder fit. Sie hatte tatsächlich Vergiftungserscheinungen, aber die Ärzte konnten alles verbliebene Gift aus dem Magen absaugen. Jetzt hat sie Medikamente bekommen und liegt noch etwas betäubt im Fußraum. Es wird Zeit, dass wir dem Spuk ein Ende bereiten und diese miesen Kerle zu fassen kriegen."

Und Leo sah, wie Hannes die Fäuste ballte.

166

„Aber bevor wir reingehen, möchte ich noch etwas mit euch hier draußen bespre-chen", fuhr er in einem anderen Ton fort, „kannst du deinen Vater holen? Sag ihm einfach, ich wollte ihm hier draußen was zeigen."

„Mein Freund Arne ist auch hier", sagte Leo, „...er ist okay", fügte er hinzu, als er Hannes' fragenden Blick sah.

„Dann soll er auch mit rauskommen. Aber sei ganz normal."

„Was hast du, Hannes? Natürlich bin ich normal. Ist etwas nicht in Ordnung?"

„Schon gut. Ich wollte nur nicht, dass du da drinnen geheimnisvoll tust. Hol sie einfach her", sagte Hannes mit einem verschwörerischen Unterton.

Zwei Minuten später standen die beiden anderen auch draußen neben dem Last-wagen. Hannes begrüßte Herrn Winterfeld und Arne, dann wurde seine Stimme leiser.

„Ich habe über den Mann und die Pendeluhr nachgedacht, als ich vorhin im Warte-zimmer saß. Wozu überlässt uns der Kerl eine so große wertvolle Uhr, wenn er nur den Hund vergiften will? Er hätte auch ein paar Kleinigkeiten abgeben können oder nur etwas fragen."

„Er wollte ins Haus", überlegte Leo, „Kleinigkeiten hätte man durch die Luke reichen können."

„Das mag sein", gab Hannes zu, „aber es kann auch sein, dass sie vorher in den Uhrenkasten etwas eingebaut haben, um uns auszuspionieren. Vielleicht ein winziges Mikrofon mit einem Sender. Die Uhr steht in der Küche und die Gauner können jetzt genau hören, was wir reden, wissen immer genau Bescheid, was wir machen und wann niemand zu Hause ist."

„Und darum wolltest du uns hier draußen sprechen", folgerte Leo.

„Richtig. Wir gehen jetzt ins Haus zurück und reden unverfänglich über den Hund oder das Wetter. Dann werde ich mich unter irgendeinem Vorwand an der Uhr zu schaffen machen und werde dabei untersuchen, ob wir tatsächlich verwanzt sind. Ihr dürft euch währenddessen aber nichts anmerken lassen."

Alle nickten und Arnes Wangen glühten vor Aufregung.

In der Küche erzählte Hannes von der Tierklinik, von dem netten Tierarzt und der teuren Behandlung.

„Da bin ich das viele schöne Geld gleich wieder los, das ich mit dem Regulator verdienen wollte. Hoffentlich ist wenigstens noch das ursprüngliche Uhrwerk drin und wurde nicht gegen ein elektrisches ausgetauscht", sagte er, während er einen kleinen Handspiegel und die Taschenlampe aus einer Schublade holte.

„Ich schaue am besten gleich nach!"

Damit ging er zur Uhr, öffnete die Glastür vor dem Pendel, leuchtete hinein und schaute über den Spiegel in alle Ecken. Plötzlich grinste er und sagte:

„Soweit ich sehen kann, ist tatsächlich noch das originale Uhrwerk eingebaut", und dabei winkte er die anderen herbei und hielt einen Finger vor die Lippen. Die Drei kamen wortlos näher und Hannes deutete auf den Spiegel. An der Rückseite der Vorderfront konnte man an den unteren Leisten ein paar bunte Drähte und einige silbrige elektronische Bauteile erkennen. Also doch!

„Ich werde sie im neuen Jahr auf einen Trödelmarkt mitnehmen, so kurz vor Weihnachten haben die Leute meistens kein Geld mehr", beschloss Hannes, „und jetzt könnt ihr mir helfen, Nudel herein zu bringen. Einer hilft mir tragen und der andere hält die Türen auf. Kommt mit!"

Damit ging er wieder hinaus und winkte den anderen mitzukommen.

„Warum hast du gesagt, dass du die Uhr erst nächstes Jahr verkaufen willst? Wir müssen diesen Sender doch so schnell wie möglich loswerden", wollte Leo wissen, als sie wieder im Hof standen.

Hannes schüttelte den Kopf.

„Wir lassen die Uhr einfach in der Küche stehen, dann haben wir die Lauscher in der Hand", sagte er listig, „so können wir denen irgendein Theater vorspielen, und die werden uns alles glauben. Jetzt führen wir die so lange an der Nase herum, bis wir sie haben. Versteht ihr?"

Die Gesichter der Jungen hellten sich schlagartig auf; das war wirklich eine tolle Chance, vom Gejagten zum Jäger zu werden.

„Aber wir müssen jetzt in der Nähe der Uhr ständig auf der Hut sein, was wir sagen", warnte Hannes eindringlich, „alles, was nicht für deren Ohren bestimmt ist, schreiben wir auf Zettel. Wenn wir ihnen etwas vorspielen wollen, besprechen wir das vorher draußen, in einem anderen Zimmer oder am besten bei Leo zu Hause."

„Können wir denn jetzt überhaupt noch im Haus über die Lösungen aus den Geschichten sprechen und darüber, wie die Türchen aufgehen?", fragte Arne.

„Ich finde, wir sollten in Reichweite des Mikrofons so wenig wie möglich über Einzelheiten sprechen", meinte Leos Vater, „weder über die Geschichten, noch über die Lösungen."

Hannes nickte zustimmend.

„Genau! Die dürfen nicht wissen, was wir tun und wie weit wir gekommen sind. Aber wenn wir gerade bei dem Thema sind: Haben wir denn die Lösungszahlen für das sechzehnte Türchen? Die Zeit müsste bald um sein."

Leo sah Arne forschend an.

„Welche Zahlenkombination würdest du denn einstellen?", fragte er ihn.

Arne blickte ein wenig verlegen von einem zum anderen. Er kam sich wie ein Schulanfänger vor, der gleich am ersten Schultag einigen Schülern der höheren Klassen die Bruchrechnung erklären soll.

„Auf jeden Fall wird an einem der Stellräder eine *6* eingestellt werden müssen wegen der letzten Kantate des Weihnachtsoratoriums. Ob rechts oder links weiß ich allerdings nicht."

Leo stimmte zu.

„Das glaube ich auch, und ich denke, dass die *6* nach rechts gehört, weil sich die Männer danach die Hand gaben, und das ist gewöhnlich die rechte."

Arne nickte anerkennend.

„Und was müssen wir dann links einstellen?", fragte er.

„Da bin ich mir nicht sicher. Eventuell stimmt links die *7* als Anzahl der Wochentage. Aber vielleicht ist auch eine *8* richtig, denn der Adler fuhr das erste Mal am 8. Dezember 1835 von Nürnberg nach Fürth, genau diese Woche vor dem 15. Dezember."

„Und warum dann nicht die *15?*", wollte Hannes wissen.

Leo grübelte.

„Ja, dieses Mal ist es wirklich schwer", gab er zu, „aber bei der allererersten Geschichte mit der Schwalbe war auch die *14* richtig, nachdem es ,*eine Woche vor Frühlingsanfang*' hieß. Demnach müsste es jetzt die *8* sein."

„Das stimmt. Dann lasst uns jetzt reingehen, Leo stellt die Zahlen ein, und wenn das Türchen aufgeht, lese ich die nächste Geschichte ab und schreibe sie auf einen Zettel. Aber vergesst nicht, irgendwas zu reden, damit die Lauscher keinen Verdacht schöpfen."

Damit nahm Hannes vorsichtig seinen noch benommenen Hund hoch und trug ihn ins Haus, während die beiden Jungen vorausliefen und die Türen aufhielten. In der Küche legte Hannes Nudel auf ihre Decke, während Leo schwatzend die verabredeten Zahlen einstellte und am Tagesrad zog. Nach kurzem Rumoren sprang das Türchen auf. Arne vergaß vor Aufregung ganz, auf Leos beiläufige Fragen nach den Hausaufgaben zu antworten, weil er wie gebannt auf das Schränkchen starrte, hinter dessen sechzehntem Türchen es ihnen gelb entgegen leuchtete. Hannes beugte sich zu dem Türchen hinunter, dann kritzelte er etwas auf einen Zettel und schob ihn den anderen hin.

,*Der falsche Zauber von Otto Schwarzkamp*' stand darauf.

„Einen Schriftsteller mit Namen *Otto Schwarzkamp* kenne ich, und...", aber da fuhren schon drei Zeigefinger an die Lippen, sodass Herr Winterfeld sofort schuldbewusst die zweite Hälfte seines Satzes hinunterschluckte.

Nachdem Leo am Montagnachmittag aus der Schule zurück war und gegessen hatte, wählte er gespannt die Nummer des immer noch rätselhaften Hanjo Petersen. Das Freizeichen tutete lange im Hörer, bis Leo wieder auflegte. Der Mann war wie vom Erdboden verschluckt. Aber vielleicht würden sie seine Auskünfte gar nicht mehr brauchen, vielleicht würden sie über die vorgetäuschten Eulenspiegeleien in Hannes' Küche diese unbekannten Eindringlinge dazu bringen, sich selbst zu entlarven.

Als Leo später in seinem Zimmer über den Hausaufgaben saß, hörte er seine Mutter von unten rufen:

„Leo, Telefon für dich, Frau Dr. Heinrich vom Uhrenmuseum ist dran."

Leo lief die Treppe herunter und nahm den Hörer.

„Hallo Frau Heinrich, Sie wollen sicher wissen, wie es mit dem Holzhauser Kalender weitergegangen ist?"

„Hallo Leo, ja richtig, das interessiert mich sehr. Wie weit seid ihr denn mit den Türchen gekommen?"

„Wir haben bis heute jede Geschichte gefunden und jedes Türchen öffnen können", sagte Leo stolz, „nachher werden wir schon die Geschichte für das 17. Türchen hören."

Dann erzählte Leo der Leiterin des Uhrenmuseums, auf welche manchmal abenteuerliche Weise sie die Geschichten besorgt hatten und wie das Öffnen der Türchen genau vonstatten geht. Von den Leuten aus Hamburg sagte er nichts.

„Warum hat eigentlich die Blende hinter jedem Türchen eine andere Farbe?", schloss Leo seinen Bericht mit einer Frage.

„Ich weiß es nicht", sagte Frau Heinrich nach kurzem Überlegen", aber wir werden es sicher herausfinden können. Sag mal Leo, habt ihr euch schon überlegt, was nach Weihnachten mit dem wertvollen Schränkchen geschehen soll? Wir würden es gerne hier im Museum haben und ausstellen, natürlich als Leihgabe."

Leo dachte an den ständigen Wachdienst und daran, dass das Schränkchen im Museum bestimmt sicherer wäre. Aber bis zum Öffnen des letzten Türchens würden sie den Adventskalender schon selbst bewachen können.

„Das kann ich mir gut vorstellen und werde mit meinem Freund Hannes darüber reden", sagte er.

Gegen fünf Uhr hatten Leo und Arne sich bei Hannes verabredet. Leo fuhr schon etwas früher hin, damit Hannes noch zum Einkaufen fahren konnte, ohne dass der Adventskalender unbewacht blieb. Leos Vater besaß tatsächlich ein Buch mit Texten von *Otto Schwarzkamp,* und so hatte Leo jetzt genügend Zeit, die neue Geschichte schon einmal zu lesen, bevor die anderen beiden dazukamen.

Zehn Minuten vor der Zeit traf Arne ein und kurz darauf auch Hannes, der aus dem Hofladen in der Nachbarschaft obendrein ein Netz Orangen mitgebracht hatte. Er stellte das Radio an, während er seinen Einkauf auspackte.

„Lasst uns nach hinten ins Kaminzimmer gehen, ich habe vorhin den Kachelofen angeheizt", sagte er wie nebenbei, nahm ein paar Orangen mit und ging hinüber, Leo und Arne folgten mit dem Buch. Hannes setzte sich auf sein altes Sofa, begann zu schälen und grinste dabei.

„Während die da draußen Radio hören, würde ich bei dieser langweiligen Arbeit hier zu gerne eine Geschichte hören", sagte er. Leo drehte sich auf der Ofenbank zum Licht, vergewisserte sich, dass alle zuhörten, klappte das Buch auf und begann zu lesen:

Der falsche Zauber

Es hatte sich wie ein Lauffeuer in dem kleinen Städtchen herumgesprochen: Der Mann mit dem großen spitzen Hut, der seit einigen Tagen im Postgasthaus wohnte, war tatsächlich ein Zauberer. Erst wenige Bewohner hatten ihn leibhaftig gesehen. Einmal hatte er im Krämerladen am Marktplatz etwas eingekauft, und anschließend wusste der Krämer zu berichten, dass auf seiner Schulter ein Rabe gesessen hatte. Der seltsame Mann habe einige Kräuter und Gewürze gekauft, aber ansonsten habe man sich ganz normal mit ihm unterhalten können. Eigentlich wäre der Zauberer sogar recht freundlich gewesen und hätte alles ordentlich bezahlt.

Ein anderer hatte den Zauberer auf der Straße gesehen, als der versonnen spazieren gegangen war und etwas Unverständliches vor sich hingebrabbelt hatte. Er hätte einen langen blauen Mantel getragen und wäre in seiner Versunkenheit fast vor ein Pferdefuhrwerk gelaufen.

„Was will er in unserer Stadt?", fragten sich die Leute. Andere rätselten, ob er vielleicht eine öffentliche Zaubervorstellung geben würde; das wäre großartig, das hatte man hier noch nie gehabt.

„Wir werden den Wirt drängen, seinen Gast auszuhorchen", schlug ein Ratsherr vor, und die umherstehenden Bürger nickten zustimmend.

So setzte sich der Wirt des Abends zögerlich an den Tisch des Zauberers, der gerade genüsslich einen Bratapfel in der Wirtsstube verspeiste, und räusperte sich verlegen:

„Meister, man sagt, Ihr wäret ein großer Magier?"

Der Zauberer sah dem Wirt ins Gesicht und lächelte.

„So, sagt man das. Aber Ihr habt doch sicher ein Anliegen, wenn ich sogleich diese allgemeine Einschätzung bestätigen sollte."

Der Wirt fühlte sich ertappt und bekam einen roten Kopf. Eigentlich hatte er den Fremden zuerst in ein Gespräch verwickeln wollen, um etwas über dessen Absichten zu erfahren, aber nun hatte der gleich der Unterhaltung eine andere Wendung gegeben. Es dauerte einen Moment, bis der Wirt die richtigen Worte fand.

„Es ist so: Der Bürgermeister – und die ganze Bürgerschaft natürlich auch – würden es ganz außerordentlich begrüßen, wenn Ihr dieser Stadt einmal eine Probe Eures Könnens geben könntet. Ein solch bedeutender Mann wie Ihr verirrt sich selten in diese Gegend, und da wollten wir Euch untertänigst bitten, jetzt in der vorweihnachtlichen Zeit eine Vorstellung auf unserem Marktplatz zu geben."

Jetzt war es raus und der Wirt lehnte sich erleichtert zurück. Der Zauberer strich sich nachdenklich seinen langen Bart und sprach längere Zeit keinen Ton.

„Er wird sich nicht darauf einlassen", dachte der Wirt schon kleinmütig, als der Zauberer plötzlich aufsah und sagte:

„Gut - ich will für euch auf dem Weihnachtsmarkt zaubern, ich will euch eine Vorstellung geben, wie sie dieses Städtchen noch nie erlebt hat, aber ich habe eine Bedingung: Ich habe hier viele Bettler gesehen, arme Krüppel und verwahrloste Kinder. Auch sie sollen ein frohes Weihnachtsfest haben und so soll der zehnte Teil von allem, was ich *auf* die Bühne zaubern werde, den Armen dieses Ortes gehören. Geht und besprecht diese Abmachung mit euren Bürgern und Ratsherren. Wenn ihr einverstanden seid, so soll der Bürgermeister mir dieses mit Brief und Siegel bestätigen."

Der Wirt war froh, nicht abgewiesen worden zu sein, und machte sich am nächsten Morgen auf den Weg zum Rathaus, um dem Bürgermeister diese frohe Kunde zu überbringen. Der Bürgermeister klopfte dann auch dem Wirt anerkennend auf die Schulter, als dieser ihm von seiner schwierigen aber erfolgreichen Verhandlung berichtete.

„Gut gemacht, mein lieber Wirt. Diese Vorstellung wird ein großes Ereignis zum Ausklang des Jahres werden, und ich will es mir nicht nehmen lassen, dieses in einer Ansprache an die Bürger gebührend zu würdigen."

Der Wirt wollte ungern die Begeisterung des Bürgermeisters trüben und druckste herum:

„Eine Kleinigkeit vergaß ich noch zu erwähnen, hoher Herr, der Zauberer hat noch einen Wunsch geäußert. Er möchte den zehnten Teil der Dinge, die er auf seine Bühne zaubert, an die Armen dieser Stadt verteilen."

Der Bürgermeister stutzte.

„Wie meint er das? Um welche Dinge geht es ihm?"

„Das hat er nicht genau gesagt", antwortete der Wirt schnell und versuchte seiner Stimme einen gleichgültigen Unterton zu geben, „er will von Euch nur ein Pergament mit der Bestätigung, dass er das darf. Vermutlich meint er die Kaninchen als Festtagsschmaus, die er wahrscheinlich aus seinem Hut holt, oder er wird Äpfel, Nüsse oder Weihnachtsgebäck herbeizaubern."

„So wird es sein", sagte der Bürgermeister erleichtert, „er ist ein guter Mann und wir sollten seinen Wohltaten nicht im Wege stehen. Ich werde diesem Wunsch entsprechen und Euch, lieber Wirt, dieses Dokument gleich mitgeben."

So kam es, dass sich am dritten Adventssonntag das ganze Städtchen auf dem Marktplatz versammelte. Auf der einen Seite des Platzes war eine kleine Bühne mit einem Tisch aufgebaut, auf dem ein Holzkästchen stand. Sogar ein dunkler Vorhang war angebracht worden, hinter dem es geheimnisvoll raschelte. Manchmal bewegte er sich auch etwas, und dann ging jedes Mal ein Raunen durch die Menge, denn alle dachten, dass es nun gleich losgehen würde.

Als der Platz sich ausreichend gefüllt hatte, trat der Bürgermeister auf die Bühne, begrüßte die Bürger, berichtete erst von seinen Erfolgen im vergangenen Jahr, dann von seiner Einladung an den fremden Zaubermeister und wünschte zum Schluss allen eine gute Unterhaltung.

Nachdem die Dämmerung hereingebrochen war, öffnete sich der Vorhang und der Zauberer trat auf die Bühne hinaus. Die Menge klatschte begeistert, aber schon schwang der Magier seinen Zauberstab und erzeugte damit eine Wolke voller kleiner Glitzersterne, die auf die Kinder in den vorderen Reihen herunterrieselten. Er trug wieder seinen spitzen Hut, aber heute hatte er einen blau und grün schimmernden Mantel an, der bis zum Boden reichte und auf dem Sterne, Kreise und andere geometrische Figuren glitzerten.

Er hob den Zauberstab und bat um Aufmerksamkeit. Als sein Publikum ruhig geworden war, bedankte sich der Zauberer für das zahlreiche Erscheinen, den freundlichen Empfang und die noble Geste des Städtchens, den zehnten Teil der herbeigezauberten Dinge den Armen zu geben. Bei diesen Worten ging wieder ein Raunen durch die Menge. Einige der Zuschauer fragten, worum es dabei ginge, aber ihre Nachbarn wussten von dem amtlichen Aushang am Rathaus zu den Wünschen des Zauberers zu berichten. Nun waren alle beruhigt und konnten in den Applaus der anderen mit einstimmen, die lautstark die mildtätige Absicht des Zauberers beklatschten.

Nun begann ein Zauberspektakel, wie es die Leute in der Tat noch nie gesehen hatten. Der Magier ließ Tannenzweige an seinem Hut wachsen und seinen Raben in einer Manteltasche verschwinden, er zauberte helle Leuchtpunkte in die Luft und einen grünlichen Nebel auf die Bühne, der die Form eines Tannenbaums hatte. Er griff in die Luft, und hielt plötzlich einen Blumenstrauß in der Hand, ließ weiße Mäuse aus einem Buch springen, in dem er vorher geblättert hatte und eine Kerze aufleuchten, die weit von ihm entfernt stand. Ab und zu holte er sich Leute aus dem Publikum auf die Bühne, aus deren Taschen und Ärmeln er plötzlich allerlei lustige Gegenstände wie Lebkuchenmänner oder ein zu einer Figur geknotetes Schnupftuch hervorzog. Er ging auch durch die Reihen der Zuschauer, vertauschte im Handumdrehen die Hüte auf ihren Köpfen oder überreichte den verblüfften Leuten ihren eigenen Zwicker, den sie tief in ihrer Westentasche wähnten.

Zum Schluss der Vorstellung ließ der Zauberer ein gleißendes Feuerwerk abbrennen, und verneigte sich dann tief vor seinem Publikum. Als der Applaus verebbt war, ging er zu dem Holzkasten auf dem Tisch und bat wieder um Ruhe.

„Verehrtes Publikum, nachdem wir jetzt eine gute Zeit miteinander verbracht haben, wollen wir jetzt den zehnten Teil des Geldes ermitteln, das ich hier in das Kästchen links von mir gezaubert habe und das den Armen zugedacht ist. Hierzu bitte ich den Herrn Bürgermeister zu mir auf die Bühne zu kommen."

Der Bürgermeister trat geschmeichelt neben den Zauberer hin; nun war es sogar an ihm, diese Wohltat in aller Öffentlichkeit zu verkünden. Der Zaubermeister lüftete den Deckel des Kästchens und fuhr fort:

„In diesem Kasten befinden sich viele Geldbeutel, die Ihnen – verehrtes Publikum – gehören, und die ich im Laufe der Vorstellung dorthin gezaubert habe. Ich bitte nun Ihren Bürgermeister, einen Geldbeutel nach dem anderen herauszunehmen, den Besitzer zu ermitteln und dann in dessen Gegenwart den zehnten Teil des Inhalts in diesen Sternenbeutel zu tun", und wie durch Geisterhand hatte er ein gelbes Säckchen mit roten Sternen darauf in der Hand, das er gegen das Publikum schwenkte.

„Das war unsere Abmachung, die vorab verkündet wurde!", sagte der Zauberer und trat das Wort an den Bürgermeister ab.

Augenblicklich geriet die Menge auf dem Platz in Bewegung, es war ein Grummeln und Raunen zu hören, und die Menschen griffen hastig in ihre Taschen. Das Gesicht des Bürgermeisters war wie versteinert; musste er nun seinen Bürgern deren wohlverdientes Geld streitig machen? Widerwillig griff er schließlich den ersten Beutel heraus und hielt ihn hoch. Ein dicklicher Herr mit Zylinder kam daraufhin auf die Bühne gestürzt und kontrollierte hastig den Inhalt seines Geldbeutels. Als der Zauberer ihm lächelnd das gelbe Säckchen hinhielt, ließ er dort wortlos ein paar Münzen hineinklimpern und verließ mit energischen Schritten die Bühne.

Auch bei den anderen Zuschauern war die gute Stimmung verschwunden, als sie auf die Bühne kommen mussten, um den versprochenen Anteil aus ihrem Geldbeutel in den Klingelbeutel des Zauberers zu tun. Am liebsten hätten sie ihren

Beutel einfach an sich genommen und wären verschwunden, aber die gebieterisch freundliche Haltung des Zaubermeisters brachte sie dazu, unter Murren ein paar Silberlinge in das Säckchen zu werfen.

Ein dürrer älterer Herr hatte lange den Inhalt seines Geldbeutels begutachtet.

„Vorher war viel mehr darin, der Mann hier hat mich bestohlen", rief er laut über den Platz.

„Meine goldene Taschenuhr ist auch verschwunden", rief ein anderer aus dem Publikum, „der Zauberer ist ein Betrüger!"

Plötzlich geriet die Menge in Aufruhr; so war das also, sie waren einem Betrüger aufgesessen!

„Seitdem der falsche Zauberer in der Stadt ist, fehlt bei mir zu Hause auch ein Teil des Silberbestecks", kreischte wütend eine Frau in einem schäbigen Mantel.

„Haltet den Dieb", riefen die Leute und der Wachtmeister rückte augenblicklich seine Uniform zurecht und stürmte auf die Bühne, um den Zauberer in Gewahrsam zu nehmen, während der Bürgermeister mit vielen entschuldigenden Worten die Geldbeutel zurück an ihre Besitzer verteilte.

„Ich meine, ich hatte etwas mehr als den versprochenen zehnten Teil gegeben", sagte der dickliche Herr mit Zylinder, als auch er sich seine Spende wieder aus dem Sternensäckchen herausklauben sollte.

So geschah es also, dass der Zauberer diese Nacht in einer dunklen kalten Zelle im Keller des Rathauses verbringen musste.

„Soll er sich doch einfach aus dem Gefängnis herauszaubern, wenn er ein richtiger Zauberer ist", sagten die Leute zu sich abends in der Wirtschaft.

Am nächsten Morgen stieg ein feiner Herr im Gehrock die Treppenstufen zum Rathaus hinauf und erbat einen Termin beim Bürgermeister. Es war derselbe Herr, der am Vortag seine goldene Uhr vermisst hatte. Als er die Amtsstube betrat, verabschiedete der Bürgermeister gerade den Besitzer des Pfandleihhauses, der darauf mit betretener Miene an dem feinen Herrn vorbei aus der Tür huschte.

„Der Zauberer ist gewiss ein Halunke, aber meine Tugendhaftigkeit gebietet es mir zu bekennen, dass ich meine Taschenuhr gestern versehentlich gar nicht mit auf den Marktplatz genommen hatte", verkündete der Herr, nachdem die beiden Männer alleine waren.

Der Bürgermeister runzelte bedenklich die Stirn.

„Der Pfandleiher hat mir eben unter dem Mantel der Verschwiegenheit berichtet, dass die vermeintlich bestohlene Frau in Wirklichkeit ihr Silberbesteck heimlich im Pfandleihhaus versetzt hat", sagte er und rutschte nervös in seinem Bürgermeistersessel herum, „vielleicht sollten wir den Herrn Geheimrat fragen, ob wirklich ausreichend Geld aus seinem Beutel entwendet wurde, um den Zauberer vor Gericht zu bringen?"

So kam es, dass der Wachtmeister am Nachmittag mit schweren Schritten die Stufen zum Rathauskeller hinunterstapfte und mit gesenktem Blick die Tür des Verlieses aufschloss, in dem der Zauberer die Nacht verbracht hatte.

„Ihr seid frei", murmelte der Wachtmeister, „alle Verdachtsmomente konnten ausgeräumt werden."

Der Zauberer verließ die Zelle, ohne den Wachtmeister auch nur eines Blickes zu würdigen, und als der Bürgermeister gegen Abend im Postgasthaus erschien, um dem Zauberer als Wiedergutmachung einen Orden der Stadt zu überreichen, fand man in dessen Zimmer nur ein paar Münzen auf dem Tisch liegen. Der Wirt zählte das Geld sofort nach.

„Er hat sogar für die vergangene Nacht bezahlt!", sagte er verblüfft.

Leo blickte vom Buch auf und sah zu Arne hinüber, der schon während des Lesens immer wieder unruhig herumgezappelt hatte.

„Was ist los, weißt du die Lösung schon?"

Arne hatte sich lange genug beherrscht und platzte jetzt heraus:

„Ich weiß, wie wir rauskriegen können, wer diese Typen aus Hamburg sind!"

Leo sah ihn erstaunt an.

„Und wie soll das gehen?"

„Die Geschichte hat mich auf eine tolle Idee gebracht. Mein großer Bruder Ulf kann nämlich auch zaubern, und zwar richtig gut."

Leo und Hannes sahen sich fragend an und fast hätte man meinen können, dass sie sich in einem Wettbewerb im Stirnrunzeln befinden würden.

„Wie können wir denn durch irgendeinem Hokuspokus herausfinden, wer die Leute sind und wer sie geschickt hat?", wollte Leo wissen.

„Denkt doch an die Geschichte eben", sagte Arne, und als er weiterhin in verständnislose Gesichter schaute, merkte er, dass er seine Gedanken jetzt doch ausführlicher würde erklären müssen.

„Also hört zu", begann er.

Arne bemerkte mit Genugtuung, wie Leo und Hannes ihn gespannt ansahen, sie hatten offenbar überhaupt keine Idee, welcher Plan beim Lesen der Geschichte vom Zauberer in seinem Kopf entstanden war – wie konnten sie auch.

„Wenn wir ebenfalls eine Zaubervorstellung auf dem Weihnachtsmarkt in der Stadt organisieren würden", begann er und war sichtlich stolz auf seinen Geistesblitz, „dann locken wir diese Ganoven dorthin, kriegen in dem Gewühle heraus, wer sie sind, und können nebenbei sogar noch Geld für einen guten Zweck einsammeln. Mein Bruder würde bestimmt mitmachen."

„Wieso kriegen wir das auf einem Weihnachtsmarkt heraus, und warum sollten diese Männer überhaupt dorthin kommen?", fragte Leo verblüfft.

„Verstehst du denn nicht? Mein Bruder könnte sie auf die Bühne holen oder auch selbst durch die Reihen gehen wie der Zauberer eben, und ihnen ihre Brieftaschen heimlich stibitzen. Einer von uns ist hinter der Bühne und untersucht die Papiere, während draußen die Vorstellung weitergeht. Am Ende gibt mein Bruder die Brieftaschen mit einem Lächeln zurück, alles ist noch drin, aber wir wissen Bescheid."

Leo beugte sich hinüber und knuffte seinen neuen Freund vor Freude.

„Super Idee! Aber wie locken wir sie dahin?"

„Wir reden einfach in der Küche über ein geheimes Treffen auf dem Weihnachtsmarkt mit erfundenen Leuten, denen wir angeblich Informationen über das Audikular geben wollen. Ich fresse einen Besen, wenn die dann nicht pünktlich dort erscheinen."

Leo strahlte, dieser Plan war ganz nach seinem Geschmack. Wie gut, dass er Arne neulich eingeladen und mit in dieses Abenteuer hineingenommen hatte. Das Blatt begann sich zu wenden: Jetzt waren sie nicht mehr wehrlos, sondern besaßen einen verdammt guten Plan, um diesen Dunkelmännern beizukommen und sie vielleicht sogar zu überführen.

„Das ist gut – ja, genau so machen wir das!", jubelte er leise, „die werden sich wundern!"

Einen Moment war es still im Zimmer.

„Habt ihr denn vor lauter Pläneschmieden auch an die nächsten Geheimzahlen gedacht?", fragte Hannes in die Stille hinein.

„Was meinst du, Arne?", fragte Leo.

„Die *10* auf der linken Seite ist wohl klar, für die rechte Stellschraube bin ich mir nicht sicher – vielleicht die *3*?"

„Das glaube ich auch", nickte Leo, „das siebzehnte Türchen ist schon so gut wie auf. Hauptsache ist jetzt, dein Bruder macht bei der Zauberei mit."

„Ich werde ihn später zu Hause fragen und morgen in der Schule kann ich dir dann berichten", sagte Arne und stand auf.

Am nächsten Tag wartete Arne schon an der Ausgangstür, als Leo in der großen Pause auf den Schulhof gehen wollte.

„Komm mit, ich habe gute Nachrichten", sagte er und schob Leo ungeduldig in eine ruhige Ecke des Hofes, in der eine Bank stand.

„Ist denn das Türchen gestern aufgegangen?", wollte Arne wissen, während sie gingen.

Leo nickte.

„Und – welche Zahlen waren es nun?", fragte Arne weiter.

„Die *3* rechts für den dritten Adventssonntag war richtig und die *10* stand ja außer Frage", sagte Leo, „die neue Geschichte heißt *Das Märchen von dem Bündel*. Wir haben das Buch dazu schon in einem Antiquariat aufgetrieben. Hannes fährt dort auf seiner Nachmittagstour vorbei und bringt es gleich mit."

Sie erreichten die Bank und setzten sich oben auf die Lehne.

„Und?", fragte Leo gespannt.

„Mein Bruder ist dabei!", sprudelte Arne los, „er findet die Geschichte um den Holzhauser Adventskalender total interessant und ist begeistert von der Idee, diese Halunken aufs Kreuz zu legen und dabei sogar Spenden einzusammeln. Er wird heute versuchen, die Genehmigung für eine Wohltätigkeitsvorstellung übermorgen Nachmittag auf dem Weihnachtsmarkt zu bekommen, und weil er gute Beziehungen hat, ist er recht sicher, dass er seine kleine Bühne aufbauen darf."

Und dann malten sich die beiden Jungen in den buntesten Farben aus, wie sie diese Hamburger Spießgesellen auf den Weihnachtsmarkt locken und welche abenteuerlichen Märchen sie den dort unauffällig anwesenden Lauschern auftischen wollten, wie dumm deren Gesichter aussehen und wie hektisch sie ihre Papiere untersuchen würden, wenn ihnen Arnes Bruder plötzlich unerwartet ihre eigenen Brieftaschen überreicht. Einige Mitschüler wunderten sich von Ferne darüber, wie die beiden dort oben saßen und sich vor Lachen bogen.

Nach der Schule wartete die nächste gute Nachricht auf Leo.

„Vorhin hat ein Herr Petersen aus Hamburg angerufen", empfing ihn seine Mutter, „er konnte unsere Telefonnummer in der Anruferliste seines Telefons nicht zuordnen und wollte nachfragen."

„Und – hat er gesagt, wer die Männer in dem grünen Audi sind?"

„Nein Leo, ich habe ihm nur gesagt, dass du Fragen an ihn wegen dieser Geschichte vom Clown hättest und wir sind so verblieben, dass du zurückrufst."

„Ach Mama, hättest du ihn nicht gleich fragen können?", grummelte Leo und griff zum Hörer.

„Du brauchst es heute gar nicht mehr zu probieren", sagte Frau Winterfeld, „aber morgen ist Herr Petersen dafür den ganzen Tag zu Hause. Außerdem ist es doch deine Angelegenheit, da werde ich mich nicht einmischen."

Leo knallte den Hörer wieder auf die Ladestation.

„Übermorgen werden wir es wohl ohnehin wissen", schmollte er.

„So – habt ihr denn über Nacht Hellsehen gelernt?"

„Nein, aber Zaubern", grinste Leo.

Am Nachmittag hatte Leo wieder Wachdienst bei Hannes, der noch ein paar Sachen ausliefern musste. Leo kam durchgefroren auf dem Hof an und war froh, als er endlich in der warmen Küche saß. Nudel ging es wieder prächtig, und als Hannes fort war, wollte sie Leo gleich wieder mit ihrem zerknautschten Ball zum Spielen bewegen.

„Lass endlich, Nudel, mir ist kalt und außerdem muss ich Hausaufgaben machen."

Kurz darauf schlug die Hündin an. Es war Arne, der ebenfalls seine Schulsachen dabei hatte, und bald saßen die beiden Jungen am Küchentisch und schrieben in ihre Hefte. Sie hatten sich fest vorgenommen, erst alle Schulaufgaben zu erledigen, bevor sie sich wieder ihrem Lieblingsthema widmen wollten. Aber bald schon hielt Leo es nicht mehr aus und schob Arne einen Schmierzettel hin.

„Klappt alles mit der Zaubervorstellung am Donnerstag?", stand darauf.

„Ja", schrieb Arne zurück.

Leo kritzelte wieder etwas.

„Bleibst du nachher für das nächste Türchen noch hier?", las Arne.

Er malte etwas und schob den Zettel wieder zurück. Leo sah, dass er sein *Ja* von eben dick eingekringelt hatte.

„Bin auf die neue Geschichte gespannt", las Arne, als der Zettel wieder bei ihm war.

„Ich auch", verkündete wenig später die stille Post auf Leos Tischseite.

Gegen sieben Uhr hörten alle Drei endlich Hannes' Laster in den Hof rumpeln und rannten hinaus.

„Hast du das Buch bekommen?", begrüßte Leo seinen Freund.

„Na klar", sagte der und kletterte aus dem Fahrerhaus, „wir können von mir aus die neue Geschichte gleich lesen."

In der Küche war die Geschichte und das Türchenöffnen wieder kein Thema mehr, obwohl es sich heute wieder um eine besonders hübsche blaue Buchklappe mit rotem Rand und einem gelben Stern handelte. Hannes redete etwas von einem Stau, in den er auf dem Rückweg geraten war, während Leo und Arne in dem Buch aus dem Antiquariat blätterten. Hannes hatte zur ständigen Erinnerung ein großes rotes Schild gemalt und über der Regulatoruhr an die Wand geklebt, *Achtung – Uhr mit Ohren* war darauf mit großen Buchstaben geschrieben.

„Ich habe vorhin ein hübsches Buch auf einem Flohmarkt gefunden", sagte Hannes irgendwann unverfänglich, „habt ihr Lust auf einen Kakao mit Geschichte?"

Die beiden Jungen zeigten sich begeistert und bald dampfte schon heiße Milch in einer zerbeulten Kasserolle auf dem Herd. Drei Becher wurden gefüllt, Hannes machte es sich auf der Küchenbank gemütlich, suchte das Märchen heraus und begann zu lesen.

Das Märchen vom Bündel

Vor langer Zeit lebte einmal ein König, der hatte zwei Söhne. Der ältere war stolz und hochmütig. Er liebte das prunkvolle Leben bei Hofe, erteilte schon in jungen Jahren gerne Befehle an die Dienerschaft, schoss mit seinem Bogen im Wald auf alles, was sich bewegte, und wartete sehnsüchtig auf die Zeit, wenn er selbst König sein würde. Der jüngere hatte früh verstanden, dass nicht er auserwählt war, König zu sein, und er zürnte bisweilen dem Schicksal, wenn er den Bruder zur Rechten des Vaters sitzen sah. Auch bewunderte er heimlich dessen Stärke und Willenskraft, versuchte dem großen Bruder nachzueifern, um auf diese Weise seinem Vater zu gefallen. Manchmal allerdings, wenn er im Schlosspark im Grase oder des Nachts wach in seinem Schlafgemach lag, dann war ihm, als ob sich etwas ganz tief in ihm gegen dieses verschwenderische Leben in Glanz und Eitelkeit wehrte.

Nun begab es sich aber, dass der Küchenmeister bei Hofe auch einen Sohn hatte, der im gleichen Alter wie der junge Prinz war. Die beiden Jungen kannten sich schon von Kindesbeinen an, wuchsen zusammen auf und waren über die Jahre Freunde geworden. Sie ließen gemeinsam selbstgeschnitzte Schiffchen den Bach hinunter fahren, teilten die geheimen Verstecke im Wald und die geheimen Wünsche in ihren Träumen. Der König beobachtete diese Eintracht argwöhnisch, der ältere Bruder jedoch hatte nur Hohn und Spott übrig für die Freundschaft zu einem Knecht.

Die Jahre gingen dahin und aus den Kindern waren junge Männer geworden. Auch wenn der jüngere Sohn nicht ausersehen war, einmal an die Stelle seines Vaters zu treten, so wuchsen ihm doch bei Hofe immer mehr Aufgaben und Pflichten zu. Er wurde in den Wissenschaften unterrichtet, erlernte den Umgang mit Waffen und das Befehligen von Soldaten, er bekam Zugang zu den Schatzkammern des Schlosses und durfte an den Konferenzen des Ministerrates teilnehmen, in denen er die Anwesenden oftmals durch seine kühnen Reden und seinen scharfen Verstand zu beeindrucken wusste. So kam es, dass er immer öfter keine Zeit hatte, wenn der Freund mit ihm ausreiten oder Gedanken austauschen wollte. Auch mehrten sich in dem jungen Prinz mit zunehmendem Alter die Zweifel, ob sein Freund, der indessen in die Lehre bei einem Zimmermann gegangen war, noch der rechte Umgang für ihn sei. Ja manchmal brachte seine Herkunft ihn gar dahin zu glauben, dass es echte Freundschaft ohnehin nur zwischen Gleichgeborenen geben könne.

Und so geschah es, dass der Freund immer öfter vergeblich wartete und die Jünglinge sich immer mehr entfremdeten. Eines Tages, nachdem der Freund wiederum lange Zeit ungeduldig mit seinem Pferd auf den verabredeten Ausritt gewartet hatte, nahm er sich ein Herz, ritt in den Schlosshof und ließ nach dem jungen Prinzen fragen. Nach einer geraumen Weile kehrte der Diener aus den königlichen Gemächern zurück und verkündete, dass der Prinz gerade von einem Gesandten ein Geschicklichkeitsspiel aus goldenen Kugeln bekommen und daher keine Zeit habe. Da ritt der Sohn des Küchenmeisters alleine mit gesenktem Haupt in den dunklen Wald, trauerte um den verlorenen Freund und kehrte erst nach sieben Tagen zu seinem Vater zurück.

Jahre vergingen, und als der alte König starb, trat der ältere der beiden Söhne an seine Stelle, verordnete dem ganzen Land zwei Tage Trauer und veranstaltete dann anlässlich seiner eigenen Krönung ein prachtvolles Fest. Aber schon bald danach begann ein eisiger Wind durch die langen Gänge des Schlosses zu wehen, denn der neue König ließ alle Bediensteten, Hofräte und Minister ergreifen und in finstere Verliese sperren, die jemals in der Vergangenheit das Wort gegen ihn erhoben hatten.

Und als alle wichtigen Posten und Ämter im Lande mit Getreuen besetzt waren, klopfte es eines Nachts im Winter auch an der Türe des Prinzen, und der König trat im Gefolge einiger Soldaten in das Schlafgemach ein.

„Bruder, du hast mich in der Vergangenheit oft sehr enttäuscht", sagte er mit versteinerter Miene zu dem erstaunten Prinzen, „ich kann mir deiner Gefolgschaft nicht sicher sein, denn du hast dich in den Ratssitzungen zu oft gegen mich gestellt."

„Aber Majestät", erwiderte der Bruder, „niemals habe ich mich gegen *Euch* gestellt, sondern im Wettstreit der Gedanken nur bisweilen gegen Eure Vorschläge und Pläne."

Aber seine Worte fanden kein Gehör in den Ohren des neuen Königs und er befahl seinem Bruder, das Land noch in dieser Nacht als Habenichts zu verlassen und niemals mehr zurückzukehren, wenn er nicht das Schicksal der armen Sünder in den Kerkern des Schlosses teilen wolle.

So kam es, dass der verstoßene Prinz spät in der Nacht frierend an die Türe des Küchenmeisters klopfte. Der alte Mann öffnete vorsichtig und hätte den Prinzen kaum erkannt, der dort in alten zerschlissenen Sachen stand und flehentlich um Einlass bat. Der Küchenmeister war ein kluger Mann und ahnte sogleich, was vorgefallen war. Er zögerte einen Moment, denn er kannte die unerbittliche Strenge des Königs. Dann aber siegte sein gutes Herz, er zog den Verbannten herein und schloss schnell die Türe hinter ihm.

„Ich suche einen Freund und Gefährten, der mit mir in die Welt zieht", sagte dieser dem alten Küchenmeister, nachdem er ihm sein Schicksal offenbart hatte. Aber der weise Mann wusste von den Gefahren, die vor einem geächteten Königssohn und dessen Begleitung lagen, gab vor, alleine daheim zu sein und verleugnete seinen eigenen Sohn. Als er dann aber den Jüngling so in seinen Lumpen und seiner Verzweiflung vor sich stehen sah, dauerte es ihn und er sprach:

„Du wirst deinen Weg alleine gehen müssen, aber ich will dir eine gute Wegzehrung mitgeben, die dir fortan auf deiner Wanderung helfen soll."

Und er führte den verstoßenen Prinzen heimlich in die königliche Speisekammer, breitete ein Tuch aus und sagte:

„Nimm, was du für deine Reise brauchst. Aber bedenke: Das Bündel, das du schnürst, kann nur so groß werden wie dieses Tuch."

Der Königssohn sah sich um und entdeckte voller Freude die köstlichsten Speisen im Übermaß. Wie gerne hätte er einen großen Wagen damit beladen dürfen, und so fiel ihm die Wahl schwer. Schließlich legte er ein paar Wachteleier auf das Tuch, kleine Pasteten, etwas Kuchen, süße Feigen und ein Häufchen aus Zuckerstückchen. Lange stand er unentschlossen vor den Regalen. Zum Schluss entschied er sich noch für ein Schälchen mit Pudding, ein gebratenes Hühnerbein und Windbeutel in größerer Zahl. Als er nun das Tuch zu einem Bündel schnüren wollte, merkte er, dass er zu viel auf das Tuch gelegt hatte, und tat die Feigen zurück. Dann knotete er das Tuch zusammen und wollte sich gerade bedanken, als er den alten Küchenmeister fragen hörte:

„Und was wirst du in den nächsten Tagen essen?"

Der Königssohn sah den alten Küchenmeister erstaunt an.

„Meister, habt ihr nicht das Bündel gesehen, das ich gerade schnürte?"

Der alte Meister lächelte und sagte:

„Mein Sohn, in deinem bisherigen Leben hast du nur Appetit gekannt, ab jetzt wirst du Hunger haben."

Und er nahm einen kräftigen Laib Brot sowie ein großes Stück Hartkäse und hielt es dem Königssohn hin. Der blickte auf sein pralles Bündel und sah den Küchenmeister ratlos an. Da nahm der alte Küchenmeister das Bündel, knotete es wieder auf, tat alles heraus, legte nur das Brot und den Käse auf das leere Tuch und sprach:

„Merke dir: Die großen und wichtigen Dinge kommen immer zuerst!"

Dann legte er das Hühnerbein neben das Brot und den Käse, tat noch ein paar Feigen dazu und nahm das Tuch zusammen. Als noch ein wenig Platz übrig war, steckte er noch ein Stück Kuchen und zum Schluss ein paar Zuckerstückchen dazu. Dann verschnürte er das Bündel fest und drückte es dem verstoßenen Königssohn in die Hand.

„Leb' wohl und bedenke, dass es bis zum Ende deiner Tage noch viele Bündel zu schnüren gibt", und damit schob er den Reisenden in die dunkle Nacht hinaus.

Der Königssohn aber machte sich auf und wanderte ohne Unterlass, bis er nach einiger Zeit in ein anderes Land kam, in dem er vor den Häschern seines Bruders in Sicherheit war. Dort dachte er an die Worte des alten Küchenmeisters, klopfte an viele Türen und fand schließlich eine Bleibe als Küchenjunge.

Die Jahre vergingen, und aus dem Küchenjungen von einst war ein berühmter Küchenmeister geworden, zu dem die hohen Herrschaften von weither kamen seiner erlesenen Speisen wegen. Und alle bewunderten seinen außergewöhnlichen Geschmack und niemand wusste, dass dieser Küchenmeister einst ein Prinz gewesen war.

Und wieder waren viele Jahre vergangen und die Kinder des berühmten Küchenmeisters hatten längst eigene Kinder, da kehrte eines Tages ein Wanderer in dem Wirtshaus ein, schüttelte sich den Staub der Straße von den weiten Schlägen seiner schwarzen Zimmermannshose und bestellte beim alten Küchenmeister einen Krug Wein und eines seiner famosen Gerichte. Und als der Küchenmeister sich leutselig zu ihm setzte und etwas von der Welt erfahren wollte, da erzählte der Wanderer von dem benachbarten Königreich, in dem der alte König kürzlich einsam, ungeliebt und verbittert gestorben sei.

Da dachte der einstige Königssohn voller Mitleid an seinen armen Bruder, spendierte dem Wanderer einen zweiten Krug Wein und wollte alles über dieses Land und seinen früheren König wissen. Und als der Wanderer zu später Stunde voller Wehmut von den guten Tagen seiner Kindheit dort sprach, da erkannte der Küchenmeister den Zimmermann, und sein Herz wurde weit. Er umarmte den wiedergewonnenen Freund und lebte weiter glücklich und zufrieden bis an sein Lebensende.

Hannes klappte das Buch zu und legte es auf den Tisch.

„Na – habe ich euch zu viel versprochen?"

„Nein", sagte Leo verschmitzt, „wie gut, dass du noch Zeit hattest, auf einem Flohmarkt nach so netten Geschichten zu stöbern."

Dann nahm er einen Zettel, schrieb zwei Zahlen darauf, malte ein dickes Fragezeichen dazwischen und schob ihn den anderen beiden hin.

Arne und Hannes warfen einen kurzen Blick auf den Zettel, den Leo ihnen hingeschoben hatte, und nickten sich zu. Natürlich waren es die *2* und die *7*, und dass die *2* rechts eingestellt werden musste kam daher, dass der ältere der zwei Söhne an der rechten Seite des Königs Platznehmen durfte. Als Leo die Zustimmung der beiden anderen bemerkte, stand er auf und trat vor den Adventskalender. Sein Finger strich über das blaue Emaille des 18. Türchens – würde es gleich aufspringen? Das Öffnen war jedes Mal ein Nervenkitzel, aber es kribbelte angenehm.

„So muss es einem Erfinder gehen, wenn sich sein Finger nach langem Werkeln dem roten Knopf nähert, der seine neue Maschine in Gang setzen soll", dachte Leo.

Er stellte alle Räder ein, kontrollierte noch einmal und zog am Tagesstellrad. Alle waren mit ihrer Aufmerksamkeit bei dem Adventskalender. Zum Glück erklangen die gewohnten Geräusche, das 18. Türchen sprang auf und gab einen gelblich-orangenen Hintergrund frei. Leo beäugte die winzige Schrift sofort aus der Nähe wie der Käufer einer seltenen Briefmarke, und kurze Zeit später hatte er die Schrift entziffert. Er schrieb das Ergebnis auf einen Zettel, den er den anderen beiden herüberschob.

'Der Kreis von Gustav Klaassen', stand darauf.

„Wollen wir nicht lieber am warmen Kachelofen sitzen", schlug Hannes vor und blinzelte dabei in Richtung Regulator, „mir ist kalt und hier zieht es so."

Die anderen beiden verstanden sofort, schnappten sich ihre warmen Jacken und folgten Hannes hinüber ins Kaminzimmer, aus dem ihnen eiskalte Luft entgegenschlug, als Hannes die Tür aufmachte.

„Puuh, allein deswegen kann ich diese Leute nicht ausstehen", schnatterte Leo, der lieber im Warmen über die Geschichten und Lösungen hätte debattieren wollen, „wie machen wir denn nun weiter? Viel Zeit bleibt uns nicht mehr!"

„Vielleicht ist das Finden der neuen Geschichte ja wieder einfach", spekulierte Hannes, „auch wenn Meister Eduard damals bestimmt nicht damit gerechnet hat, dass Kinder sich die Geschichten einmal mit der Bewegung ihres Zeigefingers am Schreibtisch werden besorgen können."

„Gut – falls wir sie am Computer auf die Schnelle nicht finden, kümmere ich mich morgen darum", sagte Leo mit gedämpfter Stimme.

„Und ich werde meinem Bruder beim Aufbau der Bühne helfen", flüsterte Arne zurück, „wir brauchen mindestens drei Leute dazu, aber mein Bruder hat immer jemanden an der Hand, der auch anpacken kann."

Leo nickte.

„Außerdem sollten wir uns jetzt noch unser kleines Theaterstück ausdenken, das wir dann gleich in der Küche aufführen können, damit unsere Herren auch Zeit haben, sich auf den Besuch der Zaubervorstellung einzustellen", sagte er zwinkernd und hüpfte vor Kälte ein wenig auf der Stelle.

Eine halbe Stunde später erschienen alle drei wieder mit einem spöttischen Grinsen in der Küche. Die Jungen hatten zudem einige Textseiten in der Hand, die eben frisch aus Hannes' Drucker gekommen waren. Nun besaßen sie beide eine prima Bettlektüre, auch wenn es heute spät werden würde. Egal, jetzt erstmal wollten sie den Lauschern da draußen einen ordentlichen Bären aufbinden.

„Dann hätten wir uns ja auch in einem Gasthaus treffen können, da wäre es wenigstens nicht so lausig kalt wie draußen", sagte Leo in Richtung der Uhr.

„Ich kann schon verstehen, dass die den Weihnachtsmarkt vorgeschlagen haben", widersprach Hannes laut und deutlich, „da ist immer Gedränge, man steht herum und ein Treffen mit fremden Leuten fällt nicht so auf. Schließlich muss unsere Verabredung unbemerkt bleiben."

„Glaubt ihr wirklich, dass die so viel Geld dafür bezahlen wollen?", fragte Arne und musste sich kneifen, um nicht loszulachen.

„Wenn wir ihnen klarmachen können, was es alles kann und wie wertvoll es werden könnte, dann ist alles möglich", sagte Leo mit gespielter Ernsthaftigkeit.

„Wusstet ihr übrigens, dass es zufällig übermorgen auch eine Zaubervorstellung dort geben soll?", fragte Arne und zog den Rei?verschluss seiner Jacke hoch.

„Nein, aber das ist toll", tat Leo begeistert, „dann wird der Weihnachtsmarktbesuch ja garantiert nicht umsonst sein."

Er nahm Mütze und Handschuhe und Hannes brachte sie zur Tür.

„Guten Heimweg, ich hole euch dann morgen ab", rief er den beiden hinterher.

Es war schon fast zehn Uhr geworden, bis Leo endlich im Bett lag. Seine Mutter war ärgerlich gewesen, weil er so spät zu Hause eingetroffen war. Arne und er hatten noch so viel zu besprechen gehabt und lange Zeit mit ihren Rädern an einer Wegekreuzung gestanden, bis sie sich schließlich für die Nacht verabschiedeten. Daheim hatte Leo schnell sein Abendbrot gegessen, das einsam neben einem Glas Milch auf dem Küchentisch stand, und war dann ohne viel Worte im Bad verschwunden, um den Pulverdampf möglichst schnell abziehen zu lassen.

„Jetzt wird aber gleich das Licht ausgemacht", rief es streng von unten.

„Ja, Mama", rief Leo zurück.

Als Frau Winterfeld wenig später ins Zimmer kam, lag Leo schon auf der Seite und schien fast eingeschlafen. Ganz ruhig lag er da, damit die Papierseiten unter seinem Kopfkissen nicht raschelten.

„Gute Nacht, Leo", sagte Frau Winterfeld versöhnlich.

„Gute Nacht, Mama", murmelte Leo schlaftrunken.

Als die Schritte der Mutter unten im Wohnzimmer verschwunden waren, fiel oben ein schwacher Lichtschein in den kleinen Flur. Leo zog sich die Bettdecke über den Kopf, richtete den Lichtkegel seiner Taschenlampe auf die erste Seite der neuen Rätselgeschichte und begann zu lesen:

Der Kreis

Diese Gegend kam ihm bekannt vor! Ja – er war sich sicher: Hier war er schon einmal gewesen; die gewaltigen Berge, die ihre scharfen Zacken und steilen schneebedeckten Hänge bedrohlich als dunkle Schatten gegen die untergehende Sonne stellten, die klirrend kalte Luft, die jeden Geruch vereist hatte und die grenzenlose Stille, in der kein Vogel sang, sondern nur der eigene Atem keuchte. Der alte Mann kniff die müden Augen zu Schlitzen zusammen, um besser sehen zu können. Es musste eine Ewigkeit vergangen sein, seit er diese eigenwillige Landschaft zuletzt durchwandert hatte – oder war es noch gar nicht so lange her? Der Greis strich sich nachdenklich durch seinen langen grauen Bart, in dem sich einige Schneekristalle verfangen hatten, und richtete den Blick wieder auf den tief verschneiten Pfad vor sich, auf dem es keine Spur gab. Noch ein paar Stunden, dann würde er oben sein, oben am Gipfelkreuz der Welt.

Was trieb ihn dort hinauf?

„Alter Mann, du musst verrückt sein, jetzt dort hinauf zu steigen", hatten die besorgten Bauern unten im Tal gesagt, in deren kärglichen Berghöfen er Weihnachten auf einer warmen Ofenbank hatte verbringen dürfen.

„Ich kann es nicht erklären, aber ich muss", hatte er gesagt.

„Dort oben wirst du vielleicht ums Leben kommen", war er eindringlich gewarnt worden.

„Ich weiß", hatte er nur geantwortet und war unbeirrt am Morgen nach dem zweiten Feiertag aufgebrochen, der aufgehenden Sonne entgegen.

Der Weg war steil und der greise Wanderer musste in immer kürzeren Abständen innehalten, um zu verschnaufen. Er merkte, dass er bald am Ende seiner Kraft sein würde. Er zog sich die Mütze tief über die Ohren, wickelte seinen Schal etwas fester und stapfte mit schweren Schritten weiter.

Nachdem er wieder einige Zeit in der Dunkelheit bergauf gestiegen war, sah er mit einem Mal weit vor sich einen schwachen Lichtschein. Er strengte seine alten Augen an – war das dort oben nicht ein Feuer? Und plötzlich wusste er, dass es dieses Feuer war, das ihn hier hinaufzog, und es wurde ihm mit großer Klarheit bewusst, dass dieser Ort schon immer das Ziel seiner Wanderung gewesen war. Der alte Mann umklammerte seinen Wanderstab und ging mit festen Schritten dem Lichtschein entgegen.

Es war schon bald Mitternacht, als er sein Ziel endlich mit einer letzten großen Anstrengung erreichte. Im flackernden Schein des Feuers saß ein kleiner Junge in eine warme Decke gehüllt und reckte die kleinen Hände den wärmenden Flammen entgegen. Der greise Wanderer sah sich erstaunt um.

„Bist du alleine hier oben?", fragte er.

Das Bübchen hob den Kopf und sah den Ankömmling mit wachen Augen an. Dann nickte es.

„Was tust du in dieser eisigen Höhe?", wollte der Alte wissen.

„Ich warte auf dich!", sagte der Kleine.

Der Alte klopfte den Schnee von seinem langen Mantel und ließ sich ächzend neben dem Feuer zu Boden sinken. Eine Weile starrte er erschöpft in die Glut. Von weither tauchten verschwommene Bilder vor seinem inneren Auge auf: Hatte nicht auch er schon einmal als Kind an einem solchen Feuer gesessen?

„Wo kommst du her?", fragte das Bübchen mit heller Stimme.

Der Greis ließ seinen Blick durch den sternenklaren Nachthimmel schweifen. Es schien, als ob die Beantwortung dieser einfachen Frage ihm Mühe bereitete. Plötzlich klarte sein Blick auf.

„Von hier", sagte er erstaunt, „ich war lange unterwegs."

Das Bübchen sah ihn fragend an, aber der Alte saß stumm da und war tief in seine Erinnerungen versunken.

„Als ich einmal von hier aufbrach, war ich so jung, wie du es jetzt bist", sagte er endlich in die Stille hinein, die nur gelegentlich vom Knacken der Holzscheite in der Glut unterbrochen wurde, „seitdem bin ich Tag für Tag gewandert, ohne Rast, getrieben vom Lauf der Sonne. Ich bin durch zwölf Länder gekommen und jetzt schließt sich der Kreis."

„Oh bitte, erzähle mir von dieser Reise", bat das Bübchen neugierig.

Wieder dauerte es eine Zeit, bis der Alte weiter sprach.

„Ich erinnere mich noch recht genau an das Land, in dem meine Reise einst begann. Ich war ein zartes Kind und fror erbärmlich, denn dieses Land war ohne Wärme und alles Leben schien unter einer dicken Schneedecke erstarrt zu sein. Kaum ein Tier traute sich aus dem Schutz seiner Behausung in die eisig klare Luft hinaus, ab und zu ein stummer Vogel in der Luft oder eine einsame Spur im Schnee."

„Ist so denn nicht die ganze Welt?", wunderte sich das Bübchen und zog die Decke noch enger um seinen zitternden Körper.

Der Alte schüttelte den Kopf.

„Nein, nur in diesem Land konnte der Winter uneingeschränkt herrschen. Er verordnete allen Lähmung und Stille, den Teichen und Seen, den Büschen und Bäumen, den Tieren und auch den Menschen, die wartend Eisblumen von den Fensterscheiben kratzten und sich der Vorräte in ihren Kellern freuten. Nur die Kinder widersetzten sich mitunter, kamen in warmen Schals und Mützen heraus, warfen mit Schnee und malten mit den Kufen ihrer Schlittschuhe Kreise auf das blanke Eis, das hier und da unter der Oberfläche einen silbrig schimmernden Fisch in seiner kalten Kralle gefangen hielt. Ich sah von Ferne zu, denn ich war scheu und unerfahren in der Welt. Behutsam tastete ich mich weiter in das Leben vor, aber wenn die Mittagssonne aus einem blauen Himmel heraus den Schnee glitzern ließ und mitfühlende Menschen mir einen Becher mit einem heißen Getränk in die klammen Hände gaben, dann fühlte ich, dass dieses Land nicht nur Stillstand, sondern auch Neubeginn und Aufbruch war."

„Ein Aufbruch wohin?", fragte das Bübchen.

„In die Wärme und in das Leben", gab der Alte zur Antwort, rückte etwas näher an das Feuer und fuhr fort:

„Als ich erst kurze Zeit in dem zweiten Land unterwegs war, gewohnt, mich gegen einen scharfen Nordwind zu stemmen, da spürte ich auf einmal einen lauen Luftzug vorbeistreifen. Einige Tage lang tropfte Wasser von Bäumen und Dächern in matschigen Schnee, und die Weidenkätzchen bekamen einen zarten gelben Flaum. Dann aber kehrten die heftigen Schneestürme wieder zurück und begruben zornig alles Leben unter sich, das sich ihnen in den Weg stellte. Aber der Winter hatte hier seine uneingeschränkte Autorität verloren. Menschen mit bunten Masken kamen aus den Häusern und zeigten ihm eine lange Nase, Schneeglöckchen steckten ihre

weißen Köpfchen durch dünne Schneebretter und das Plätschern der Bäche unter-
malte ein erstes zaghaftes Zwitschern der Vögel. Wie gerne hätte ich mich auch verkleidet und dem fröhlichen Treiben angeschlossen, aber ich konnte nur gelegentlich
stehenbleiben und den ungewohnten Geruch von Moos und nasser Erde in mich
aufnehmen."

„Gibt es auch Länder ganz ohne Schnee?", überlegte das Bübchen laut.

„Ja sicher, schon nachdem ich die nächste Grenze passiert hatte, lagen dort nur
noch pappige Reste von schmutzigem Schnee an den Rändern der Wege und Bäche,
deren Wasser ins Tal hinunter rauschte. Die Landschaft färbte sich braun. Narzis-
sen und Krokusse reckten sich wärmenden Sonnenstrahlen entgegen und setzten
gelbe Farbtupfer an die Südhänge der Hügel, zwischen denen Hasen mit ihren
langen Ohren wackelten und ausgelassen herumsprangen. Manche würden auch
Eier bemalen und verstecken, wie ich aus Erzählungen hörte, aber für derlei Kin-
derglaube war ich mittlerweile zu alt geworden. Ich bewunderte stattdessen die
Störche, die aus dem Süden der Erde eintrafen, in Paaren ihre alten Nester bezogen und mit ihrer Beständigkeit und Ruhe dem Land ein erhabenes, liebenswertes
Lebensgefühl schenkten."

„Hattest du den Winter damit endgültig hinter dir gelassen?", fragte das Bübchen
hoffnungsvoll.

„Nein, so schnell räumte dieser hartnäckige Geselle das Feld nicht."

Der Alte schüttelte wieder bedächtig den Kopf, als ob er seine Erinnerungen von
weit herholen müsste.

„Ich wanderte weiter in dem Glauben, dass der Weg bergab mich beständig
hin zu mehr Licht und Wärme führen würde. Aber bald schon geriet ich mitten
in einen Streit zwischen Wärme und Kälte, Sonne und Schneeschauer, vorwärts
und rückwärts. Gerade noch hatte mich der Duft der Fliederbüsche berauscht und
Bienen waren von Blüte zu Blüte gesummt, da zogen dunkle Wolken auf und
zerhagelten die weißen Blüten der Kastanien und der Obstbäume. Der Streit fand
keinen Sieger, das Wetter war hin und her gerissen, genauso wie ich selbst."

„Und – wie ging es weiter?", drängte das Bübchen, als der Alte einen Moment
innehielt.

„Nur Gemach, natürlich blieb das nicht immer so. Ich überschritt nach einer
Weile wieder eine Grenze und siehe da: Hier war es grün und weit, alles wuchs
und gedieh, die Kronen der Bäume wurden dicht wie auch mein Bart, der vorher
nur ein Flaum gewesen war. Niemals zuvor hatte ich ein solches Hochgefühl gehabt
und ich dachte, ich könnte alles erreichen, wenn ich nur wollte. Ich lag im frischen
Gras, Pfingstrosen öffneten ihre Knospen und die Luft war erfüllt mit unzähligen

Düften. So hätte das Leben allezeit bleiben können, aber schon damals beschlich mich eine leise Ahnung, dass es nicht so sein würde."

„Wurde es wieder kälter?"

„Das nicht, aber das Leben wurde mit fortschreitender Zeit eben nicht stetig leichter, auch wenn die Temperaturen in dem nächsten Land noch angenehmer wurden. Auch das übrige Dasein dort war auf den ersten Blick prall und unbeschwert, an Sträuchern und der Erde wuchsen Früchte im Überfluss, die Sonne stand senkrecht am Himmel und die Tage fanden kein Ende. Das Landvolk arbeitete unermüdlich auf den Feldern bis in die Abenddämmerung, und wenn ich in ihre erschöpften staubigen Gesichter sah, dann bot ich freimütig meine Hilfe an, denn ich strotzte vor Kraft und Lebensenergie. So lernte ich Land und Leute kennen, schloss Freundschaften und beobachtete vergnügt, wie alle Welt sich um seinen Nachwuchs kümmerte.

Und es wurde sogar noch heißer, je weiter ich kam. Klare Flüsse luden zum Baden ein und der kühle Schatten der Bäume zum Rasten. Oft lehnte ich an einem Stamm am Waldesrand und sah zu, wie der Wind über die Kornfelder strich und das Meer der Ähren wiegte. Mohnblumen leuchteten dazwischen auf, die ersten Jungstörche zogen ihre Kreise am blauen Himmel und Zitronenfalter flatterten lautlos vorbei – Randnotizen im Tagebuch eines Sommers. Die Kirschen schmeckten süß oder sauer, aber alle waren sie rot wie Lippen, und ich konnte an keinem Baum vorübergehen, ohne von seinen Früchten zu kosten. Welchen Grund sollte es geben, jemals in ein Land ohne Sommer zu wandern?"

„Ja, dort muss es fabelhaft sein", murmelte das Bübchen verklärt.

„Tatsächlich schien es so, doch im Grunde hat jedes Land Licht und Schatten", sagte der alte Wanderer, „auch in der Fülle und dem Licht des Sommers gab es Orte, an denen die rege Betriebsamkeit einer nachdenklichen Stille gewichen war. Unverhofft kam ich auf meiner Wanderschaft an riesigen Stoppelfeldern vorbei, die leblos in der heißen Sonne verdorrten, Äpfel lagen von Wespen zerfressen im Gras und Jungvögel sammelten sich in den Kronen der Bäume, um gemeinsam in den Süden zu ziehen. In der flirrenden Sommerhitze brauten sich mitunter heftige Gewitter zusammen, schwarze Wolken zogen plötzlich mit Blitz und Donner auf, Regen prasselte hernieder, und alle Lebewesen suchten ängstlich für einige Zeit Schutz in ihren Behausungen. So verweilte ich oft genug unter einem schützenden Dach und wartete, bis das Unwetter vorüber war. Dann wehte ein frischer Hauch über das nasse Land und machte mir eine Gänsehaut, denn ich war nicht mehr an Kälte gewöhnt. In einer der vielen Pfützen sah ich seit Langem wieder mein Gesicht: Es hatte Falten bekommen."

Das Bübchen sah den alten Mann an und wartete, bis er weiter sprach.

„Stillstehen ging nicht, die Zeit trieb mich an und so wanderte ich weiter. Als ich das nächste Land erreichte, waren die Nächte dort länger und dunkler geworden. Ich fröstelte, vermisste die vielen Sternschnuppen am Firmament und am Morgen glänzten unzählige Tautropfen in den Wiesen. In den Gärten leuchteten gelbe Kürbisse und die Menschen hatten alle Hände voll zu tun, die vielen Äpfel, Birnen und Pflaumen zu ernten, die die Äste der Obstbäume unter ihrer schweren Last bogen. Dicke Igel raschelten durch das Gras und fraßen sich an dem Fallobst einen Winterspeck an. Ich sah erste Blätter an den Bäumen gelb werden und dachte plötzlich an meine eigne Zeit - würde auch sie verwelken? Ich betrachtete den Wanderstab in meiner Hand, den ich mir unlängst im Wald aus einem Stock gefertigt hatte; woran lag es, dass mir das stete Marschieren in letzter Zeit anstrengender als sonst vorkam? Von den Berghängen trieben die Bauern ihr Vieh hinunter ins Tal. Schweren Herzens nahm ich Abschied von der Fülle des Sommers und zog weiter."

Der Alte stieß einen leisen Seufzer aus und starrte in die Flammen. Geistesabwesend nahm er seinen Wanderstab und stocherte damit in der Glut, sodass eine Wolke aus Funken aufstieg. Das Bübchen hätte zu gerne gewusst, wie der müde Wanderer wieder hier in diese kalte, unwirtliche Gegend geraten war, traute sich aber nicht, ihn mit ungeduldigen Fragen in seinen Gedanken zu stören.

„Von nun an führte mich mein Weg wieder bergauf", fuhr der Greis schließlich fort, „und anfangs dachte ich, dass nur die Steigung an meiner ungewohnten Kraftlosigkeit schuld war. Zudem wehte mir ein rauer Wind entgegen, der vertrocknete Blätter umherwirbeln ließ wie Schneeflocken. Nasskalter Regen fiel hernieder, ich fror, aber das störte mich nicht. Eigentlich genoss ich es sogar ein wenig, denn das Frieren ließ Erinnerungen erwachen, die tief in mir geschlummert hatten. Es war wie ein Loch in der Wand, durch das ich die Hand hindurchstrecken und einen kleinen Teil meiner Kindheit berühren konnte. Diese Berührung machte mich schwermütig, doch dann kehrte plötzlich ein Abgesandter des Sommers für einige Tage in dieses Land zurück. Es wurde wieder warm und ich kam zu der Überzeugung, dass das Dasein gut ist. Ich fühlte Dankbarkeit wie die Menschen auch, die die Früchte der Gärten und Felder auf die Altäre legten, freute mich an den flackernden Lichtkegeln der Laternen, mit denen die Kinder der frühen Dämmerung des herannahenden Winters trotzten. So lernte ich auch dieses Land lieben, auch wenn der Sommer mir fehlte."

„Warum hast du nicht einfach Kehrt gemacht und bist den Weg zurückgegangen?", wunderte sich das Bübchen.

Der Alte sah in das glatte Gesicht des Jungen und lächelte.

„Man kann niemals umkehren, denn die Zeit kennt nur eine Richtung", sagte er bedächtig und ließ den Blick wieder über den Nachthimmel gleiten. „Obwohl es bergauf ging, hatte ich sogar das Gefühl, als ob es immer schneller voranginge. Die Zeit trieb mich vor sich her und oftmals habe ich mir gewünscht, wir würden gemächlicher voranschreiten. So streifte ich an grauen Tagen durch feuchte Wälder, die licht geworden waren wie mein Haar. Unter meinen Füßen raschelte das Laub und in den kahlen Kronen der Bäume sammelten sich die Krähen. Im Nebel sah ich Leute in warmen Mänteln an den Gräbern ihrer Angehörigen stehen und merkte, dass ich müde war."

„Konntest du nicht rasten und dich ausschlafen?", fragte das Bübchen.

„Ausschlafen – nein, das hätte nicht geholfen", sagte der Alte und schüttelte langsam den Kopf, „diese Müdigkeit hatte vielmehr mit dem langsam in mir aufsteigenden Wunsch zu tun, endlich am Ziel meines Weges anzukommen. Im Dunst der Berge hörte ich von weit her Glocken läuten und ging ihrem Klang entgegen. So kam ich in das letzte Land meiner Reise."

„Dann muss es das Land sein, in dem wir hier sind", warf das Bübchen eifrig ein.

„Nicht wir", sagte der Alte, „denn du, mein Sohn, bist schon auf der anderen Seite der Grenzlinie, die hier mitten durch das Feuer geht. In dieses Land kannst du erst kommen, wenn du so alt wie ich geworden bist."

„Wie alt bist du denn?", fragte das Bübchen.

„Ich bin so alt wie der Lauf der Welt um die Sonne", antwortete der Greis.

Das Bübchen musterte die gebeugte Gestalt des Alten, runzelte die Stirn und sagte hochmütig:

„Vielleicht werde ich dein Land auf meiner Wanderung einfach auslassen."

Der Alte lächelte wieder.

„Du wirst in dieses Land eintreten, wenn du einmal an seine Grenze gelangst, und es ist gut so, denn es ist ein schönes Land. Es ist ein Land voller Lieder und Geschichten, voller Heimlichkeit und Kerzen, voller Ruhe und Einkehr. In diesem Land duften die Küchen nach Bratäpfeln, die Stuben sind weihnachtlich geschmückt und in den Gotteshäusern stehen mächtige Lichterbäume. Eine friedfertige Stimmung liegt über dem Land, fremde Wanderer werden zum Festtagsschmaus eingeladen und die Menschen haben sich vorgenommen, einander zu vertragen. So saß ich mit guten Menschen zusammen, aß, trank und beobachtete, wie glücklich die Kinder hier waren. Es ist das Land, in dem ich verstehen lernte, dass man um wirklich große Geschenke keine Schleife binden kann."

Die Flammen waren immer kleiner geworden und erloschen jetzt ganz. Leise knackten die verkohlten Reste der Holzscheite in der Glut.

„Eines verstehe ich nicht", sagte das Bübchen, das im Widerschein des sterbenden Feuers den eigenartigen Glanz in den Augen des alten Mannes gesehen hatte, „du hast von so vielen schönen Orten auf deiner Wanderschaft erzählt, aber immer wieder hast du Abschied genommen und bist aufgebrochen?"

„Das ganze Leben besteht aus *Abschiednehmen*", sagte der Greis mit brüchiger Stimme.

Das Bübchen dachte einen Moment über diese Antwort nach. Von unten aus dem Tal drangen Böllerschüsse an sein Ohr.

„Leb wohl, ich muss mich sputen", sagte der Junge alsdann, stand auf und setzte die grobe Fußspur des Alten im Schnee mit kleinen Stapfen fort.

Leo schaltete die Taschenlampe aus und kam unter seiner Bettdecke hervor. Obwohl er hundemüde war, dauerte es noch lange, bis er endlich eingeschlafen war.

Am nächsten Vormittag wartete Leo in der dritten Schulstunde sehnsüchtig auf den Pausengong. Er hatte sich in der großen Pause mit Arne verabredet, der gestern noch ein Treffen mit seinem Bruder Ulf vor der großen Zauberei verabreden wollte. Es war wichtig, alle Einzelheiten ihres Plans gemeinsam zu besprechen und die Aufgaben genau festzulegen. Leo war gespannt auf diesen Ulf; so einen großen Bruder hätte er auch gerne.

Endlich gongte es und Leo lief hinaus auf den Schulhof. Er ging direkt zu der Bank in der Hofecke, wischte einen Teil mit seinem Jackenärmel trocken und setzte sich wie ein Patron mitten drauf, um möglichst mit Arne allein zu sein. Diese Bank war ein toller Ort für geheime Besprechungen. Es dauerte nicht lange bis Arne erschien und sich neben Leo setzte.

„Ich musste die Geschichte gestern unter der Bettdecke lesen", sagte er zur Begrüßung und schnitt eine Grimasse.

„Ich auch", grinste Leo zurück, „weißt du die Lösung?"

„Rechts eine *27* und links eine *12*", sagte Arne wie aus der Pistole geschossen und Leo nickte.

„Würde ich auch sagen. Kommst du denn am Abend zu Hannes, wenn wir die Zahlen einstellen?"

Arne überlegte einen Moment.

„Vielleicht können wir sogar zusammen hinfahren, wenn du gegen fünf zu uns kommen kannst. Mein Bruder ist dann zu Hause, und wir könnten alles Weitere für den Weihnachtsmarktzauber besprechen."

Viel zu schnell gongte es wieder ungehalten zur nächsten Stunde, und die beiden Freunde verabschiedeten sich vor Arnes Klassentür bis zum späten Nachmittag.

Nach dem Mittagessen griff Leo gespannt zum Telefon; würde er jetzt endlich diesen Hanjo Petersen an der Strippe haben und wie weit konnte er ihm trauen? Er würde seine Fragen sicherheitshalber so stellen, dass der andere möglichst viel selber erzählen musste, dann konnte Leo vielleicht rechtzeitig herausbekommen, ob dieser Petersen ehrlich oder hinterhältig war.

Leo tippte die Nummer von seinem Zettel ab und horchte in die Leitung. Es tutete mehrmals.

„Petersen"

Na endlich!

„Hier ist Leo Winterfeld. Ich wollte mich bei Ihnen bedanken, dass Sie neulich wegen der Geschichte von *Johann Sanddorf* bei Dr. Hofmann angerufen haben. Das hat mir sehr geholfen."

„Wirklich, das freut mich, dann war meine Vermutung richtig und dieser Bücherwurm hat tatsächlich noch ein so seltenes Buch besessen?", sagte die Stimme am anderen Ende, die Leo sich hektischer oder verschlagener vorgestellt hatte.

„Nein, er musste sich ebenfalls den Text besorgen, sogar aus Amerika, aber wir haben es trotz allem noch geschafft, die richtigen Zahlen aus der Geschichte herauszulesen und das Türchen zu öffnen."

„Jetzt erzähle mir doch mal, Leo, was es mit diesem mechanischen Kalender auf sich hat. Der Bibliothekar in Grünfelde konnte nur sehr wenig darüber sagen."

Leo überlegte kurz und erzählte dann nur über das Metallschränkchen und darüber, auf welche Weise sich seine Türchen öffnen ließen, vom Audikular sagte er nichts.

„Wenn wir so weiter machen, dann sind wir Heiligabend hoffentlich am Ziel", legte Leo am Ende seines Berichtes den Köder aus.

„Der Bibliothekar sprach noch von einem Audikular, das das Schränkchen verborgen halten soll", sagte Herr Petersen, „steckt es hinter dem letzten Türchen?"

Leo merkte, dass er ab jetzt genau aufpassen musste.

„Außer, dass es das Hören verfeinern soll, wissen wir darüber so gut wie nichts", gab Leo zur Antwort und fragte dann lauernd: „Haben Sie vielleicht über das Audikular etwas herausgefunden?"

„Nein, leider nicht. Die Gerüchte um das Audikular hörten sich aber für mich tatsächlich so spannend an, dass ich gleich an eine Reportage gedacht habe. Leider konnte mir ein Kollege hier beim Sender auch keine Auskunft dazu geben, obwohl der für historische Themen zuständig ist. Er wollte sich schlau machen und dann Bescheid geben, aber bis heute habe ich nichts mehr von ihm gehört."

„Ach, Sie arbeiten beim Radio?", fragte Leo.

„Nein, beim Fernsehen, mein Junge. Ich arbeite dort als Redakteur für Kunst und Literatur, das heißt Bücher und Geschichten gehören zu meinem Job", sagte Herr Petersen, und Leo glaubte herauszuhören, dass der Mann ein wenig stolz auf seinen

Beruf war. Leo überlegte fieberhaft, was er nun tun oder fragen sollte. Eigentlich hatte er nicht den Eindruck, dass dieser Mann ein mieser Hundevergifter sein könnte.

„Haben Sie sonst noch mit jemandem über das Audikular gesprochen", fragte er schließlich. Einen Moment war es still in der Leitung.

„Nein", sagte Herr Petersen dann, „wieso willst du das denn wissen?"

Leo beschloss, den Stier bei den Hörnern zu nehmen und direkt *die* Frage zu stellen, die ihm schon seit Tagen auf der Seele lag:

„Es gibt hier Leute aus Hamburg, die mich und meine Freunde seit einigen Tagen bespitzeln, die Erkundigungen einholen und sich offenbar sehr für den Holzhauser Adventskalender interessieren, vielleicht aber nur hinter dem Audikular her sind. Haben Sie eine Idee, wer diese Leute sind und wer sie geschickt haben könnte?"

Wieder rauschte die Leitung eine Zeit lang leise.

„Nein, es tut mir Leid, Leo, ich habe keine Ahnung, und das ist die Wahrheit."

Die Kirchturmuhr hatte in der Ferne gerade halb sieben geschlagen, als die beiden Jungen mit ihren Fahrrädern durch die Schlaglöcher in der Hofeinfahrt des alten Bauernhauses holperten. Durch den Dunst hindurch wirkten die Birnen von Hannes' erbarmungswürdiger Lichterkette, die er sich selbst aus alten Lampenfassungen zusammengestückelt hatte, wie Positionslichter beim Landeanflug. Er nagelte diese poesielose Weihnachtsdekoration, die bei Tag eher wie eine Baustellenbeleuchtung aussah, immer zum Fest von außen über sein Küchenfenster. In einer frostigen Dezembernacht jedoch verwandelten die milchig schimmernden Glühbirnen über dem erleuchteten Butzenfenster den verwitterten Kotten in ein verzaubertes Knusperhäuschen, hinter dessen windschiefen Mauern es nur einen warmen Ofen und Lebkuchen geben konnte.

Am Nachmittag war Leo erst zu Arne gefahren und hatte dort auch dessen Bruder Ulf kennengelernt. Der war schon über zwanzig und ein großer Kerl mit pechschwarzen Haaren, und obwohl er mit Jeans und T-Shirt auf dem Sofa herumlümmelte, war es Leo nicht schwergefallen, sich ihn als Zauberer mit langem Mantel und spitzem Hut vorzustellen. Sie hatten noch einige Einzelheiten zum Ablauf besprochen und mit Ulf geklärt, wie er diese Spione aus Hamburg überhaupt würde erkennen können. Leo war zum Glück in der Lage, sie recht gut zu beschreiben. Trotzdem hatte Ulf zusätzlich einen gerissenen Vorschlag gemacht, wie Leo ihm noch während der Vorstellung ganz unauffällig eine Beschreibung zukommen lassen konnte. Arne würde indessen auf der Bühne mit Stirnlampe unter einem zugehängten Tisch sitzen und darauf warten, dass sein Bruder ihm die stibitzten Brieftaschen zuschanzt. Dort könnte er sie in Ruhe untersuchen, die wichtigsten Einzelheiten abschreiben und die

Brieftaschen heimlich wieder an seinen Bruder zurückgeben. Leo musste schmunzeln, wenn er an diesen Plan dachte.

Leo und Arne stellten ihre Räder im Hof ab. Die Luft war in den letzten Stunden etwas milder geworden und so knirschte der Schnee unter den dicken Sohlen ihrer Schuhe. Drinnen klappte eine Tür und ein freudiges Bellen wurde schnell lauter. Hannes kam ebenfalls heraus, um die beiden Ankömmlinge im Hof zu begrüßen, denn hier draußen konnte er ungestört Neuigkeiten von der Weihnachtsmarktaktion erfahren und natürlich auch über die heutige Kombination reden. Was die Zahlen anging gab es Einmütigkeit und alle gingen wieder hinein, denn bald würde es Zeit werden, das nächste Türchen zu öffnen.

Heute durfte Arne die Stellräder bedienen. Mit konzentrierter Miene drehte er zuerst das mittlere Rad auf die *19*, dann stellte er die anderen beiden Zahlen ein, griff an das Tagesrad und sah Leo an. Der nickte ermutigend. Der alte Mann war gleich nach den Feiertagen in östlicher Richtung aufgebrochen, also musste die *27* nach rechts und infolgedessen die *12* aus der Anzahl der Länder auf die andere Seite – so war es richtig eingestellt. Arne zog, alle horchten, das Schnarren ertönte und das Türchen sprang folgsam auf. Arne öffnete die Klappe so weit es ging und versuchte sich an der Schrift. Er betrachtete das Türchen lange von der Innenseite, dann schüttelte er den Kopf und ließ Leo den Vortritt. Der putzte schnell die Fläche mit einem fleckigen Geschirrtuch, beäugte die alten Schriftzeichen eine kurze Zeit und gab dann leise bekannt:

„Vollmond von einer *Alexandra Freifrau von Winck* – dann auf ein Neues, wir haben ja mittlerweile Übung."

Aber diese Übung nützte den drei Forschern erstmal nichts. Sie hatten lediglich herausgefunden, dass diese Geschichte in einem Büchlein mit dem Namen *Die Schulzeit der Tiere* stehen würde, aber wo sie auch suchten, überall war dieses Buch unbekannt, vergriffen oder nicht mehr lieferbar. Selbst ein Anruf bei dem Experten für unauffindbare Geschichten war erfolglos geblieben, Dr. Hofmann war seit Anfang der Woche im Weihnachtsurlaub. Hannes hatte versprochen, am heutigen Vormittag noch ein wenig zu forschen, während Leo und Arne in der Schule waren, denn am Nachmittag würden sie alle auf dem Weihnachtsmarkt sein. Wie sollten sie es da rechtzeitig schaffen, dieses verflixte Buch zu besorgen, die Geschichte zu lesen und dann die richtigen Zahlen einzustellen, bevor der Kalender die Ratezeit für beendet erklären würde?

Nachdenklich stand Leo in der Pause vor den Hinweisschildern in der Eingangshalle seiner Schule und starrte auf einen länglichen Schriftzug.

‚*Schulbibliothek – Untergeschoss*' stand dort, und daneben wies ein eckiger Pfeil die Treppe hinunter. An diese Möglichkeit hatte Leo noch nie gedacht, dort waren doch nur Schulbücher. Aber Lesebücher sind auch Schulbücher, und hier ging es sogar um Schulgeschichten! Die Chance war gering, aber dafür war der Weg nicht weit, und so tippte Leo kurze Zeit später schon den Buchtitel als Suchbegriff für die Inventarliste ein.

„Gesuchter Titel bis einschließlich 7. Januar verliehen", gab der Bibliotheks-Computer zur Antwort.

Jetzt gab es tatsächlich dieses Buch in seiner Schule, aber es war nicht da! So viel Pech konnte es einfach nicht geben, Leo war zum Heulen zu Mute. Vielleicht konnte er den Mitschüler erfragen und sich das Buch kurz von ihm ausleihen?

„So was dürfen wir eigentlich nicht", sagte die Oberstufenschülerin, die in dieser Pause Bibliotheksdienst hatte, und runzelte die Stirn, „aber wenn es wirklich so dringend ist, dann will ich eine Ausnahme machen."

Sie klickte ein paar Mal mit der Computermaus.

„Das Buch hat eine Kati Kirsch aus der 7a ausgeliehen", sagte sie und Leo strahlte wie eine Glühbirne.

Kati Kirsch wohnte nicht weit von der Schule entfernt und es kam Leo komisch vor, mit einem größeren Mädchen zusammen nach Hause zu fahren. Es war ihm auch unwohl dabei gewesen, in eine höhere Klasse zu laufen, sich dort nach einer Schülerin zu erkundigen und diese dann nach einem Buch mit Tiergeschichten zu fragen. Aber die Not hatte ihn beflügelt, und zum Glück war Kati sehr nett und hatte Leo gleich angeboten, ihm das Buch nach der Schule zu geben.

Nun fuhren sie nebeneinander her und Leo erzählte ihr von dem Holzhauser Adventskalender und dessen Rätselaufgaben. Natürlich hatte sie gleich wissen wollen, warum er dieses Büchlein so dringend brauchte, und so war Leo ein bisschen in der Klemme gewesen. Eigentlich redete er nicht gerne mit Fremden über sein Geheimnis, schon gar nicht, seit es diese unerklärliche Bedrohung gab. Andererseits fand Leo, dass Kati ein Recht auf die Wahrheit hatte. Und ein wenig stolz war er freilich auch, als er bemerkte, wie sehr sich dieses hübsche Mädchen mit den braunen Augen und den langen dunklen Haaren für sein Abenteuer interessierte.

Kati wohnte in einem freistehenden modernen Haus am Ende einer Sackgasse. Die beiden Kinder stellten ihre Räder ab, nahmen ihre bunten Schultaschen und gingen auf die Haustür zu.

„Tür auf", sagte Kati laut und deutlich, und tatsächlich öffnete sich die helle Holztür artig wie der Sesam im Märchen und gab den Weg in den Hausflur frei. Leo bekam vor Staunen den Mund kaum zu.

„Och", sagte Kati nur, „so was gibt es bei uns haufenweise. Mein Bruder ist ein Spinner, was seine Elektronik-Bastelei angeht. Alles muss automatisch gehen. Bei der Haustür erkennt ein Computer unsere Stimmen und schaltet einen Türmechanismus ein, wenn jemand aus der Familie draußen steht. Aber nachts erlauben meine Eltern diese Spielerei nicht, da geht die Tür wie bei allen anderen nur mit einem Schlüssel auf."

Und in der Tat wusste eine Strichmännchenanzeige an der Wand, wer aus der Familie gerade zu Hause war, die Rollläden gingen bei starker Sonneneinstrahlung selbsttätig herunter und im Flur konnte man seine Notizen mit einem speziellen Stift auf einen liegenden Monitor schreiben. Ein Computerprogramm entschlüsselte dann die Handschrift, versandte die Notizen auf Wunsch per SMS oder gab sie an einen Drucker, der auf Kommando die richtigen Merkzettel für den heutigen Tag ausdrucken konnte.

Leo war immer noch voll von den neuen Eindrücken, als er später vor der eigenen Haustüre stand. Er kam sich plötzlich wie Meister Eduard persönlich vor, der in grauer Vorzeit die Tür noch mit einem Schlüssel öffnen musste.

Frau Winterfeld sagte nicht viel, als Leo viel später als geplant in die Küche gepoltert kam. Sie nahm das Essen von der Warmhalteplatte und stellte es wortlos auf den Küchentisch.

„Tschuldigung, Mama", murmelte Leo, „ich musste noch..."

„Ich weiß schon", sagte Frau Winterfeld ergeben, während sie sich ihre Hände eincremte, „ich werde mich wohl daran gewöhnen müssen, dass mein Sohn momentan viele wichtige Termine hat, weil er bis Weihnachten noch ein ungelöstes Rätsel der Menschheit lösen und gleichzeitig eine Verbrecherbande hinter Gitter bringen muss."

Als Leo dann am Tisch saß und kleinlaut seine Suppe löffelte, wurde Frau Winterfelds Stimme wieder versöhnlicher.

„Hast du die neue Geschichte denn?"

Leo nickte.

„Und nachher holt Hannes dich gleich zum Weihnachtsmarkt ab?"

Leo nickte wieder.

„Soll ich dir denn die Geschichte vorlesen, während du isst?"

„Ja Mama, das wäre super!"

Leo sprang auf, fischte das Buch aus seiner Schultasche und suchte seiner Mutter die richtige Geschichte heraus. Frau Winterfeld schaltete inzwischen das Radio im Wohnzimmer aus, setzte sich zu Leo an den Tisch, schob ihr Haarband etwas nach hinten und begann zu lesen:

Vollmond

„Heute werden wir den Mond durchnehmen, schlagt dazu eure Erdkunde-Bücher auf Seite neunundvierzig auf", sagte der Lehrer morgens in der ersten Stunde zu seiner Klasse. Alle Maulwurfskinder holten ihre Kladden heraus, legten sie auf ihre Schulbank und begannen zu blättern. Auch der kleine Fritz blätterte emsig nach der richtigen Seite, bis seine Pfötchen endlich die passenden Punktschriftzeichen für die Seitenzahl unten in der Ecke ertasten konnten. Was würde ein Mond wohl für ein seltsames Ding sein?

„Wer möchte freiwillig vorlesen", erschallte aus dem Dunklen die Stimme des Lehrers, und da keiner der Schüler etwas sagte und Handzeichen in einer Maulwurfsschule keine Bedeutung haben, rief der Lehrer den kleinen Fritz auf, die Seiten über den Mond vorzulesen.

Fritzchen räusperte sich und wischte währenddessen mit der Pfote über das Blatt, um die Überschrift zu finden. Bald hatte er sie ertastet.

„Der Mond", las er, und als der Lehrer dieser Lesekunst nicht widersprach, fuhr er mit leiser Stimme fort.

„Der Mond ist ein sichelförmiger Himmelskörper, der von oben herab auf die Erde leuchtet, sobald es dort nicht mehr hell ist, also die Zeit des Tages angebrochen ist, die die Menschen *Nacht* nennen."

Ein lautes Schnipsen unterbrach Fritzchens Lesefluss, aber das Schnipsen mit den Pfoten ist in Maulwurfsschulen nicht nur erlaubt, sondern sogar erwünscht, denn wie sonst soll der Lehrer im Dunklen merken, wenn ein Schüler sich meldet.

„Ja, Liese, was ist?"

Das geübte Gehör des Maulwurf-Lehrers hatte mühelos festgestellt, woher die Frage kam.

„Wozu brauchen die Menschen überhaupt im Dunklen Licht?", piepste Liese.

Der Lehrer dachte einen Moment nach.

„Die Menschen sind eine eigenartige Tierart", sagte er dann, „sie verlassen sich sehr auf ihre Augen, obwohl sie eigentlich gute Ohren haben; sogar Ohrmuscheln. Sobald es dunkel wird, werden sie unsicher und wollen, dass es wieder hell ist. Sie haben nicht verstanden, dass Ohren auch wie Augen sein können."

„Haben die Menschen den Mond selbst gemacht", fragte ein Maulwurfskind dazwischen.

„Nein, der Mond war schon immer da", gab der Lehrer zur Antwort, „und weil es dort oben eben nie ganz dunkel wie bei uns unter der Erde ist, haben die

Menschen vermutlich auch das Hören nie richtig lernen können. Aber nun lies weiter, Fritzchen!"

Der hatte sein Pfötchen an der Stelle auf dem Blatt liegen lassen und tastete weiter über die knubbeligen Punkte – wie gut, dass kürzlich die Nachtschrift erfunden worden war.

„Der Mond ist 384000 Kilometer von der Erde entfernt, er hat einen Durchmesser von ungefähr 3500 Kilometern, die Schwerkraft auf seiner Oberfläche ist etwa sechseinhalb mal geringer als bei uns, er dreht sich in 27,35 Tagen einmal um die Erde, bewirkt im Meer Ebbe und Flut, besteht aus Mondgestein und hat eine Tabakpfeife im Mund."

Fritzchen musste tief Luft holen.

„Warum müssen wir das denn alles lernen, wenn wir nicht am Meer wohnen, den Mond niemals sehen und sein Licht auch nicht brauchen?", rief der faule Klaus dazwischen.

„Du willst doch später sicher einen guten Beruf haben und viel Geld verdienen, nichtwahr?", konterte der Lehrer mit einem leichten Vorwurf in der Stimme.

„Schon", meinte Klaus nachdenklich, „aber …"

„Kein *aber*", sagte der Maulwurf-Lehrer streng, „schließlich lernen alle in der Schule über den Mond, auch deine Eltern und Großeltern haben das getan, nur wusste man damals noch nicht so viel wie heute."

„Woher wissen wir das überhaupt alles?", wollte ein anderer wissen.

Die Stimme des Lehrers bekam einen feierlichen Klang.

„Unser großer Vorfahre *Maulilei Maulileo* hat alles über den Mond erforscht und weitergetragen. Er war ein bedeutender Wissenschaftler und es gibt keinen Grund, an seinen Forschungsergebnissen zu zweifeln."

„Wahrscheinlich hat er nur bei den Menschen abgeschrieben", flüsterte der faule Klaus, der selbst gerne abschrieb, seinem Nebenmann zu. Dabei ist Abschreiben in der Maulwurfsschule gar nicht einfach.

Die Liese quälte auch eine Frage, und sie schnipste mit der Pfote, so laut sie konnte.

„Warum hat denn der Mond ausgerechnet die Form einer Sichel?", wollte sie wissen.

„Das wissen wir nicht genau", erklärte der Lehrer, „wahrscheinlich kann der Mond so seine Pfeife besser halten."

„Und warum raucht er Pfeife?", setzte Liese nach.

„Das wissen wir auch nicht, aber es soll Bilderbücher vom Mond geben, auf denen er ganz eindeutig eine Tabakpfeife im Mund hat."

Im weiteren Abschnitt über den Mond musste Fritzchen noch eine Menge Angaben und Zahlen über Drehachsen und Bahngeschwindigkeiten, über Entfernungen und Flächenmaße vorlesen, mit denen er allesamt keine Vorstellung verbinden konnte. Auch das Schnipsen der anderen hatte aufgehört, während Fritzchen die vielen Zahlen herunterleierte. Es kam erst wieder etwas Leben in die Klasse, als er zum Schluss über das *Meer der Stürme* vorlas, über das im Schulbuch etwas geschrieben stand; ein Meer auf dem Mond, das war nun wirklich interessant.

„Wieso heißt das Meer so?", wollte ein Schüler wissen.

„Es ist wohl, weil oben auf der Erde die Stürme brausen, wenn im Winter diese große Senke auf dem Mond zu sehen sein soll, die wie ein Meer aussieht", sagte der Lehrer in das Klingeln der Schulglocke hinein, die das Ende der Stunde einläutete.

„Für morgen lernt ihr als Hausaufgabe alle Zahlen über den Mond auswendig, die wir heute durchgenommen haben", rief der Lehrer in die Runde, aber da waren die ersten schon aufgesprungen und hatten damit begonnen, sich eilig aus dem Klassenraum hinaus in den Pausenhof zu graben.

Als der kleine Fritz einige Wochen später mit seiner Laterne vom Martinssingen nach Hause kam, saß sein Vater im Ohrensessel und raschelte mit der Zeitung. Ab und zu brummte er zustimmend und einmal war sogar ein ‚da sieh' mal einer an' zu hören.

„Was gibt es denn so Spannendes?", wollte Fritzchen wissen.

„Ich lese gerade einen Forschungsbericht von *Professor von Maulbolt,* der von einer Expedition an die Erdoberfläche zurück ist und dort bahnbrechend neue Erkenntnisse gewonnen hat", sagte der Vater, „er hat zum Beispiel herausgefunden, dass die Form des Mondes gar keine Sichel ist, wie bisher angenommen, sondern ein Halbkreis. Das stellt unser bisheriges Wissen gehörig auf den Kopf."

„Sind denn nun alle unsere Schulbücher falsch?", fiel Fritzchen als erstes ein.

„Vielleicht müssen tatsächlich die Bücher über den Mond neu geschrieben werden", nickte der Vater gedankenschwer, „Professor von Maulbolt behauptet, dass seine neuen Messergebnisse eindeutig sind. Zudem, so schreibt er, hätte man schon mit dem bloßen Auge erkennen können, dass die bisherige Lehrmeinung falsch sei."

„Mit bloßen Augen?", staunte der kleine Fritz, denn das bedeutet für einen Maulwurf, dass es schon ein sehr heller klarer Halbkreis sein muss.

„Allerdings kann es noch lange dauern, bis alle überzeugt sind", gab der Vater zu Bedenken, „die Würdenträger der heiligen Maulwurfskirche haben bereits Bedenken angemeldet, dass die Ordnung am Himmel durcheinander geraten würde, wenn die Wissenschaft sich dort einmischt."

Mit bloßen Augen!

Diese Aussage ließ unseren kleinen Fritz nicht los. Könnte auch er mit seinen winzigen schwachen Maulwurfsäuglein den Mond sehen, vielleicht sogar das Meer der Stürme?

Es war kalt geworden und die Erde hart. Der kleine Fritz musste ordentlich graben, um weiter nach oben zu kommen. Er wühlte und schwitzte, seine kräftigen Grabhände schmerzten ihn, heute Nacht wollte er unbedingt den Mond sehen. Heimlich war er mitten in der Nacht aufgestanden, als seine Eltern bereits schliefen, hatte sich einen halben Regenwurm als Wegzehrung eingesteckt und sich zu den Gängen unterhalb der Stadtwiese aufgemacht. Hier wollte er sich nach oben durcharbeiten, hier gab es ein großes freies Feld, von dem aus der Mond zu sehen sein müsste.

Nachdem er eine lange Zeit geschuftet hatte, bemerkte sein Näschen plötzlich, dass die Luft frischer und kälter wurde. Bestimmt hatte er oben durch sein beharrliches Graben schon einen ordentlichen Erdhaufen aufgeworfen – gleich würde er oben sein.

Lieber, kleiner Fritz, hoffentlich hast du in deinem blinden Eifer daran gedacht, dass in mondhellen Nächten hungrige Füchse herumstreifen und Eulen in den Bäumen sitzen, die kleinste Bewegungen meilenweit sehen können.

Plötzlich fiel ein Lichtschimmer von oben herein. Vorsichtig kroch Fritzchen weiter und reckte seine Nase in den Wind. Er zog die frische Luft tief ein – nein, er konnte nichts Verdächtiges riechen. Er musste blinzeln obwohl es Nacht war, zu sehr waren seine Augen an völlige Dunkelheit gewöhnt, sodass sie selbst ein schwacher Lichtschein blendete.

Endlich hatten sich seine schwarzen Knopfäuglein an die neue Umgebung gewöhnt. Fritzchen sah sich um. Sein Blick blieb bei den Umrissen einer großen Tanne hängen, in deren Ästen eine Unmenge von hellen Lichtpunkten glänzten – war das ein Weihnachtsbaum und wo war der Mond?

Da endlich entdeckte Fritzchen den leuchtenden Halbkreis, der wie ein halber Apfel oben am Himmel hing. Professor von Maulbolt hatte also recht! Er versuchte, genauer hinzusehen, strengte seine Augen an und erkannte nun auch die Schattenrisse der zwei Kirchtürme, zwischen denen der Mond hervorleuchtete.

Den kleinen Fritz durchzuckte der Gedanke, ob er neulich in der Schule falsch gelesen haben könnte. Vielleicht hieß es in Wirklichkeit *Meer der Türme* und der Lehrer hatte aus Verlegenheit auf die Schnelle die Erklärung mit den Winterstürmen erfunden? Dann aber fiel ihm ein, dass der Mond ja angeblich eine Bahn über den Nachthimmel beschrieb und daher nicht zwischen den Türmen stehen blieb.

Und tatsächlich erschien es ihm jetzt, als ob der leuchtende Halbapfel sich ein winziges Stück zur Seite bewegt hatte. Mehr und mehr kam er hinter dem linken der beiden Türme weiter hervorgekrochen. Regungslos lag Fritzchen da und beobachtete das seltene Schauspiel, bemerkte den großen Greifvogel über ihm gar nicht, der am Nachthimmel seine Runden zog.

Aber was war das? Je mehr der Mond hinter dem Turm hervor geschwommen kam, desto größer wurde er. Und immer noch größer und runder wurde er, bis er schließlich kreisrund zwischen den Kirchtürmen hindurch unserem kleinen Fritz ins Gesicht leuchtete. Der kam aus dem Staunen nicht heraus, starrte die runde Scheibe am Himmel an und konnte sich keinen Reim auf das machen, was er da sah. Aber das war sein Glück, denn in seiner Überwältigung verharrte er in Reglosigkeit, war selbst für die Eule unsichtbar, die über ihm kreiste, dann nach einigen Runden abdrehte und davonflog.

Der kleine Maulwurf aber war so in Gedanken, dass er von alledem nichts mitbekam. Er fragte sich, ob es möglicherweise zwei Monde gab, die sich heute zufällig am Himmel getroffen und zu einem Kreis vereint hatten. Vielleicht täuschten ihn auch seine Augen, denen zu trauen ein Maulwurf ohnehin nicht gewohnt ist?

Oder war der Mond tatsächlich rund?

Hatte der Mond vielleicht auch gerade zur Hälfte hinter einem Turm gesteckt, als Professor von Maulbolt seine Betrachtungen vornahm? Je länger Fritz den runden Mond betrachtete, desto mehr glaubte er, dass der Mond in Wahrheit rund sein müsse. Ein Apfel wuchs doch auch nicht halb am Baum, und ein Wassertropfen hatte keine Kanten. Aber wer würde ihm glauben? Er war ein Kind, und sie würden ihn nur auslachen, wenn er von seinen Beobachtungen erzählte, die einem berühmten Professor widersprachen.

Fritz beschloss, dass er dieses Geheimnis für sich behalten würde.

Noch ein letztes Mal versuchte er, dieses Meer auf dem Mond ausfindig zu machen, aber er sah ein, dass die Kraft seiner Augen dafür nicht ausreichte. Aber was machte das schon, er war der einzige Maulwurf der ahnte, dass der Mond in Wahrheit rund war.

Zufrieden drehte er sich um und tauchte wieder ab in das schwarze Dunkel der unterirdischen Gänge. Hier war seine Welt, und die brauchte keinen Mond.

Oben auf der Erde fiel das fahle Licht des Mondes auf den frischen Maulwurfshügel, der bis eben noch Sternwarte gewesen war. Es war das Licht eines halben Mondes, dessen zweite Hälfte schon wieder hinter dem anderen Kirchturm verschwunden war.

Leo hatte seinen Teller schon lange leergegessen und nur noch stumm gelauscht. Jetzt wanderte sein Blick zur Küchenuhr.

„Gleich kommt Hannes", sagte er, „ich werde das Buch auf den Weihnachtsmarkt mitnehmen, damit alle zusammen nach unserem Auftritt noch einmal die Nase dort hineinstecken können."

20

Es war bereits nach halb vier, als Hannes und Leo auf dem Parkplatz neben dem Weihnachtsmarkt erschienen. Hannes reckte den Hals, um irgendwo einen freien Parkplatz zu entdecken, aber selbst um diese Zeit war schon alles belegt.

„Da vorne steht ein dunkelgrüner Audi", sagte er schmunzelnd und deutete mit dem Finger auf das Ende der Reihe parkender Autos. Sie kurvten weiter herum, und schließlich fand Hannes noch ein Eckchen, in das er den alten Lastwagen hineinbugsieren konnte. Leo schielte gespannt auf das Kennzeichen des Audis, als sie zu Fuß auf dem Weg zum Weihnachtsmarkt an ihm vorbei gingen, aber dieser Wagen kam nicht aus Hamburg. Ob ihr Plan gelingen würde?

Auf dem Markt herrschte wie immer Gedränge. Eine Unzahl unterschiedlicher Weihnachtsdüfte strich von überall her an Leos Nase vorbei, es roch verführerisch nach Mandeln, Lebkuchen, Gewürzen und vor allem nach Glühwein. Leo segelte gerne im Windschatten von Hannes durch die überfüllten Gänge, der sich wie ein Eisbrecher in diesem Gewühle einen Weg bahnte. Nach kurzer Zeit hatten sie den Markt überquert und standen auf der kleinen Freifläche, die für weihnachtliche Darbietungen und Veranstaltungen reserviert war.

Auf der gegenüberliegenden Seite war zum Glück die Bühne schon fast fertig aufgebaut, und Leo zwinkerte Arne zu, der dort auf einer kleinen Trittleiter stand und die letzten Schrauben an dem Gestell für den Vorhang festzog. Die rechteckige Bühne war etwa so groß wie vier Tischtennisplatten und auf einem meterhohen Gerüst montiert, an dem es jeweils rechts und links eine Treppe gab. Seitlich der Bühne stand rückwärts ein gelber Kleinlaster mit offenen Hecktüren, auf dessen Seitenflächen noch Kratzspuren in Form eines Posthorns erkennbar waren. Ulf erschien gerade mit einem Stoffberg hinten in der Türöffnung, sprang damit auf die Bühne und begann, den dunkel glitzernden Vorhang über das Gestell zu hängen. Ein zweiter Typ mit Rastalocken, einer weiten Pumphose und bunter Weste trug einen großen Tisch aus dem ausgedienten Postwagen auf die Bühne und hängte ein schwarzes Tuch darüber, das auf allen Seiten weit bis zum Boden reichte. Es wurden noch einige geheimnisvolle Kisten hinter dem Vorhang und auf der Bühne abgestellt, zwei

Scheinwerfer angebracht, Lautsprecher installiert und einige Zauberutensilien wie Spielkarten, dünne Seile und glitzernde Röhren auf dem Tisch vorbereitet. Dann fuhr der Rasta-Mann den gelben Kleinlaster fort und Arnes Bruder verschwand hinter dem Vorhang.

Leo hatte Arne beobachtet und vermutlich als einziger bemerkt, wie Arne sich neben dem Tisch gebückt hatte, um scheinbar etwas aufzuheben, dann aber nicht mehr aufgetaucht war. Jetzt saß er mit Schreibblock und Stirnlampe unter dem Tisch und wartete auf den Beginn der Vorstellung. Obwohl Arne einen dicken Pullover und eine warme Mütze trug, beneidete Leo seinen Freund nicht, der bei dieser Kälte lange Zeit in unbequemer Haltung unter dem Tisch verbringen musste.

Die Zeiger der Uhr drehten sich langsam vorwärts, um vier Uhr sollte die Vorstellung beginnen. Nach und nach füllte sich der kleine Platz. Mütter und Väter kamen mit ihren Kindern, andere Leute blieben stehen und fragten, was hier geboten würde. Leo sah sich immer wieder verstohlen um, aber er konnte in der Menge keines der Hamburger Gesichter finden, denen er in den letzten Tagen begegnet war. Weder erkannte er hier jemanden aus dem grünen Audi noch einen der Antiquitätenhändler oder gar den Mann mit der Regulatoruhr. Leo beschlichen erste Zweifel, ob sich diese Halunken wirklich so einfach würden überrumpeln lassen. War vielleicht der ganze Aufwand umsonst?

Jetzt war es wenige Minuten vor vier, die Bühne stand ruhig und dunkel auf dem kleinen Platz und wartete auf ihren Zaubermeister. Aus den Lautsprechern tönte eine geheimnisvolle Xylophon-Musik, die immer mehr Passanten innehalten ließ. Mittlerweile war der gesamte Platz gefüllt, und aus den Gängen des Weihnachtsmarktes kamen immer noch Leute hinzu. Kleine Kinder zappelten erwartungsvoll auf den Schultern ihrer Väter, die alle Mühe hatten, ihren mitgebrachten Glühwein nicht zu verschütten. Leo ließ seinen Blick unauffällig kreisen – wo blieben nur seine Widersacher?

Da wurde die Musik abgeblendet, die Scheinwerfer flammten auf und kurz darauf trat Ulf durch den schwarzen Vorhang auf die Bühne hinaus. Als Zauberer verkleidet war er wirklich eine imposante Gestalt. Er trug einen schwarzen Zylinder mit roter Schärpe, einen schwarzen Frack mit weiten Ärmeln, ein weißes Hemd und eine schwarze Hose. Das Gemurmel verstummte und Ulf verbeugte sich tief. Dann hob er die Hände.

„Verehrtes Publikum, liebe Kinder – ich begrüße alle Zuschauer zu unserer weihnachtlichen Zaubervorstellung. In der nächsten halben Stunde werde ich für Sie wunderliche Dinge zaubern, und wenn es Ihnen gefallen hat, dann zieren Sie sich nicht, im Anschluss eine großzügige Spende in diesen Zylinder zu tun", er zeigte auf den Hut auf seinem Kopf und fuhr fort, „das Geld wird aber nicht für mich sein, sondern geht in voller Höhe an das städtische Kinderheim, damit Weihnachten für die Waisenkinder auch dort ein Fest mit bunten Päckchen unter dem Christbaum sein kann."

Er verbeugte sich noch einmal, und als er sich wieder aufrichtete, steckte plötzlich eine riesige Papierblume im Knopfloch seines Fracks. Seine Hände begannen, magische Kurven und Bahnen in der Luft zu beschreiben, aus dem Nichts heraus hielt er plötzlich einen Apfel in der Hand, ließ ein Tuch in seiner Faust verschwinden oder holte einen aufgeblasenen Luftballon aus der engen Brusttasche seines Fracks. Er ließ einen Zuschauer in der vorderen Reihe ein Seil zerschneiden, das durch bloßes Handauflegen wieder ganz wurde, er zog einen Regenschirm aus einer leeren Röhre und goss ein Getränk aus einer gerade vorher zusammengefalteten Zeitung in ein Glas, das er dann genüsslich austrank.

Aus der Menge war jedes Mal ein lautes *Ooooh* oder *Aaaah,* gefolgt von brausendem Applaus zu hören, wenn eine Zauberei gelungen war. Leo war so begeistert von den Tricks, dass er ganz vergaß, sich um das Erscheinen der vermeintlich heimlichen Lauscher zu kümmern. Er versuchte angestrengt, die Hände des Zauberers genau zu beobachten, um hinter die Zaubertricks zu kommen, bis er plötzlich Unruhe und flüsternde Stimmen hinter sich wahrnahm. Er drehte sich unwillkürlich um und sah, wie der große pomadige Mann aus dem Audi sich einen Weg durch die Menge hindurch in seine Richtung bahnte, gefolgt von der Frau, die heute ausladende Ohrringe aus Silberdraht und einen Mantel mit Pelzkragen trug. Ihre Blicke trafen sich und die Frau sah sofort zur Seite – da wusste Leo, dass das Spiel begonnen hatte.

Er wartete noch einen Moment und setzte sich dann seine Mütze auf, als ob ihm kalt wäre. Das war das Zeichen für Ulf, dass die erwarteten Leute eingetroffen waren und dass er nun seinerseits den verabredeten Plan in Gang setzen konnte. Ulf zwinkerte Leo von der Bühne aus unmerklich zu – er hatte verstanden.

„Ich werde nun versuchen, einen unbekannten Text auf einem zusammengefalteten Blatt zu entziffern", sagte Ulf mit lauter Stimme von der Bühne herab, „welches Kind möchte gerne etwas aufschreiben?"

Einige Finger gingen zaghaft in die Höhe.

„Möchtest du zu mir auf die Bühne kommen?", fragte der Zauberer Leo, der natürlich auch den Finger gehoben hatte.

Leo ging gespielt schüchtern die Treppe zur Bühne hinauf.

„Wie heißt du denn?", fragte der Zauberer.

„Leo".

„Gut, Leo, hier hast du Schreibbrett, Stift und ein weißes Blatt Papier."

Der Zauberer schwenkte das leere Blatt gegen das Publikum.

„Bitte schreibe irgendetwas darauf, irgendeinen Unsinn, zeige es hoch und falte das Blatt dann ganz klein zusammen."

Leo nahm das Blatt entgegen und begann zu schreiben, während der Zauberer sich abwandte.

,Der große schwarze Hund schielt auf die braunen Beeren', schrieb Leo auf das Blatt und zeigte es flüchtig ein paar Zuschauern in der vorderen Reihe. Dann faltete er das Papier viele Male und reichte es dem Zauberer. Der nahm den Papierwürfel in die Hand, zeigte ihn kurz hoch und hielt ihn dann an seine Stirn, wohl, damit die Buchstaben auf dem Papier auf magische Art in seinen Kopf gelangen konnten. Danach gab er Leo das gefaltete Blatt unverändert zurück, tat noch einmal besonders konzentriert, kritzelte was auf einen anderen Zettel und sagte gedehnt:

„Der Text von Leo besteht aus neun einzelnen Wörtern, einige davon haben sich mir deutlich offenbart und ich habe sie hier aufgeschrieben. Wer möchte sie mit dem Original vergleichen?", fragte er sein Publikum.

Wieder gingen einige Finger in die Höhe.

„Bitte kommen Sie zu mir hinauf", forderte Ulf eine unbekannte junge Frau mit blonden Haaren und einer riesigen Gürtelschnalle auf. Er bot ihr vor der Treppe zur Bühne galant seine Hand an und hielt ihr dann seinen Zettel hin.

„Bitte lesen Sie laut vor!"

Die Frau sah kurz auf den Zettel und las:

„Hund – auf – Beeren"

Ulf wandte sich wieder Leo zu, der immer noch auf der Bühne wartete.

„Nun lies du bitte deinen Text, und die Dame wird dir dabei über die Schulter schauen."

Leo faltete seinen Zettel auseinander, und während die blonde Frau die Worte mitverfolgte, las Leo laut vor:

„Der große schwarze Hund schielt auf die braunen Beeren."

Die Frau nickte verblüfft.

„Ja, das stimmt, alle Wörter kommen vor!", rief sie verwundert aus.

Der Zauberer nahm Leo das Blatt wieder ab und heftete beide Zettel mit Reiß-nadeln vorne an die Bühne.

„Überzeugen Sie sich selbst!", rief er zum Publikum hinab, und ein anerkennen-der Beifall brandete ihm entgegen, während einige ihre Hälse reckten, um die Zettel lesen zu können.

Leo ging die kleine Treppe neben der Bühne wieder hinunter und grinste ver-stohlen in sich hinein. Natürlich hatte Ulf ungefähr gewusst, was auf Leos Zettel stand. Es war ja zu vermuten gewesen, welcher der Spitzbuben erscheinen würde, in jedem Fall aber würde es ein angekleideter Mann sein, sodass die drei Worte auf

Ulfs Zettel garantiert richtig waren. Gestern bei Arne hatten sie sich Codewörter für die grobe Beschreibung einer Person überlegt: Ein *Hund* stand für einen Mann, ein *Bär* wäre ein bärtiger Mann gewesen. Eine *Katze* symbolisierte eine Frau, die Farbe des Fells bezog sich auf die Haare der Person, das *Schielen* stand für eine Brille und die *Beeren* für die Kleidung. Nun konnte Ulf sich sicher sein, dass er einem großen schwarzhaarigen Mann mit Brille und braunem Mantel, der in der Nähe von Leo und Hannes stand, die Brieftasche stibitzen musste.

In der Menge wussten nur Leo und Hannes, dass der Zauberer nun gleich ins Publikum kommen würde. Wie würde Ulf das ankündigen? Der war um einen Kniff nicht verlegen und fragte sein Publikum, wer gerne ein Frühstücksei essen mag. Ein dicklicher Mann lachte und hob den Finger. Der Zauberer ging die Treppe hinunter auf ihn zu und angelte zur großen Überraschung des Mannes ein Hühnerei aus dessen Manteltasche heraus.

„Aber Vorsicht, es muss noch gekocht werden", sagte der Zauberer lächelnd und schenkte dem Mann das Ei, während er mit der anderen Hand schon eine Spielkarte aus dem Ärmel eines anderen Zuschauers fischte.

„Oh – ein Ass"

Er ging weiter durch die Menge auf Leo und Hannes zu und verblüffte dabei die Leute mit allerlei Schabernack.

„Eine so schöne Blume gehört doch in eine Vase", sagte er lächelnd zu der Frau mit den silbernen Ohrringen und zog eine Rose aus ihrem Pelzkragen. Während die umstehenden Menschen noch klatschten, hatte Ulf sich schon seinem Opfer zugewandt und zog ein nicht enden wollendes buntes Tuch aus der Brusttasche des braunen Mantels. Der pomadige Mann guckte etwas mürrisch, aber Ulf ließ sich nicht beirren, knüllte letztendlich das Tuch zu einem Ball zusammen und warf es hoch, sodass es groß und bunt wieder auf die Menge herunter schwebte.

Der Zauberer war schon wieder in Richtung Bühne unterwegs, angelte nebenbei noch einen Mohrenkopf aus der hochtoupierten Frisur einer Mutter, schenkte ihn dem Kind und ging dann die Treppenstufen empor.

Oben angekommen trat er hinter den Tisch und verbeugte sich tief. Leo ahnte, dass in diesem Moment die Brieftasche unter den Tisch wanderte. Dann ging die Zaubervorstellung weiter, aber Leo war mit seinen Gedanken bei Arne, der jetzt bestimmt mit dem Durchsehen der Beute beschäftigt war. Arne musste sich beeilen, denn das Programm würde bald zu Ende sein. Ob er schon einen Hinweis gefunden hatte?

Leos Blick wanderte unweigerlich zu dem Tisch auf der Bühne, und da stockte ihm der Atem: Das schwarze Tuch war durch die Bewegung auf der Bühne nach hinten verrutscht, noch ein Stückchen, dann würde auf der Vorderseite schon ein

Spalt über dem Boden entstehen. Was, wenn es womöglich ins Rutschen käme? Dann würde Arne mit seiner Stirnlampe plötzlich im Freien sitzen und alle Leute im Publikum könnten sehen, was er dort unter dem Tisch treibt. Sie würden daraufhin ihre Taschen kontrollieren und der Mann aus Hamburg wüsste sofort, dass das dort auf der Bühne seine Brieftasche ist – nicht auszudenken!

Leo überlegte fieberhaft, was er tun sollte. Er versuchte Ulf mit den Augen und kleinen Handzeichen auf das nahende Unglück aufmerksam zu machen, aber der war so in seine Zauberei vertieft, dass er Leos flehende Blicke nicht bemerkte. Jetzt stellte er für einen Trick eine kleine Kiste auf dem Tisch ab, und wieder rutschte das Tuch dabei ein Stückchen nach hinten. Unter dem Saum des Tuches kam schon ein schwacher Lichtschimmer hervor. Leo war sich sicher, dass im Moment nur er das bemerkte, aber wenn das Tuch noch einmal rutschen würde, dann würden alle das Licht sehen und unter den Tisch gucken.

Da! Ulf war beim Zaubern wieder an das Tuch gestoßen und wieder war der Spalt breiter und heller geworden. Warum bemerkte Arne nichts? Aber vermutlich war der dort unter dem Tisch zu sehr mit der Brieftasche beschäftigt. Leo beschloss in seiner Verzweiflung, einfach auf die Bühne zu gehen und zum Vorwand den Zauberer zu bitten, das Kunststück mit dem gefalteten Zettel noch einmal zu wiederholen. Dabei könnte er dann unauffällig das Tuch nach unten ziehen. Gerade als er sich aufmachen wollte, kam plötzlich Ulfs Aufbaugehilfe, der junge Kerl mit den Rastalocken, auf die Bühne gesprungen und zog zum Glück das Tischtuch wieder in seine richtige Lage. Ulf nickte ihm dankbar zu und Leo fiel ein riesiger Stein vom Herzen.

„Verehrtes Publikum", war nun wieder Ulfs Stimme zu hören, „in der Zauberkunst gilt es nicht nur, Dinge hervorzuzaubern, sondern auch Dinge verschwinden und an einem anderen Ort wieder auftauchen zu lassen. In diesem kleinen Kästchen hier werden sich gleich Dinge finden, die Sie eigentlich in Ihren Taschen glauben."

Er wandte sich einem Herrn mit Hut und Aktentasche zu, der vorne im Publikum stand.

„Kann es sein, dass Sie Ihr Brillenetui vermissen?", fragte er den Herrn freundlich. Der griff in seine rechte Manteltasche, dann in die linke, in die Brusttasche und sah den Zauberer anschließend ratlos an. Ulf öffnete das Kästchen auf dem Tisch, holte ein Brillenetui heraus und hielt es hoch.

„Ist es dieses hier?"

„Ja, das ist meins! Wie ist das möglich?", rief der Herr erstaunt und nahm lachend sein Etui zurück, während die Menge applaudierte. Viele der Zuschauer griffen nun in ihre eigenen Taschen und kontrollierten deren Inhalte. Auch der schwarzhaarige Mann aus Hamburg fasste hektisch in die Innentasche seines Mantels und Leo sah, wie sich sein Gesicht versteinerte. Der Zaubermeister gab indessen aus dem Kästchen ein

Feuerzeug an einen Großvater mit Tabakpfeife zurück, einen kleinen Schminkspiegel an eine Dame im Kostüm, dann hielt er die Brieftasche hoch und suchte den Blick ihres Besitzers.

„Bitte kontrollieren Sie den Inhalt, damit ich nicht versehentlich etwas hineingezaubert habe", sagte er zwinkernd. Der Mann ging ein paar Schritte nach vorne und nahm seine Brieftasche mit sauertöpfischer Miene entgegen. Er hätte sich bestimmt gerne beschwert oder dem Zauberer etwas Ärgerliches entgegen geschleudert, aber die Leute klatschten fröhlich, und so blätterte er seine Papiere missmutig durch und ging wortlos an seinen Platz zurück.

Dieses war auch gleichzeitig der letzte Teil der Vorstellung gewesen. Ulf lüftete seinen Zylinder, bedankte sich mit geschliffenen Worten bei seinem Publikum und forderte es zum Schluss noch einmal auf, sich nun nicht lumpen zu lassen, wenn er gleich mit seinem Zylinder für die Spende durch die Reihen gehen würde.

„Ich verspreche auch, nicht mehr zu zaubern, damit niemand sagen kann, sein Portemonnaie wäre nicht da", rief er schelmisch und ging die Treppe hinunter.

Da klingelte Hannes' Telefon laut in seiner Hosentasche.

„Schenker", meldete sich Hannes und hörte dann in den Apparat hinein. Seine Miene verdunkelte sich.

„Ja, wir warten hier auf Sie ... in einem Stau? ... bis wann können Sie es denn schaffen? ... das passt uns nicht so gut ... das ist schade ... in Ordnung, Sie melden sich morgen Vormittag wieder ... gut, auf Wiederhören."

Hannes steckte den Apparat wieder in die Tasche.

„Sie stecken in einem Stau und wissen nicht, bis wann sie hier sein können", sagte er zu Leo, „nachher ruft er noch mal an, um ein neues Treffen zu besprechen. Also lass uns gehen!"

Sie warteten, bis Ulf mit dem Zylinder bei ihnen war, warfen schmunzelnd einen Geldschein hinein und machten sich dann auf den Weg zurück zum Parkplatz. Das hatte ja famos geklappt. Hannes legte seine Hand auf Leos Schulter.

„Na, wie war ich als Schauspieler?"

„Super", grinste Leo.

Der Anruf war natürlich gestellt. Hannes hatte Leos Vater, der den Wachdienst in Hannes' Küche übernommen hatte, heimlich eine SMS geschickt, als die Vorstellung dem Ende zuging. Alles war vorab genau besprochen worden: Herr Winterfeld sollte sofort zurückrufen, damit Hannes mit lauter Telefonstimme den Lauschern in der Nähe eine Begründung liefern konnte, weswegen kein Treffen mit den erfundenen Interessenten stattfand.

Die beiden Freunde kletterten flachsend in den klapprigen Laster und brummten davon. Sie wollten schnell zurück, denn nun war es wieder Zeit, sich um das heutige Türchen zu kümmern.

Es war spät geworden und Leo wollte gerade mit seinem Vater nach Hause aufbrechen, als das Telefon in Hannes' Küche schrillte.

Hannes ging ran.

„Ist für dich, Leo."

Leo nahm den speckigen Telefonhörer und meldete sich.

„Ah, Arne, seid ihr schon fertig mit – na, du weißt schon mit was?"

„Ja, wir sind schon wieder zu Hause. Das war ja ein voller Erfolg heute, wir haben einen Haufen Geld eingenommen und auch sonst gute Beute gemacht."

„Sind wir denn jetzt schlauer?", fragte Leo wolkig, während sein Blick das rote Warnschild über der Regulatoruhr streifte.

„Du wirst dich wundern", antwortete Arne geheimniskrämerisch, „habt ihr denn das zwanzigste Türchen auf?"

„Klar! Es war links die *2* wegen der beiden Türme und gegenüber die *49*, weil ungerade Seitenzahlen in Büchern nun mal rechts stehen", sagte Leo abgeklärt wie ein großer Spezialist für Zahlenrätsel, „und eine neue Geschichte haben wir auch schon. Wenn du magst, kannst du noch zu mir nach Hause kommen, mein Vater will sie mir nachher gleich vorlesen."

Herr Winterfeld sah auf seine Armbanduhr und runzelte die Stirn, aber Arne war sich sicher, dass er noch die Erlaubnis von seinen Eltern bekommen würde. Die beiden Jungen verabschiedeten sich optimistisch für nachher, während Herr Winterfeld schon ungeduldig mit den Autoschlüsseln klapperte; nach fünf Stunden Wachdienst knurrte sein Magen und er freute sich auf den gedeckten Abendbrottisch in der aufgeräumten Küche bei sich zu Hause.

Nach dem Abendbrot stand Herr Winterfeld auf und ging in sein Arbeitszimmer. Dort stand er einige Zeit vor seiner Bücherwand, ließ den Blick an den vielen Buchrücken vorbeistreifen und grübelte. Ab und zu zog er eines der Bände heraus, blätterte ein wenig darin und steckte es zurück an seinen Platz.

„Da ist sie ja!", drang es endlich aus der geöffneten Tür des Arbeitszimmers, und wenig später kam Herr Winterfeld mit einem verblichenen hellblauen Bändchen ins Wohnzimmer und machte es sich in seinem Lesesessel bequem. Leo saß schon gespannt mit seiner Mutter auf dem Sofa. Die neue Geschichte war von einem *Herwig von Hartzberg* verfasst worden und hieß *Der Nussknacker*, das klang verheißungsvoll. Sein Vater hatte das Buch aufgeschlagen und räusperte sich. Gerade als er die ersten Sätze gelesen hatte, klingelte es an der Haustür. Leo sprang auf und öffnete.

„Komm rein und setz dich, wir fangen gerade an", sagte er zu seinem Freund. Arne zog rasch seine Jacke aus, grüßte kurz, als er ins Zimmer kam, und setzte sich in einen der freien Sessel. Als wieder Ruhe eingekehrt war, begann Herr Winterfeld noch einmal von vorne:

Der Nussknacker

Missmutig nahm Franz eine weitere Nuss aus der großen Schüssel, steckte sie dem unerbittlich aussehenden bunten Mann in seinen weit aufgerissenen Holzmund und drückte den Hebel an seinem Rücken energisch nach unten. Mit einem lauten Krachen zerbiss der Nussknacker auch diese Nuss gehorsam und spuckte dabei ein paar Splitter auf die weiße Tischdecke. Franz nahm die Kerne heraus, warf die harten Schalenteile in einen kleinen Eimer und musterte die fast volle Schüssel mit Nüssen.

„Wenn sie doch bloß schon fertig wäre, dann könnte ich gemütlich hier sitzen und einfach zuschauen", dachte er verklärt, während er dem aufrechten Nussknacker die nächste der zahllosen Nüsse in den Mund stopfte.

„Wie weit bist du mit den Nüssen?", schallte es aus der Küche, „der Teig muss jetzt bald in den Ofen!"

Franz murmelte etwas Unverständliches und drückte ärgerlich auf den Hebel, sodass seine Frau Hilde nur ein lautes Knacken aus dem Munde des Nussknackers als Antwort bekam.

„Er grübelt schon wieder", dachte sie ergeben, wusch sich die klebrigen Hände im Spülstein und ging zu ihrem Mann in die Stube hinüber.

„Ärgerst du dich, weil du doch wieder an Weihnachten den alten Nussknacker benutzen musst?", fragte sie und strich ihm mit der Hand über sein dichtes Haar.

Franz pfefferte wieder eine Handvoll Nussschalen in den Eimer und starrte vor sich hin.

„Ein paar Umdrehungen hat sie schon geschafft. Woran liegt es nur, dass sie immer wieder stehenbleibt? Für dieses Weihnachten hatte ich mir fest vorgenommen, automatisch geknackte Nüsse für deinen Kuchen zu haben."

Hilde legte ihm sanft die Hand auf die Schulter.

„Vielleicht brauchen wir gar keine Nussknackermaschine", sagte sie vorsichtig, „von mir aus können wir die Nüsse immer mit der Hand knacken."

„Wir?", schnaubte Franz, *ich* muss stundenlang hier sitzen und mir die Hände wundknacken!"

„Du könntest ja bei mir am Küchentisch sitzen und wir würden uns dabei wunderbar unterhalten", erwiderte die Frau, „und außerdem könntest du für die vielen Stunden, die du zwischen deinen Zahnrädern verbringst, wohl noch lange Jahre die Nüsse mit der Hand knacken."

Franz schwieg verstockt und seine Frau Hilde verschwand wieder in der Küche, wo sie nach anderen Zutaten suchte, um auch mit weniger Walnüssen einen schmackhaften Kuchen für die Weihnachtsgäste backen zu können.

Später dann saßen sie alle in der festlich geschmückten Stube. Die Eltern waren aus ihrem Altenteil herübergekommen, einige Nachbarn hatten Zeit gefunden und sogar ein Freund aus der Stadt hatte die lange Schlittenfahrt nicht gescheut. Jetzt genossen sie hier den Müßiggang, aßen und tranken, lernten andere Gedanken kennen und ließen das vergangene Jahr gemeinsam vorbeistreifen.

„Ich glaube ich weiß, woran es liegt", sagte Franz unvermittelt und stand auf. „Bin gleich wieder zurück", schallte seine Stimme aus der Diele herein, und dann hörten die Gäste nur noch, wie die Tür zu einem der Seitenflügel klappte, in dem die Werkstatt untergebracht war.

„Wo sind denn alle hin?", fragte Franz erstaunt, als er nach Stunden wieder in der Wohnstube erschien, in der eine abgebrannte Kerze den leeren Esstisch nur mühsam erhellte.

„Weihnachten feiern", sagte Hilde mit tonloser Stimme, ohne ihren Blick aus der eisigen Dunkelheit draußen vor dem Fenster zu nehmen.

Als die Festtage vorüber, die Christbäume aus den Stuben entfernt, zersägt und im Ofen verfeuert waren, da endlich konnte Franz sich wieder ohne schlechtes Gewissen auf die Konstruktion seiner Nussknackermaschine stürzen. Er feilte, bohrte und schraubte jede freie Minute in seiner Werkstatt, studierte technische Pläne und reiste extra in die Großstadt, um dort Antworten auf seine vielen Fragen zu finden.

„Dampfmaschine ist Dampfmaschine", pflegte Franz auf ungläubige Bemerkungen seiner Frau hin zu antworten, betonte dann, dass es um das Prinzip ginge, und erklärte ihr wortreich, dass das Antreiben von Eisenbahnen und Pumpwerken nur eine der Aufgaben sei, dass winzige Brüder dieser riesigen Maschinen ebenso funktionieren müssten und für die Hilfe in Haus und Hof ein Segen wären.

„Ich tue das also auch für dich", schloss Franz dann meistens seine Ausführungen, aber er konnte den Eindruck nicht abschütteln, dass das dankbare Lächeln seiner Frau nicht von Herzen kam.

Die Tage wurden wieder länger, die Sonne stieg höher und an einem warmen Sonntag im April schlug Hilde nach dem Kirchgang vor, den heutigen Tag doch gemütlich auf einer Frühlingswiese zu verbringen.

„Wenn du meinst", sagte Franz mürrisch, „dann pack doch schon mal den Essenskorb zusammen und suche eine Decke heraus, ich muss nur noch kurz die neuen Fliehkraftregler justieren."

Als Franz mit dem Justieren fertig war, saß seine Frau auf der Gartenbank zwischen Korb und Decke und schaute grimmig zum Himmel hinauf, an dem sich längst in der Ferne dunkle Gewitterwolken zusammenbrauten.

„Wie gut, dass wir noch nicht unterwegs sind", sagte Franz erfreut, „sonst wären wir bestimmt ordentlich nass geworden."

Das Jahr schritt weiter voran wie auch die Fertigstellung der Nussknacker-maschine. An einem lauen Sommerabend holte Franz geheimnisvoll eine Flasche Wein aus dem Keller und nahm seine Frau in den Arm:

„Endlich dreht sie so lange und so schnell wie *ich* will. Ich habe es doch gewusst, dass ich eine kleine Dampfmaschine bauen kann! Komm, lass uns ein wenig auf der Terrasse sitzen und ein Glas Wein zusammen trinken."

„Dann bist du also fertig?", fragte Hilde hoffnungsvoll und ließ sich auf einen der Gartenstühle fallen.

„Nein, wo denkst du hin. Jetzt muss ich doch noch den Fördermechanismus für die Nüsse und die Knackvorrichtung bauen."

Und während er Gläser holte und einschenkte erklärte er seiner Frau, dass der große Vorratsbehälter für die Nüsse mindesten drei Dutzend davon würde fassen können und sich unten trichterförmig zuspitzen müsse, sodass eine Nuss nach der anderen auf ein kleines Förderband gelangen könne, und dass es besonders schwierig werden würde, die Nüsse automatisch auszurichten. Diese Ausrichtung aber wäre unbedingt erforderlich, weil die Naht der Nuss für die Knackvorrichtung immer nach oben weisen müsse, damit die Nuss genau in beide Hälften zerbrechen könne. Er beschrieb genau, wie er die Knackvorrichtung konstruieren wollte, und malte dazu mit einem Stöckchen eine Zeichnung in den Sand. Er erklärte, welche speziellen Schrauben er noch benötigen würde, und dass er die erforderlichen schräg verzahnten Zahnräder vermutlich selbst würde herstellen müssen. Gerade als er mit der Erläuterung begann, auf welche Weise er die Knackvorrichtung mit einem ansehnlichen Beißdruck ausstatten wolle, der mindestens so groß wie der eines Papageis sein müsse, bemerkte er, dass Hilde auf ihrem Stuhl eingeschlafen war. Behutsam deckte er sie mit dem Tischtuch zu und ging noch schnell nach nebenan, um seine Werkbank für die kommenden Aufgaben freizuräumen.

Der Herbst kam und der große Walnussbaum vor dem Haus bekam braune Blätter. Die grünen Früchte knallten auf die Pflastersteine herunter und Hilde las alle Nüsse sorgsam auf, um genügend Vorräte für den Winter und die Weihnachtszeit zu haben. Auch Franz dachte an den weihnachtlichen Nusskuchen und betrachtete voller Sorge den immer dünner werdenden Kalender. Beim Erfinden geht nicht immer alles nach Plan, und so verrannen die Tage, ohne dass die Nussknackermaschine ihre Kinderkrankheiten überwunden hätte. Besonders dicke Nüsse verstopften oft den Trichter, das Förderband richtete die Nüsse verkehrt herum aus und die Knackvorrichtung reagierte noch zu unbeherrscht, denn der Beißdruck glich eher dem eines ausgewachsenen Ochsen und zermalmte die ganze Nuss in tausend Stücke.

Aber Franz arbeitete nächtelang verbissen an der Verbesserung der Apparatur und freute sich diebisch auf den Moment, in dem er an Weihnachten entspannt in seinem Ohrensessel sitzen und das automatische Knacken der vielen Nüsse überwachen würde, während seine Frau mühsam in der Küche den Kuchenteig kneten musste. Und tatsächlich schien es, als ob dieses Vorhaben gelingen sollte. Einige Tage vor Heiligabend schnurrte die kleine Maschine vor sich hin, stieß gleichmäßig Rauchwölkchen aus und ließ seine Rädchen emsig drehen. Das Förderband transportierte artig Nuss für Nuss, von denen die meisten auch zum Schluss mit einem kräftigen Schlag zertrümmert wurden. Noch ein paar Einstellungsarbeiten, dann könnte sie pünktlich fertig sein. Vielleicht würde er dann im Anschluss eine Teigknetmaschine erfinden?

Am Heiligabend trug Franz seine neue Nussknackermaschine aus der Werkstatt in die Wohnung. Stolz öffnete er die Küchentüre, um den Apparat für die bevorstehende Arbeit hier abzustellen. Hilde würde staunen. Die Küche erwartete ihn penibel aufgeräumt – zu aufgeräumt für die Zeit der Weihnachtsvorbereitungen, fand Franz. Vielleicht hatte Hilde extra für die neue Maschine Platz schaffen wollen?

Wo war sie überhaupt?

Da fiel sein Blick auf das Stückchen Pergamentpapier, das mit einem Gewicht beschwert auf dem Tisch lag. Und plötzlich spürte Franz, dass sich etwas geändert hatte. Beklommen ging er näher heran und las die Schrift:

„Frohe Weihnachten und allzeit gutes Gelingen. Ich komme nicht wieder! Hilde"

Franz las diese wenigen Worte wieder und wieder. Was konnte das bedeuten und wohin war sie gegangen? Er sank auf einen Stuhl.

„Es muss eine Lösung geben, ich muss nur einen klaren Kopf behalten", redete er sich ein, aber seine Gedanken spielten verrückt und ganz langsam kroch die Angst in ihn hinein und näherte sich seinem Herzen.

So saß er da und grübelte Stunde um Stunde. Bei jedem Geräusch horchte er auf oder lief ans Fenster, aber jedes Mal hatte nur ein Dachbalken geknarrt oder der Wind einen Fensterladen zugeworfen. Wie um Himmelswillen nur konnte das alles gekommen sein? Die Nussknackermaschine stand dienstfertig auf dem Tisch, die Nüsse lagen bereit, aber das interessierte Franz nicht mehr. Langsam senkte sich die Dämmerung über das Land, Schneeflocken flogen sacht gegen die Fensterscheibe und von Ferne drang das Läuten der Weihnachtsglocken an sein Ohr. Seine Augen schweiften wieder durch die leblose Küche – wie gerne würde er jetzt hier mit Hilde sitzen, sich unterhalten und dabei Nüsse knacken.

Da fiel sein Blick auf den alten Holznussknacker, der aufrecht oben auf der Anrichte stand. Franz stand auf, nahm ihn in die Hand und betrachtete ihn lange. Nie zuvor war ihm aufgefallen, dass in den Gesichtszügen des Nussknackers etwas lag, das wie ein hämisches Grinsen aussah.

Herr Winterfeld hatte gerade das Buch zugeklappt, als Leo schon wieder mit einer ganz anderen Frage beschäftigt war.

„Was hast du denn nun unter dem Tisch herausgefunden? Weißt du jetzt, wer diese Leute geschickt hat?"

Arne sah Leo verschmitzt an.

„Ja, ich weiß es und du wirst es nicht für möglich halten. Ich habe in der Brieftasche einen eindeutigen Beweis gefunden und im Grunde ist jetzt alles klar."

Arne ließ genüsslich die einleitenden Worte zu seinen Spionageergebnissen ein Weilchen wirken. Leos Blick hing fragend an seinen Lippen.

„In der Brieftasche, die Ulf mir unter den Tisch gesteckt hat", fuhr Arne fort, „habe ich einen Mitarbeiterausweis des Fernsehsenders *SATSehenPro* gefunden. Ich habe auch das Gesicht des Mannes auf dem Foto wieder erkannt. Das Fernsehen steckt also dahinter, darauf hätten wir fast selbst kommen können."

Leo sah seine Eltern kopfschüttelnd an; man konnte förmlich sehen, wie sich die vielen Puzzleteilchen der letzten Tage in seinem Kopf zu einem Bild zusammenfügten.

„Deswegen soll das Audikular niemals in Umlauf kommen!", murmelte er vor sich hin, „die Sender fürchten sich davor, dass Zuhören damit wieder ein tolles Erlebnis werden könnte und die Leute dazu bringt, das Fernsehgerät nicht mehr so oft einzuschalten."

„Und wenn das Fernsehen weniger Zuschauer hat, dann kann es weniger Werbung verkaufen und verdient weniger Geld", führte Leos Mutter den Gedanken fort, „jetzt verstehe ich, warum diese Leute vor nichts zurückschrecken, auch nicht davor, einzubrechen oder einen Hund zu vergiften."

„Man sollte auch nicht vergessen", gab Herr Winterfeld noch zu bedenken, „dass es einigen Sendern nicht nur ums Geldverdienen geht, sondern auch darum, die Menschen mit vielen bunten Bildern vollzustopfen, sie träge zu machen, um sie auf diese Weise leichter zu vorgegebenen Meinungen oder Stimmungen zu bewegen. Leute, die lesen und zuhören, müssen wach dabei sein und lassen sich daher nicht so schnell aufs Glatteis führen."

Jetzt endlich passte alles zusammen! Es war wie beim Lesen einer Spionagegeschichte, wenn kurz vor dem Ende die verwirrenden Handlungen der Agenten endlich einen Sinn ergeben. So brüteten alle ein Weilchen vor sich hin, grübelten über das nach, was diese neue Erkenntnis nun genau bedeutete.

„Was sollen wir denn jetzt tun?", fragte Arne in die Stille hinein.

„Heute werden wir kaum noch etwas tun", entschied Leos Mutter, „ich stelle mir jetzt schon mit Schrecken die müden Gesichter vor, die morgen früh aus dem Bett getrommelt werden müssen."

„Ich habe morgen am Nachmittag wieder Wachdienst beim Adventskalender", überlegte Leo laut, „wir könnten uns nach dem Mittagessen dort treffen und zusammen mit Hannes besprechen, was wir jetzt tun. Hast du auch Zeit?"

Arne nickte.

„Bestimmt, Hausaufgaben wird es wohl am Freitag vor Weihnachten keine mehr geben."

„Gut, dann treffen wir uns morgen gegen zwei bei Hannes."

Am nächsten Tag reckte Leo in der großen Pause vor den Räumen der siebten Klassen den Hals. Er hatte ein Buch in der Hand und suchte in dem Gewühl nach Katis dunkelbrauner Mähne. Er hatte gestern Abend noch lange wach gelegen und über Möglichkeiten nachgedacht, die Bedrohung für den Holzhauser Adventskalender und das Audikular endgültig abzuwenden. Was hatte sich geändert, seitdem sie die Richtung kannten, aus der die Bedrohung kam? Welche Möglichkeiten gab es zu reagieren? Irgendwann waren ihm die technischen Spielereien in Katis Elternhaus eingefallen. In Hannes' Küche gab es einen fremden Abhörsender - konnten sie sich nicht mit ähnlichen Mitteln wehren? Leo musste Kati sowieso das Buch zurückgeben, war das nicht eine gute Gelegenheit, einen Kontakt zu ihrem Bruder zu knüpfen?

Endlich hatte er Kati im Gewühl entdeckt. Heute trug sie einen Pferdeschwanz und stand mit anderen Mädchen in einer Ecke des Flurs. Leo hatte ein flaues Gefühl im Magen, als er auf die Gruppe kichernder großer Mädchen zuging. Zum Glück hatte Kati ihn gleich bemerkt.

„Ah, Leo, wie war das Buch?"

Leo fiel ein kleiner Stein vom Herzen, Kati war wirklich okay.

„Hallo Kati. Die Geschichte von der Maulwurfsschule war wirklich lustig und das Rätsel haben wir auch rausgekriegt. Den Rest vom Buch muss ich vielleicht ein andermal lesen. Du kannst mir ja sagen, ob es sich lohnt, wenn du es durchgelesen hast."

Er reichte ihr das Buch hin und druckste herum:

„Kann ich noch mal mit dir wegen etwas anderem sprechen – alleine?"

Kati stutzte einen Moment.

„Klar, lass uns nach draußen auf den Hof gehen", sagte sie dann kurz entschlossen. Die anderen Mädchen guckten baff; was hatte Kati mit diesem Sechstklässler zu tun?

„Leo ist an einer ganz großen Sache dran, er muss Rätsel aus uralten Geschichten lösen, um einen Adventskalendertresor zu knacken", erklärte sie den Freundinnen im Weggehen, damit die gar nicht erst mit dem Tuscheln anzufangen brauchten.

„Ich brauche vielleicht noch einmal deine Hilfe", fiel Leo mit der Tür ins Haus, als die beiden auf dem Schulhof nebeneinander hergingen, „es hängt mit dem Holzhauser Adventskalender zusammen, aber sicher anders, als du denkst."

Dann erzählte Leo Kati das Nötigste über das Audikular und die Leute, die der Hamburger Sender geschickt hatte, um es zu stehlen und dann für immer verschwinden zu lassen. Katis Augen wurden immer größer, während Leo ihr von den Abenteuern der letzten Tage in einer pausengerechten Kurzfassung berichtete. Und als er ihr zum Schluss das durchtriebene Bubenstück vom Vortag auf dem Weihnachtsmarkt schilderte, bei dem sie heimlich die Brieftasche durchsucht hatten, da begann Kati diesen Sechstklässler zu bewundern, der einen halben Kopf kleiner war als sie, es aber offensichtlich faustdick hinter den Ohren hatte.

„Und da brauchst du meine Hilfe?", fragte sie ungläubig, „wobei soll ich dir denn helfen? Hoffentlich nicht beim Wegschleppen des schweren Schränkchens, das ihr jetzt in Sicherheit bringen wollt."

Leo lächelte.

„Nein, das würde mein Freund Hannes schon alleine schaffen. Eigentlich wollte ich dich fragen, ob du dir vorstellen kannst, dass uns dein Bruder als Technikgenie hilft, diese Banditen festzunageln. Durch die Abhörmikrofone in der Uhr können wir sie bestimmt in eine Falle locken, aber schlussendlich brauchen wir Beweise. Am liebsten hätte ich ein heimlich aufgenommenes Video, das wie ein Geständnis wäre."

Kati dachte einen Moment nach.

„Ich werde den Yogi heute beim Mittagessen fragen, wenn er Zeit hat, macht er das bestimmt."

„Meinst du, dass du mir dann gleich Bescheid sagen kannst?", fragte Leo vorsichtig.

„Na klar, wenn du mir deine Telefonnummer gibst."

Leo überlegte kurz, wie der heutige Nachmittag verlaufen würde.

„Um zwei Uhr sind wir schon bei Hannes verabredet, du müsstest mich dann dort anrufen."

„Du Leo", Kati kaute an einer Frage herum, „ich würde diesen Adventskalender zu gerne einmal selbst sehen, kannst du ihn mir nicht bei Gelegenheit zeigen?"

Der Wunsch kam überraschend für Leo, aber seine Entscheidung dauerte nicht lange.

„Natürlich – gerne. Hannes, Arne und ich wollen nachher besprechen, was wir jetzt unternehmen, und da wird es für uns wichtig sein, ob wir mit deinem Bruder rechnen können. Soll ich dich um halb zwei abholen?"

„Klar! Das fände ich supertoll", nickte Kati.

Die Pausenklingel rief zur nächsten Stunde, und Leo kam es vor, also ob diese große Pause kürzer war als sonst.

Die Küche in dem alten Fachwerkhaus war lange Jahre nicht so voll gewesen. Leo wischte mit dem Ärmel einen Streifen in die vielen Kondenströpfchen an der Fensterscheibe, um in die kalte Nacht hinaussehen zu können. Er saß mit seiner Mutter und Arne auf der Küchenbank, Kati kauerte auf einem der wackeligen Stühle und ihr Bruder Yogi, der eigentlich Jochen hieß, untersuchte gerade unauffällig die Abhörtechnik der anderen in der Regulatoruhr. Yogi war fünfzehn, ein kleiner drahtiger Typ mit kurzen lockigen Haaren und einem dünnen blonden Kinnbärtchen. Hannes räumte die Altpapierberge beiseite und war ansonsten damit beschäftigt, sich fortwährend für seine Unordnung zu entschuldigen, die einem solchen Menschenauflauf nicht gewachsen war.

Kati hatte ihren Bruder am Mittagstisch ohne große Mühe für Leos Plan gewinnen können; heute begannen die Weihnachtsferien, und so hatte er genügend Zeit. Das Besorgen der Ausrüstung, um einen beliebigen Raum elektronisch zu überwachen, war für ihn ein Kinderspiel. Richtig angespitzt war er allerdings, nachdem Kati völlig begeistert von dem Treffen bei Hannes zurückgekommen war und von dem bunten Kalenderschränkchen geschwärmt hatte. Sie war am frühen Nachmittag zusammen mit Leo zu dem Treffen bei Hannes geradelt, hatte dort fasziniert vor dem Adventskalender mit den vielen offenen Türchen gestanden und immer wieder *‚der ist ja wirklich krass'* gemurmelt. Nach Arnes Eintreffen waren sie alle ins Kaminzimmer hinüber gegangen und hatten zusammen den Schlachtplan ausgeheckt, einen perfekten Plan, wie Leo fand, und auch Kati hatte einige tolle Ideen beigetragen – kein Wunder, sie kannte ja die Begabung ihres Bruders.

„Gut, dass Kati nun auch unserer verschworenen Gemeinschaft angehört", dachte Leo, als er auf dem Nachhauseweg die einzelnen Schritte des Plans im Kopf durchging.

Bevor sie am Nachmittag auseinandergingen, war sogar noch Zeit gewesen, die Geschichte gemeinsam zu lesen und die Zahlen für die heutige Lösung festzulegen. Zu guter Letzt hatten sie sich geeinigt: Links musste eine *36* wegen der drei Dutzend Nüsse im Vorratsbehälter der Nussknackermaschine eingestellt werden und rechts die *4*, denn die Sonne war im April höher gestiegen, und steigen kann sie nur von Osten her. Für diese Schlussfolgerung hatten sie allerdings einige Zeit hitzig diskutiert, nun aber lagen die neuen Zahlen fein säuberlich notiert neben dem Schränkchen bereit.

Jetzt am Abend galt es, das 21. Türchen zu öffnen. Aber neben dieser, besonders für die Neulinge aufregenden Angelegenheit, wollte Yogi sich für seine Vorbereitungen die Räume ansehen, die er am nächsten Morgen verwanzen musste. Leos Mutter war auch mitgekommen, weil sie angeblich auf die neue Geschichte gespannt war, aber Leo wusste genau, dass sie eigentlich nur wegen der unberechenbaren Leute aus Hamburg besorgt war und sichergehen wollte, dass Leo und die anderen Kinder sich nicht in Gefahr begeben würden.

Kati hatte sich gewünscht, die Stellräder zu bedienen. Sie drehte das mittlere Stellrad sorgfältig auf das Tagesdatum und warf noch einmal zur Sicherheit einen Blick auf den Notizzettel mit den Lösungszahlen, bevor sie die seitlichen Räder einstellte. „Hoffentlich ist das schöne Schränkchen der gleichen Meinung!", dachte Leo unwillkürlich und warf zur Sicherheit noch einen kurzen Seitenblick auf die eingestellten Zahlen.

Nicht auszudenken, wenn so kurz vor dem Ziel noch etwas schiefginge! Am Anfang der Adventszeit war das Finden, Lesen und Entschlüsseln der Geschichten immer der Höhepunkt des Tages gewesen, seit die Schlitzohren aus Hamburg aufgetaucht waren, mussten sie zusätzlich auch noch die in Schach halten. Noch nie zuvor in Leos Leben war die Zeit vor Weihnachten so rasend schnell vergangen!

Kati vergewisserte sich noch ein letztes Mal und zog am Tagesstellrad. Der Kalender knarrte kurz darauf in der gewohnten Weise und ließ das Türchen aufspringen, das einem braunen Büchlein mit ockergelbem Einband glich und den Blick auf einen orange-roten Hintergrund freigab. Durch die Küche ging ein Raunen und Tuscheln, aber alle hielten sich eisern an die Abmachung, der *Uhr mit Ohren* möglichst wenige Einzelheiten über diesen besonderen Adventskalender zu verraten. Leo las die neue Geschichte von der Innenseite des Türchens ab, was ihm mittlerweile mühelos gelang, und schrieb das Ergebnis auf einen Schmierzettel, den er den anderen herüberschob.

‚Draußen im Regen von Adam Giesebrecht' stand dort geschrieben. Das erste Mal empfand Leo es als unangenehme Last, sich wieder auf die Suche nach dieser Geschichte zu begeben. Er hatte den Kopf voll mit anderen Dingen; für den Showdown morgen, die hoffentlich endgültige Auseinandersetzung mit ihren Widersachern, musste noch so vieles vorbereitet werden. Eine flirrende Spannung lag in der Luft – wie schön wäre es da, wenn die neue Geschichte einfach daliegen würde, vielleicht sogar schon mit Lösung!

Im weiteren Verlauf des Abends herrschte ein gelöstes Stimmengewirr in der kleinen Küche, ein munteres Durcheinander von Erzählen und Lachen, bis Arne seinem Freund Leo mit einem Wink zur Küchenuhr zu verstehen gab, dass er jetzt bald aufbrechen wollte. Leo verstand, holte sich einen Zettel und schrieb etwas. Dann stand er auf und hielt den Zettel hoch.

‚*Klappe 1/1.*' stand wie beim Film darauf, aber alle wussten, was gemeint war: Jetzt begann die erste Szene, der erste Teil ihres ausgeklügelten Plans, in den Leo auch seine Mutter mit einbezogen hatte.

„Was ist denn nun mit morgen?", fragte Hannes laut, nachdem alle ihre übrigen Gespräche beendet hatten, „kannst du oder nicht? Es sind nur ungefähr zwei Stunden."

„Muss ich wirklich mit, Mama?", quengelte Leo daraufhin, „Oma und Opa können doch wohl einmal ohne mich auskommen."

„Nein, Leo, am Samstag vor dem vierten Advent gehen wir immer alle gemeinsam in den Wald, einen Christbaum schlagen, und das werden wir auch dieses Jahr so tun. Deine Großeltern freuen sich darauf, und wir wollen sie nicht enttäuschen", antwortete Frau Winterfeld streng, und man merkte ihr an, dass ihr bei dieser Flunkerei nicht wohl war.

„Und was ist mit dir, Arne?", fragte Hannes mit gespielter Resignation.

„Ich kann auch nicht, ich muss unbedingt noch in die Stadt, um Geschenke zu besorgen", sagte Arne und grinste dabei.

„Dann müssen wir es wohl riskieren", meinte Hannes in Richtung der Uhr, „der Termin um zwei war der einzige, den ich in der Tierklinik so kurz vor Weihnachten noch bekommen habe."

„Es wird schon nichts passieren, wenn das Haus tagsüber einmal für wenige Stunden unbeaufsichtigt ist", sagte Leo daraufhin, „wenn es dunkel wird, bist du ja wieder zurück."

Im Folgenden redeten sie noch ein wenig belangloses Zeug, damit die Botschaft von dem vermeintlich unbewachten Haus nicht zu herausragend klang, und verabschiedeten sich dann für heute.

„Gute Nacht", rief Hannes in der Hoftür stehend seinen Besuchern hinterher, aber allen war klar, dass sie zu aufgeregt waren, um heute ruhig einschlummern zu können.

Die Turmuhr von St. Marieneck hatte gerade zehn Uhr geschlagen, als der silbergraue Kleinwagen mit den drei Kindern und Frau Winterfeld am Steuer auf dem großen Parkplatz vor dem Kloster ankam. Leo und Arne saßen hinten, während Kati als größte vorne sitzen durfte. Draußen war es bitterkalt, denn die Sonne hatte es an diesem Vormittag noch nicht geschafft, den dicken Hochnebel zu durchdringen. Die Autofahrt am letzten Samstag vor Weihnachten auf den überfüllten winterglatten Straßen war beschwerlich gewesen, aber die Einladung des Paters zu einem Besuch in diesen prachtvollen Räumen wollten sich alle nicht entgehen lassen.

Leo hatte den Pater gleich nach dem Aufstehen angerufen, weil die nächste Geschichte nirgendwo auf die Schnelle aufzutreiben war. Während des Frühstücks hatte der Pater schon zurückgerufen: er hätte das Buch und sie könnten gerne vorbeikommen.

„Wunderbar, wir kommen gleich", hatte Leo genuschelt und sich dabei Mühe gegeben zu verbergen, dass er vom Läuten des Telefons mit vollem Mund überrascht worden war.

Das Auto hielt und alle vier Türen gingen fast gleichzeitig auf. Leo stürmte gleich auf das große Eingangstor zu und winkte den anderen, ihm zu folgen, denn er kannte sich mittlerweile hier gut aus.

In der Bibliothek mussten sie noch einen Moment auf den Pater warten, der oben auf der Galerie in einem Gespräch mit einem anderen Besucher war. Während Leo ungeduldig von einem Fuß auf den anderen trat, sahen die drei anderen sich staunend in dem riesigen historischen Saal um. So eine prunkvolle Bibliothek hatten sie alle noch nicht gesehen. Die vielen alten Bücher standen in drei Etagen bis unter die hohe, bemalte Decke – klar, dass es bei Pater Jakob so ziemlich jedes alte Buch geben musste!

Nach einigen langen Minuten war der Pater mit seinem Gespräch fertig und kam auf die vier Neuankömmlinge zu, die dem alten Mann in dem langen schwarzen Gewand und mit den schlohweißen Haaren respektvoll entgegensahen.

„Es scheint so, als ob das Lesen alter Geschichten ansteckend wäre", sagte der Pater lächelnd zur Begrüßung, als er den drei Kindern die Hand gab, „also kommt alle mit in das kleine Lesezimmer dort hinten."

Er ging mit festen Schritten voraus und alle folgten ihm stumm im Gänsemarsch.

„Ich hatte für deinen Besuch, Leo, extra ein paar Weihnachtsplätzchen hierher bringen lassen, aber nun muss ich wohl nachbestellen", sagte Pater Jakob augenzwinkernd, als alle eingetreten waren und sich in dem kleinen Raum umsahen. Es gab hier nur ein Fenster mit einer auffallend breiten Fensterbank in der dicken Außenmauer, die Wände waren ringsum bis in Augenhöhe mit einer dunklen Holztäfelung verkleidet und in schmiedeeisernen Wandleuchtern brannten lange weiße Kerzen. Auf dem Parkettboden standen einige ältere Sessel um einen niedrigen Tisch herum, auf dem ein schwarzes Buch mit dunkelgrünem Lederrücken lag und daneben tatsächlich ein kleines Schälchen mit einigen dünnen Keksen darin, die Leo mitleidig betrachtete: *die* hätten für ihn während einer schönen langen Geschichte reichen sollen?

Glücklicherweise griff Pater Jakob zum Hörer eines grauen Wählscheibentelefons in der Ecke und bestellte noch eine ordentliche Portion Plätzchen nach. Dann bot er allen einen Sessel an, bevor er sich selber hinsetzte und die Beine übereinanderschlug. Während die Kinder sich Blicke zuwarfen und auf den Nachschub an Keksen warteten, nutzte Leos Mutter die Gelegenheit, den Pater noch ein wenig über die Geschichte des Klosters und der Bibliothek auszufragen. Kurze Zeit später erschien eine Frau in weißer Schürze mit einer deutlich größeren Schale voller Plätzchen und stellte sie zu der anderen auf den Tisch. Nachdem sie gegangen war, nahm Pater Jakob das schwarze Buch zur Hand und schlug es bei einem Lesezeichen auf.

„So, jetzt hört alle gut zu", sagte er und begann zu lesen:

Draußen im Regen

Der Kaffee schmeckte heute wieder besonders bitter. Richter Barnbeck verzog das Gesicht, als er den lauwarmen Rest des braun-schwarzen Gebräus hinunterstürzte. Warum nur war er genau an die Wirtin geraten, die vermutlich den schlechtesten Kaffee in dieser ganzen riesigen Stadt kochte? Ansonsten war er eigentlich sehr zufrieden mit ihr: Seine Zimmer waren jedes Mal geputzt und aufgeräumt, wenn er des Abends heimkam, das Bett wurde regelmäßig frisch bezogen und ihre Speisen waren durchaus annehmbar. Aber wegen des Kaffees musste er unbedingt mit ihr reden, irgendwann, aber nicht jetzt. Nein, heute würde er die Kraft nicht aufbringen, dieser empfindsamen Frau ihr Unvermögen vorzuhalten, einem schwer beladenen Manne morgens zumindest einen guten Kaffee zu kochen.

Richter Barnbeck erhob sich und tupfte dabei seinen Mund mit einer Serviette ab. Er holte seine Uhr aus der Westentasche und ließ den goldenen Deckel aufspringen.

Üb immer Treu und Redlichkeit begann die Uhr sofort diensteifrig zu spielen. Das war es, was sein Leben ausmachte, und die Uhr hatte ihn all die Jahre damit begleitet. Immer hatte er versucht redlich zu sein, gerechte Urteile zu sprechen und den Menschen Vertrauen in die höchstrichterliche Unabhängigkeit zu geben, aber wie oft auch war er damit gescheitert.

Die verschnörkelten Zeiger der Uhr ermahnten ihn, dass die Kutsche bald vorfahren würde. Wahrscheinlich stand die Wirtin schon mit seinem Gehrock und dem Zylinder im Flur bereit, wartete, dass er aus der Tür kam. Er warf im Vorbeigehen noch schnell einen Blick in den Spiegel und fuhr sich mit der Hand durch die dünnen schlohweißen Haare – dieses neue Amt hier in der Hauptstadt würde gewiss das letzte in seinem Leben sein.

Die Kutsche holperte durch die matschigen Straßen, die sich langsam mit Menschen füllten. Die Gegend war ihm immer noch fremd, der Weg zum Gericht nicht vertraut, und sein Ohr sträubte sich gegen den eigenartigen Zungenschlag der Leute auf den Gehwegen.

Vielleicht hätte er in seinem ruhigen Amtsgericht in der Kreisstadt bleiben, dem unerwarteten Brief mit seiner Beförderung an den königlichen Gerichtshof eine höfliche Absage erteilen sollen? Dann wäre er jetzt nicht gezwungen, diese rücksichtslosen Mordbuben später bei Gericht im Namen des Gesetzes freizusprechen, nur weil ihr Vater genug Gold und Einfluss besaß, um Entlastungszeugen zu kaufen. Dann müsste er dieses weitere Unrecht nicht auf seine Schultern laden. Jeder wusste doch, dass dieser ehrliche Kaufmann gefährdet war, weil er sich standhaft geweigert hatte, sein herrliches Anwesen in der Flussbiegung an diese Halsabschneider zu verkaufen.

Dem alten Richter schoss der ungehörige Gedanke durch den Kopf, ob in der Großstadt neben dem ungleich größeren Gerichtssaal und neben dem größeren Ansehen und Einkommen der Richter, wohl auch das Unrecht größer wäre als in der Provinz? Früher musste er mitunter kleine Halunken aus Mangel an Beweisen laufen lassen, konnte stadtbekannten Taschendieben nichts nachweisen oder musste einen Säufer wiederholt nach einer Wirtshausschlägerei freisprechen, nur weil dieser mögliche Zeugen bedroht hatte.

Die Kutsche hielt vor einem erhabenen Gebäude. Richter Barnbeck stieg aus, grüßte den Kutscher und ging mit schweren Schritten die große Treppe hinauf – nein, heute war wirklich kein guter Tag, und auch der schlechte Kaffee war nicht schuld daran.

Es begann bereits zu dämmern, als der Kutscher wieder vorfuhr, um den Richter nach Hause zu bringen. Ein kalter Novemberregen durchnässte Hut und Mantel, sodass der Kutscher unruhig auf seinem Kutschbock hin und her rutschte. Endlich erschien der Richter, den ein Bediensteter des Gerichts mit einem Regenschirm bis zur Kutsche geleitete. Der Kutscher wollte gerade anfahren, als er ein lautes *Halt* aus dem Inneren der Kutsche vernahm. Die Tür öffnete sich und Richter Barnbeck stieg die Trittstufen mit dem Schirm in der Hand wieder herunter.

„Ich werde heute zu Fuß heimgehen", sagte er dem Kutscher.

„Eminenz, es regnet in Strömen und bald wird es dunkel sein", antwortete dieser verunsichert.

„Ich weiß", entgegnete der ehrwürdige Richter, „das ist der Grund, weswegen es jetzt für mich genau das Richtige ist."

Damit ließ er den erstaunten Kutscher stehen, spannte den Schirm auf und machte sich auf den Weg. Er kannte nur die ungefähre Richtung, in der seine Wohnung liegen musste, aber es war ihm gleichgültig, ob er sich verlaufen und vielleicht nach dem richtigen Weg würde fragen müssen.

Nachdem er eine Zeit lang innerlich aufgewühlt durch dämmrige Straßen geirrt war, sah er von Weitem im Schein einer Gaslaterne einen Mann an einer Häuserecke sitzen. Der hatte sich unter ein Vordach gekauert und malte auf einer Staffelei. Als der Richter näher kam, bemerkte er zwei Gemälde neben dem Künstler, die an die Hauswand gelehnt waren, damit sie nicht nass werden. Der Richter fror bei dem Gedanken, dass ein Mensch draußen im Regen seinen Platz hatte, dort vielleicht Tag für Tag malte und seine Bilder zum Verkauf anbot. War es da nicht ein Geschenk, dass er in beheizten Räumen einem gut bezahlten Beruf nachgehen konnte?

Sein Blick blieb an einem der Bilder hängen. Er betrachtete es lange, konnte seine Augen kaum abwenden – noch niemals hatte ein Bild ihn derart in Bann gezogen. Es war doch nur eine Leinwand mit ein wenig Farbe darauf, aber das Bild hatte alles, was in seiner tiefsten Erinnerung *Frühling* bedeutete. Plötzlich spürte er den warmen Wind auf seiner Haut, der über Nacht das Eis auf den Bächen geschmolzen hatte, roch den schweren nassen Schnee, der von den Dächern rutschte. Seine Ohren hörten Vögel zwitschern, die es auf den Feldern seiner Jugend gegeben hatte, er sah sich als Junge in helles Sonnenlicht blinzeln, welches Krokusse zwischen vertrocknetem Wintergras gelb aufleuchten ließ, und er sah seine kleine Knabenhand über die winzigen roten Puschel der Haselnusssträucher streichen.

„Was soll dieses Bild kosten?"

„Dreizehn Taler, mein Herr", sagte der Maler mit gesenktem Blick, während die Hand des Richters schon nach dem Geldbeutel in seiner Rocktasche griff. Aber nun hielt sie inne, blieb einfach in der rechten Rocktasche stecken. Diese Stimme! Auch sie passte zu dem Frühling, den das Bild so gänzlich eingefangen hatte.

Erst jetzt sah der Richter in die Augen des Malers, versuchte die grauen Haare des Mannes in seiner Vorstellung schwarz zu färben und die faltige Haut glatt zu ziehen. Und da tauchte hinter den hageren kantigen Zügen dieses Straßenmalers das Gesicht des jungen Burschen aus Kindertagen auf, der ihm vorne von der Schultafel aus zuzwinkerte, auf der er die aufgesetzt betroffene Leidensmiene ihres Lehrers mit wenigen Kreidestrichen treffend porträtiert hatte.

„Elias?"

Der Maler zuckte zusammen und sah den Richter fragend an.

„Elias von Stollberg-Wetterstein, bist du es?", fragte der alte Richter mit leichtem Zittern in der Stimme.

„Ja", sagte der Maler, „das war einmal mein Name. Woher kennen Sie mich, mein Herr?"

„Ich bin es doch, Richard, Richard Barnbeck, erkennst du mich denn nicht?"

Die Augen des Malers suchten die gebeugte Gestalt mit dem rundlichen Gesicht vor ihm argwöhnisch nach vertrauten Merkmalen ab.

„Richard?"

„Ja doch – welche Freude, dich nach so langen Jahren wieder zu sehen. Ich hatte keine Ahnung, dass du in dieser Stadt lebst."

„Ich lebe in dieser Stadt, seitdem mein Vater mich verstoßen und enterbt hat."

„Verstoßen und enterbt?", wiederholte der Richter ungläubig, „es hieß dazumal, du seiest zum Studium der Rechtswissenschaften ins Ausland gegangen. Ich fühlte mich von meinem besten Freund verlassen und verraten, der ohne Abschiedsgruß urplötzlich verschwunden war, nachdem unsere gemeinsame Schulzeit geendet hatte. Was um Himmels Willen ist damals geschehen?"

Der Maler brauchte eine längere Zeit, um sich auf diese neue Situation einzustellen. Er musterte den feinen Gehrock des Mannes vor ihm und schaute dann verstohlen an seinen verschlissenen Kleidern herunter.

„Mein Vater hatte von mir verlangt, wie er Advokat zu werden", sagte er schließlich mit langsamer fester Stimme, „aber ich weigerte mich. Er sagte, er könne mich zwingen, drohte, sich andernfalls mit mir zu überwerfen und mich zu enterben. Aber ich *wollte* Maler werden, es kam nichts anderes für mich infrage. Mein Vater brachte keinerlei Verständnis dafür auf, und so verließ ich den elterlichen Gutshof bei Nacht und Nebel und ging in die Stadt."

„Was weiter", fragte Richard Barnbeck ungeduldig, nachdem Elias in seiner Erzählung innegehalten hatte, „gingen deine Wünsche in Erfüllung, hattest du Erfolg? Wie kommt es, dass du jetzt hier draußen im Regen stehst?"

Es dauerte wiederum etwas, bis Elias weitersprach.

„Was heißt für dich *Erfolg?* Von dieser Zeit an gab es kein einziges Jahr mehr, das unbeschwert gewesen wäre, im Gegenteil. Ich arbeitete Tag und Nacht für ein paar lumpige Taler, musste im Auftrag reicher Pinkel scheußliche Motive malen, um zu existieren. Meine Familie lebt in winzigen feuchten Zimmern, aber ich beklage mich nicht. Ich bin frei, und über die Jahre gesehen können wir von meinen Bildern leben, auch wenn es ein bescheidenes Leben ist. Aber ich muss jeden Tag hier sein, hier draußen an meinem Platz, auch wenn es regnet."

Einen kurzen Moment herrschte betretenes Schweigen.

„Das tut mir leid", sagte Richter Barnbeck bestürzt, „in meiner Vorstellung war aus dir immer ein brillanter Anwalt oder Staatsmann geworden, den seine Begabung und Herkunft irgendwo an die Spitze der Gesellschaft befördert hatte. Ich habe mich damals klein gegen dich gefühlt, du schienst kaum Grenzen zu kennen und gegenüber deiner Familie waren meine Eltern kleine Leute."

Elias sah seinen alten Schulfreund fragend an, und so fuhr Richter Barnbeck fort:

„Auch ich wollte Advokat werden, wie du in meiner Vorstellung. Ich wollte gerne für das Recht und die Gerechtigkeit einstehen, aber mein Studium wurde eine sehr entbehrungsreiche und anstrengende Zeit. Ich schaffte trotzdem meinen Abschluss mit Auszeichnung und wurde Anwalt, später Richter. Vor einigen Monaten wurde ich hierhin an den königlichen Gerichtshof berufen, dem höchsten Gericht, wie du sicher weißt."

„So hattest zumindest *du* Erfolg", nickte Elias nachdenklich, „es freut mich, dass nun deine edle Gerechtigkeit an diesem hohen Gericht Einzug gehalten hat."

Richard Barnbeck betrachtete die Altersflecken auf seinen Händen und schwieg.

„Ich bezahle dir das Doppelte für das Bild", sagte er schließlich.

„Wir alle müssen bezahlen für das, wofür wir uns einmal entschieden haben", sagte Elias und nahm das Bild zur Hand. Er schlug es in ein Leinentuch ein und hielt es seinem alten Freund hin.

„Ich komme wieder", sagte Richard und nahm das Bild glücklich an sich, „egal ob es regnet."

Es war schon bald Mittag, als Frau Winterfeld die Türschließanlage des Autos vor dem Kloster mit einem Druck auf den Funkschlüssel öffnete. Die Blinker an allen vier Ecken flammten wie zur Begrüßung orange auf und die Innenbeleuchtung ging an. Während die Kinder sich schon auf ihre Plätze setzten, musste Frau Winterfeld die Scheiben freikratzen, die der Winter in der Zwischenzeit mit einer harten Schicht aus gefrorenem Reif überzogen hatte.

Auf der Rückfahrt wurde nicht viel gesprochen. Frau Winterfeld musste sich auf den dichten Verkehr konzentrieren und die Kinder hingen ihren Gedanken nach. Es war ein schönes Erlebnis gewesen, der ruhigen Stimme des Paters zuzuhören, der diese alte Geschichte in diesem dazu passenden altertümlichen Zimmer vorgelesen hatte. Leo hatte zum Schluss glücklicherweise noch daran gedacht, sich Fotokopien des Textes geben zu lassen, damit sie später noch einmal nachlesen konnten; die Lösung schien nicht schwer zu sein, aber so kurz vor dem Ziel durfte ihnen auf keinen Fall ein Flüchtigkeitsfehler passieren.

Da klingelte das Mobiltelefon in Frau Winterfelds Handtasche. Leo fischte es zwischen Lippenstift, Kamm und Geldbörse heraus und klappte es auf.

„Leo Winterfeld".

„Ich bin's, Hannes, seid ihr schon wieder auf dem Rückweg?"

„Ja, sind wir."

„Ich habe inzwischen mit meinem Nachbarn gesprochen", fuhr Hannes fort, „er macht mit. Katis Bruder war auch bis eben da und hat alles aufgebaut. Jungejunge, das ist schon ein klasse Typ, der Yogi, was der alles kann! Die winzigen Kameras und Mikrofone sind alle an ein drahtloses Computernetzwerk angeschlossen, das er von zu Hause aus über das Internet fernsteuern kann. Unglaublich was heutzutage alles geht. Wir können also nachher wie besprochen loslegen."

„Super, dann treffen wir uns nachher bei Kati", gab Leo zurück, aber dann fiel ihm noch eine Neuigkeit für seinen Freund ein. „Hannes, ich weiß jetzt übrigens, welches Lied deine neue Sprungdeckeluhr spielt. Es kam in der neuen Geschichte vor, und da wusste ich es plötzlich wieder."

„Und wie heißt es?"

„*Üb immer Treu und Redlichkeit,* ein Richter in der Geschichte hatte auch eine solche Taschenuhr – also dann bis gleich."

Leo klappte das Handy wieder zu und steckte es zurück in die Handtasche.

„Alles läuft wie geschmiert", sagte er zu den anderen und rieb sich die Hände, „wenn weiter alles nach Plan geht, dann haben wir sie in ein paar Stunden dingfest gemacht!"

„Du bist dir ziemlich sicher, dass sie auf unseren Plan hereinfallen, stimmt's?", fragte Arne, der nicht ganz so zuversichtlich war.

„Sie müssen unbedingt *jetzt* etwas unternehmen, denn in zwei Tagen könnten wir das Audikular schon haben", erwiderte Leo unbeirrt, „darum werden sie heute die zwei Stunden nutzen, in denen der Adventskalender scheinbar unbewacht ist."

Um kurz nach halb zwei ging Hannes in sein Büro und startete Yogis Laptop-Computer, der dort in einem vorsintflutlichen Aktenschrank mit Rolltür verkabelt war. Er tippte das Passwort von einem Zettel aus seinem Portemonnaie ab und wartete, bis der Computer den regulären Arbeitsbildschirm zeigte. Während das Radio in der Küche laute Musik dudelte, rief er eine Telefonnummer an, die ebenfalls auf dem Zettel stand.

„Jochen Kirsch", ertönte es nach zweimaligem Läuten im Hörer.

„Hier ist Hannes. Dein Rechner läuft, du kannst jetzt deine Prüfungen machen, ob alles geht."

„Okay – warte einen Moment!"

Hannes beobachtete, wie von Geisterhand Programme auf dem Computer gestartet wurden, und dann sah er plötzlich auf dem Bildschirm seine Küche aus der Perspektive einer Spinne auf der Gardinenstange. Yogi schaltete nacheinander alle drei Minikameras durch, mit denen sie die Küche von zwei Seiten sowie den Flur überwachen konnten.

„Scheint alles in Ordnung zu sein, du kannst den Schrank abschließen", hörte er Yogi zu seiner Erleichterung sagen.

Er schloss den Schrank ab und steckte den Schlüssel in seine Hosentasche. Hoffentlich arbeitete die Technik zuverlässig und der Computer stürzte nicht zwischendrin ab, wie sein alter Rechner es mitunter tat!

In der Küche rüttelte er noch einmal fest an der dicken Kette, mit der er das Schränkchen an dem schweren Tisch festgezurrt hatte, schaltete das Radio aus und rief Nudel mitzukommen. Im Flur winkte er noch verstohlen in die Kamera hinter der Garderobe, zog die Eingangstür von außen zu und schloss sie ab. Er startete seinen alten Lastwagen mit lautem Getöse, ratterte dann qualmend den schmalen

Anliegerweg hinauf der Hauptstraße entgegen und überließ so das einsame Haus mit dem wertvollen Adventskalender seinem Schicksal.

Yogis Zimmer sah aus wie ein technisches Versuchslabor. An einer Wand stand ein ausladender Arbeitstisch, über dem in Hunderten kleiner Schubfächer unzählige elektronische Bauteile durch das Plastik zu sehen waren. Auf der Tischplatte lagen Kabel und Steckkarten zwischen Lötwerkzeugen, Messgeräten, einem Oszilloskop und anderen technischen Apparaten, die kein anderer kannte.

Sie hatten Yogis Zimmer als Beobachtungsposten auserkoren. Leo und Arne waren schon da und sahen Yogi über die Schulter hinweg zu, als Hannes eintraf, dem Kati die Techno-Haustüre ganz normal mit der Hand geöffnet hatte. Yogi saß am Schreibtisch vor seinen Computermonitoren und betrachtete die Bilder, die seine Kameras aus Hannes' Küche lieferten.

„Pssst", zischte er plötzlich, als Leo Hannes gerade ein paar Einzelheiten über die neue Geschichte aus dem Kloster erzählen wollte.

„Ich habe was gehört!"

Yogi drehte die Lautstärke der Monitorlautsprecher hoch, die alle Geräusche aus Hannes' Haus hierher übertrugen. Alle waren jetzt mucksmäuschenstill und horchten, aber die Lautsprecher rauschten nur leise – Yogi hatte sich wohl getäuscht. Leo sah auf seine Armbanduhr, es war zehn Minuten nach zwei.

„Wann kommen die denn endlich", quengelte er nervös.

Die Minuten verrannen. Die Gespräche untereinander waren fast verebbt, alle starrten wie gebannt auf den Monitor, der das Bild von der Kamera im Flur zeigte. Nichts bewegte sich dort, fast konnte man meinen, dass alle nur ein Foto von einem dunklen Flur betrachteten.

„Vielleicht war alles umsonst", murmelte Arne.

Yogi sagte nichts und starrte weiter auf den Übertragungsmonitor.

„Die werden schon kommen", meinte Kati, und Leo warf ihr einen dankbaren Blick zu.

Mittlerweile war es halb drei geworden. Ab und zu übertrugen die Lautsprecher das Gurren einer Taube, die offenbar im Garten vor dem Küchenfenster saß, und manchmal war auch das Klappern von Hannes' Kühlschrank zu hören, wenn der Kühlkompressor ansprang. Yogi saß inzwischen vor einem zweiten Monitor und las seine Emails.

„Vielleicht haben wir gestern in der Küche nicht deutlich genug gesprochen oder die haben gerade nicht hingehört, als wir von dem Termin in der Tierklinik redeten", sagte Leo etwas kleinlaut.

„Wenn es Profis sind, dann werden sie alles aufzeichnen", meinte Yogi trocken.

Kati hatte inzwischen mit Hannes ein Gespräch über Hunde angefangen; ihr tat Nudel leid, die im kalten Auto hatte bleiben müssen. Leo und Arne starrten abwechselnd auf den Monitor und den Boden vor ihren Füßen, als in den Lautsprechern plötzlich das immer lauter werdende Motorengeräusch eines Autos zu hören war. Dann verstummte das Motorengeräusch und kurze Zeit später war leise zu hören, wie zwei Autotüren zugeschlagen wurden.

Im Nu waren alle Gespräche verstummt. Yogi rutschte mit seinem Stuhl wieder an seinen Beobachtungsmonitor zurück, und alle starrten wie gefesselt durch das Auge der Kamera in Hannes' Flur. Waren sie jetzt da und wo würden sie einbrechen, Haustür oder Küchenfenster?

Da war aus den Lautsprechern das Surren eines Akku-Schraubers zu hören und kurz darauf ein kurzer harter Schlag. Sie konnten hören, wie die Haustür mit einem leisen Knarren geöffnet wurde und wenig später erschienen zwei Gestalten auf dem Bildschirm, die durch den Flur schlichen.

„Der Kleinere mit der dicken Brille gehörte zu den beiden Kerlen, die letzte Woche bei uns geklingelt und nach Antiquitäten gefragt haben", zischte Leo aufgeregt, „den Langen mit seiner lackierten Frisur kennen wir ja mittlerweile zur Genüge."

„Die Küche muss hier rechts sein", hörten sie jetzt den Langen sagen. Die beiden Einbrecher öffneten vorsichtig die Küchentür und Yogi schaltete auf die Kameras in der Küche um. Jetzt konnten sie auf dem Monitor beobachten, wie die beiden Kerle in die Küche kamen.

„So ein Mist", fluchte der Kleinere, „sie haben das Ding an dem Tisch festgekettet. Was machen wir jetzt?"

„Wir könnten den ganzen Tisch mitnehmen."

„Der passt doch niemals zusammen mit dem Schränkchen in den kleinen Transporter da draußen", wandte der Erste ein, „wir müssen entweder die Kette knacken, den Tisch zersägen oder das Metallschränkchen aufbrechen."

„Bist du verrückt! Der Chef hat doch ausdrücklich gesagt, dass er den Adventskalender unbeschädigt haben will", blaffte ihn der Lange an.

„Jaja, aber im Grunde will der doch nur dieses Audikular aus dem Verkehr ziehen. Wenn wir die Türchen aufbrechen und das Ding mitnehmen, wird er schon zufrieden sein."

Der Lange schüttelte unwirsch den Kopf.

„Denk doch mal nach, Idiot! Vielleicht würden wir hinter dem 24. Türchen nur einen Lageplan oder eine Beschreibung finden und später noch irgendwas aus dem Schränkchen brauchen, um den Plan zu verstehen. Noch mal herkommen können wir dann nicht. Außerdem würde es ewig dauern, bis wir diese dicken Metallklappen aufgebrochen hätten, und womöglich ist dann der große Kerl mit dem Hund schon wieder zurück."

„Ja, passt nur auf, ihr Halunken, bald bin ich zurück", raunte Hannes in Yogis Zimmer, aber das konnten die Halunken natürlich nicht hören. Sie standen einen Moment ratlos herum, bis der Kleinere sagte:

„Lass uns nachsehen, ob wir eine Säge finden. Dann sägen wir schnell die Tischbeine ab, und danach wird er schon irgendwie reingehen in das Auto."

„Gut, aber wir müssen uns beeilen", stimmte der lange Lulatsch zu, „wenn wir das hier vermasseln und das Audikular wieder unter die Leute kommt, dann haben wir die längste Zeit bei *SATSehenPro* einen guten Job gehabt."

Die beiden Ganoven liefen hinaus und Hannes griff zu seinem Handy.

„Jetzt haben wir wohl genug gehört und können dem Spuk ein Ende machen, bevor die meinen Küchentisch vollständig ruinieren", brummte er und wählte eine Nummer.

„Hier ist Hannes, du kannst jetzt Alarm schlagen. Ruf mich an, wenn sie da sind", sagte er in den Apparat und legte wieder auf.

„Wen hast du eigentlich angerufen?", wollte Yogi wissen.

„Meinen Nachbarn Karl. Er kann meinen Hof gut einsehen und wird jetzt den Einbruch bemerken. In spätestens fünf Minuten dürfte die Polizei da sein."

Tatsächlich hörten sie wenige Minuten später über die Lautsprecher ein Martinshorn schnell lauter werden. Da klingelte auch schon Hannes' Telefon in der Hosentasche.

„Danke, wir sind schon unterwegs", sagte Hannes nur, nachdem eine Stimme aufgeregt am anderen Ende geschnattert hatte. Er steckte das Handy wieder ein und griff nach den Autoschlüsseln.

„Lasst uns fahren, die Polizei ist da!"

Alle stürmten hinaus. Leo und Arne sprangen hinten auf die Ladefläche, während Kati und Yogi vorne bei Hannes mitfahren durften. Wenig später stoppte der alte Laster schon mit quietschenden Bremsen mitten in der Hofeinfahrt, denn quer zur Fahrspur stand ein Polizeiwagen mit offenen Türen und kreisendem Blaulicht. Die Insassen des Lasters sprangen alle heraus und liefen auf das Haus zu.

Im Innenhof bot sich ihnen ein Bild, wie sie es sonst nur aus Kriminalfilmen kannten: Neben dem weißen Kleintransporter stand ein zweiter Streifenwagen, in dem einer der Polizisten am Funkgerät mit lauter Stimme eine Fahndungsmeldung durchgab. Neben der Eingangstür starrte der größere der beiden Einbrecher trotzig vor sich hin, gefesselt mit Handschellen an einen Ring in der Wand, der früher einmal für das Anbinden der Pferde gedacht war. Er warf Leo einen giftigen Blick zu, als der mit den anderen in den Hof kam. Aus dem Haus drangen Fragen und quäkende Antworten aus einem Funkgerät nach außen.

Hannes ging auf den Polizisten in dem Streifenwagen zu und tat überrascht:

„Bei mir ist eingebrochen worden? Ich bin Hannes Schenker, mein Nachbar hat mich eben angerufen, er hätte die Polizei benachrichtigt."

„Das ist richtig. Der Nachbar hat den Einbruch beobachtet und geistesgegenwärtig die Leitstelle alarmiert", sagte der Polizist, während er aus seinem Wagen ausstieg und seine Dienstmütze aufsetzte, „aber wir sind offenbar noch rechtzeitig gekommen. Einer ist geflüchtet, den anderen haben wir."

Ein Polizeibeamter kam aus dem Haus, grüßte kurz und informierte dann seinen Kollegen.

„Die anderen sind schon mit der Hundestaffel draußen", und mit einem Zwinkern zu den Kindern fuhr er fort, „es wird für unseren Freund nicht leicht werden, in diesem tiefen Schnee zu entkommen, ohne eine gewaltige Spur zu hinterlassen."

Dann wandte er sich Hannes zu.

„Sie sind der Besitzer?"

Hannes nickte.

„Das Türschloss wurde aufgebrochen, sonst können wir keine Beschädigungen feststellen", sagte der Beamte, „Sie müssten aber kontrollieren, ob etwas fehlt. Was könnten die Einbrecher bei Ihnen gesucht haben?"

„Das ist doch alles Quatsch", rief der pomadige Lulatsch dazwischen, „ich habe doch schon gesagt, dass das Schloss bereits kaputt war. Wir wollten Antiquitäten ankaufen und haben nur nachsehen wollen, ob jemand zu Hause ist."

„Und warum ist Ihr Komplize dann geflohen?", fragte der Polizist.

„Ich weiß es nicht, vielleicht hat er einen Riesenschreck bekommen. Eingebrochen sind wir jedenfalls nicht, das kann uns niemand beweisen."

Da trat Leo auf den großen Mann zu und blickte an ihm hoch. Der Mann bekam einen trockenen Hals, als er den Jungen mit den zerzausten Haaren und den wissenden Augen spöttisch lächeln sah.

„Das Dumme ist nur", sagte Leo genüsslich, „dass auch wir was von Elektronik verstehen. Wenn hier niemand zu Hause ist, dann überwachen kleine Kameras die Wohnung, jedes Wort wird aufgezeichnet, das können wir jederzeit vorführen. Und dem Richter werden wir einen tollen Film zeigen können – ich bin gespannt, was da alles drauf ist."

Als es wieder Abend und Zeit für das nächste Türchen wurde, saßen die vier Schüler immer noch in Hannes' Küche und alberten herum. Die große Anspannung war von ihnen abgefallen, die Schlacht war geschlagen und der Fall gelöst.

Die Polizei war längst nicht mehr da. Die Beamten hatten noch ein Protokoll aufgenommen und darin auch das Vorhandensein eines Videos erwähnt, das den ganzen Einbruch dokumentierte. Voller Bewunderung hatten sich die Polizeibeamten Yogis Überwachungsanlage angesehen und geflachst, dass Yogi sich doch beim Geheimdienst bewerben solle, um dort Spion zu werden. Dann waren sie mit dem festgenommenen Einbrecher davongefahren. Später hatte die Polizeidienststelle angerufen und bekannt gegeben, dass der zweite Einbrecher auch gefasst sei und in Untersuchungshaft sitzen würde.

Erleichtert konnte Hannes das große rote Warnschild in der Küche abnehmen, während Yogi mit einer kleinen Zange die Abhöranlage in der Uhr außer Gefecht setzte. Endlich konnten sie in der Küche wieder unbeschwert reden, ohne auf die Ohren der Uhr Acht geben zu müssen.

Das heutige Türchen durfte Yogi öffnen. Er hatte sich die Geschichte von dem Maler im Regen durchgelesen und war wie die anderen der Meinung, dass links die *2* und rechts die *13* einzustellen wäre.

„Es wird Zeit", sagte Leo irgendwann in das muntere Geplapper der anderen hinein, „wir können das Türchen jetzt aufmachen."

Yogi stellte alle Zahlen ein und zog am Stellrad, so wie seine Schwester es ihm erklärt hatte. Das Türchen sprang ohne Murren auf und zeigte einen leuchtend roten Hintergrund.

„Kannst du die Schrift hinten an der Klappe lesen?", fragte Hannes.

Yogi betrachtete die Schriftzeichen und schüttelte dann den Kopf.

Hannes hatte die Lupe schon in der Hand und konnte gleich darauf verkünden:

„Die vorletzte Geschichte heißt: *Alexander der Große* von einer *Hermine Kohlhaus."*

Es war keine Viertelstunde vergangen, da kam Yogi mit seinem Laptop aus Hannes' Büro zurück und stellte ihn neben den Adventskalender auf den Küchentisch. Nachdem Hannes den Titel der neuen Geschichte genannt hatte, war Yogi mit einem *‚Lasst mich mal machen'* in Hannes' Büro verschwunden, in dem sein Computer immer noch im Aktenschrank verkabelt stand. Jetzt lief er noch mal hinaus und kam mit zwei kleinen Lautsprecherboxen und einem geheimnisvollen Lächeln auf den Lippen zurück. Er schloss die Lautsprecher an seinen Laptop an und tippte dann etwas auf der Tastatur.

„Selbstlesen ist doch viel zu anstrengend", grinste er und lehnte sich zurück, „wozu gibt es Vorleseprogramme für Blinde?"

Und tatsächlich ertönte jetzt aus den Lautsprechern eine Frauenstimme, die den Titel und die Autorin nannte. Außer Kati sahen sich alle verdutzt an, aber da hatte das Programm schon damit begonnen, die Geschichte vorzulesen:

Alexander der Große

„Das wird bestimmt einmal ein guter Bariton, vielleicht sogar ein Bass", sagte der Vater scherzhaft.

„Ja, eine Bassstimme könnten wir in unserem Chor wirklich gut brauchen", antwortete seine Frau versonnen.

Das Zaunkönigpaar saß in einem dichten Gebüsch am Eingang des Nestes und beäugte stolz sein Gelege. Mehrere bräunlich gesprenkelte Eier lagen dort, und eines davon war in der Tat von stattlicher Größe. Aber so wunderbar das auch aussah, nun würde wieder eine anstrengende Zeit beginnen, bis die Eier ausgebrütet und die Jungen aufgezogen waren. Mit einem kleinen Seufzer machte es sich die Mutter auf den Eiern bequem, plusterte sich auf und zwinkerte ihrem Mann ergeben zu.

„Ich schaffe das schon", sagte sie.

Und wirklich begann sich nach siebzehn Tagen das erste Ei zu regen, die Schale platzte auf und ein gelbes Schnäbelchen schaute vorwitzig heraus. Nacheinander sprengten alle Küken ihre enge Schalenbehausung ab und lagen nass und erschöpft im Nest, während die Eltern alle Schnäbel voll zu tun hatten, das Heim von den Eierschalen zu reinigen. Endlich war es geschafft, die Küken hockten trocken und wohlig beisammen und die Eltern freuten sich über ihre Kinderschar.

„Er soll Alexander heißen", sagte der Vater feierlich, während er seinem Sohn ein erstes Würmchen in den weit aufgerissenen Schnabel stopfte, „weil er so groß ist."

Und wahrlich machte Alexander seinem Namen alle Ehre. Sein nimmersatter Schnabel war immer der erste und vorderste, wenn einer der Eltern im Eingang der Nesthöhle erschien, sodass die Eltern Mühe hatten, die kleinen Schnäbel der Geschwister im Hintergrund mit einem Leckerbissen zu erreichen. Alexander wuchs und wuchs, bis der Vater eines Abends seiner Frau einen ungewöhnlichen Vorschlag machte.

„Wir sollten die anderen Kinder bei Pflegefamilien unterbringen und uns ganz auf die Erziehung von Alexander konzentrieren", sagte er, als beide erschöpft auf einem

Zweiglein neben ihrem Nest saßen und sich von der Mühe des Tages ausruhten, „aus ihm kann einmal etwas ganz Großes werden!"

Schweren Herzens willigte die Mutter schließlich ein. Sie liebte auch ihre anderen Kinder, aber der Zukunft ihres größten Sprösslings wollte sie in keinem Fall im Wege stehen. So saß Alexander bald alleine im Nest und die Eltern konnten getrost alles erbeutete Futter in den gelben Schlund stopfen, der sie beim Anflug immer ungeduldig am Eingang des Nestes erwartete. Nach einiger Zeit begann es in der Nesthöhle sogar für Alexander alleine eng zu werden, und da verblassten auch die letzten Gewissensbisse der Eltern – wie hätten sie jemals gleichzeitig allen Nestlingen gerecht werden können?

Als Alexander eines schönen Tages das Nest verlassen und dabei den Eingang ordentlich ramponiert hatte, setzte sich sein Vater neben ihn auf den Ast, schaute zu ihm hoch und sprach:

„Mein lieber Sohn, nun beginnt der Ernst des Lebens. Ab heute will ich dir täglich Gesangsunterricht geben, damit du recht bald ein meisterlicher Sänger wirst. Wir alle setzen große Hoffnungen in dich, denn du hast eine außergewöhnlich kräftige Stimme. Sei strebsam und enttäusche uns nicht."

Alexander bewunderte seinen Vater, der selbst ein guter Sänger und zudem noch Chorleiter war, und er nahm sich vor, fleißig zu üben. So kam es, dass er meistens schon auf dem Übungsast bereit saß, wenn der Vater am Abend zur Unterrichtsstunde gehastet kam. Auch hatte er artig seine Tonleitern geübt und konnte es kaum erwarten, sie dem Vater vorzusingen. Der hielt den Kopf schief, während er den Etüden seines Sohnes lauschte, hüpfte ungehalten von einem Bein auf das andere und sagte zum Schluss ein ums andere Mal:

„Du sollst singen, nicht rufen!"

Und dann sang er vor, wie es richtig war, ließ Alexander nachsingen und versuchte mit Melodie-Ratespielen und Belohnungen die Singstimme seines Sohnes zu verbessern. Alexander wusste, wie wichtig den Eltern seine Gesangsausbildung war, und so gab er sich äußerste Mühe. Aber auch wenn sein Vater jedes richtig getroffene Tönchen begeistert lobte und auch kleinste Fortschritte bei den Nachbarn in bunten Farben aufbauschte, so konnte Alexander nie das Gefühl ganz abschütteln, dass der Vater im Grunde nicht zufrieden war.

Eines Abends, als er schon längst schlafen sollte, hörte er, wie sich die Eltern leise vor dem Nest unterhielten.

„Vielleicht lehnt er sich nur gegen mich auf, oder ich bin als Lehrer nicht geeignet", grübelte der Vater, „wir sollten versuchen, einen anerkannten Meister als Lehrer für ihn zu gewinnen, seine kräftige Stimme hat die beste Förderung verdient."

Und dann sprachen sie darüber, wie sehr ein herausragender Sänger dem gesamten Chor von Nutzen sein könnte und welche Gesangsstücke mit einem volltönenden Bass plötzlich möglich sein würden.

„Der Chor der Schneekönige würde durch meinen Sohn vielleicht sehr bekannt werden und in anderen Ländern auftreten dürfen", schwärmte die Mutter begeistert.

So kam es, dass der angesehene Professor Fabulatius die Stimmbildung des jungen Sängers unter seine Fittiche nahm.

„Ein wenig groß für einen Zaunkönig", waren dessen erste Worte, nachdem Alexander in Begleitung seines Vaters überpünktlich zur ersten Übungsstunde im Musikraum des Professors erschienen war, und dieser ihn mit einem skeptischen Blick vermessen hatte.

„Das ist ja gerade sein Vorteil, Meister", beeilte sich der Vater anzumerken, „so hat er einen guten Resonanzkörper."

„Nun gut, dann wollen wir mal sehen, was er schon kann", brummte Professor Fabulatius, stimmte einen Triller an und forderte seinen neuen Schüler auf, es ihm nachzutun.

Alexander nahm all seinen Mut zusammen, holte tief Luft und versuchte den Triller nachzusingen.

„Naja", meinte der Professor verhalten, nachdem der Ton im Geäst verklungen war, „es wird schon noch etwas Übung vonnöten sein."

Und damit sollte er recht behalten. In der Folgezeit hatte Alexander an den schwierigen Lektionen des Professors viel zu üben, und weil er wusste, wie eisern seine Eltern für dessen üppiges Honorar sparen mussten, tat er es verbissen und mit großer Beharrlichkeit.

„Alle Wetter, Alexander hat Unterricht bei Professor Fabulatius", raunten die anderen Zaunkönige, wenn sie ihn üben hörten, „aus dem wird mal was!"

Abends saß Alexander dann müde auf seinem Übungsast und stellte sich vor, wie er im Chor der Schneekönige ein Solo singen würde, vielleicht sogar beim traditionellen Weihnachtskonzert. Ja, das würde er bestimmt schaffen, so viele Leute konnten sich nicht irren.

Die Wochen vergingen und Professor Fabulatius war mit den Fortschritten seines Zöglings nicht zufrieden.

„Versuche weniger zu rufen und mehr zu singen", hatte er Alexander in der letzten Stunde eindringlich ermahnt.

„Das hat mein Vater auch schon gemeint", hatte Alexander betroffen geantwortet.

Was konnte er nur tun, um wie die anderen Zaunkönige zu klingen? Zugvögel flogen in großen Scharen am Himmel vorüber auf ihrem Weg in den Süden, und mit einem Mal verspürte Alexander eine unbändige Lust, alles Singen hinter sich zu lassen, dem Chor der Schneekönige Lebwohl zu sagen und mit diesen fremden Vögeln zu ziehen.

„Du träumst schon wieder", hörte er die gestrenge Stimme seines Vaters, „morgen ist wieder Singstunde und du hast noch nicht genug geübt."

Die ersten Herbststürme fegten über das Land, die Nächte wurden dunkel und kalt und Alexander begann zu frieren. Die anderen glaubten, er wolle sich nur interessant machen, und lachten ihn aus.

„Der Herr Künstler ist wohl ein bisschen verwöhnt? Schau uns an, wir sind nicht so groß und dick wie du und frieren auch nicht", spotteten sie.

Dann kam die Adventszeit und Alexanders Vater hatte für das große Weihnachtskonzert ein ehrgeiziges Programm erstellt. Der Chor probte nun mehrere Male in der Woche, und da Alexander mit seinem Part noch Schwierigkeiten hatte, bekam er Extrastunden beim Musikprofessor.

„Ich bin mir nicht mehr sicher, wie weit seine Begabung reicht", bemerkte Professor Fabulatius einmal nach der Übungsstunde, als Alexander schon vorweggeflogen war. Der Vater schwieg dazu, sagte dann einen Gruß und flog seinem Sohn eilig hinterher.

Am Mittag des 22. Dezember war wie jedes Jahr das Weihnachtskonzert anberaumt. Alle Chormitglieder waren pünktlich erschienen und nahmen ihren Platz in einer großen Sprossenwand im Garten ein, an der im Sommer Beerensträucher rankten. Der Dirigent saß gegenüber in einem alten Kirschbaum und flatterte nervös mit seinen Flügeln. Er sah seinen Sohn ganz rechts in einer der oberen Reihen sitzen und seufzte leise. Alexander blickte starr vor sich hin und konzentrierte sich auf seine Melodie – heute musste er unbedingt alle Töne treffen.

Der kleine Emil drinnen im Haus hatte mit den Fingern die beschlagene Fensterscheibe in der Diele frei gewischt und spähte hinaus in den Garten. Er bemerkte gleich die beachtliche Vogelschar, die da draußen in der Sprossenwand saß und lauthals trillerte.

„Die Schneekönige sind wieder da und singen", rief er seinen Eltern zu, die in der Stube saßen und Vorbereitungen trafen. Dann wandte er sich wieder um und lauschte dem Zwitschern im Garten. Als die Vögel nach einiger Zeit weggeflogen waren, ging er nachdenklich zurück zu den Eltern.

„Ich könnte schwören, dass zwischen den Schneekönigen mitunter ein Kuckuck gerufen hat", sagte er verwirrt.

„Da musst du dich verhört haben", meinte der Vater, „der Kuckuck ist doch ein Zugvogel."

Mit dem Anbruch des neuen Jahres war vieles für Alexander anders geworden. Die hochfliegenden Träume vom Ruhm als Meistersänger unter den Zaunkönigen hatten nach dem Weihnachtskonzert eine unsanfte Bruchlandung erlitten. Alexander hatte bei der Aufführung alle seine Einsätze verpatzt, und obwohl er nicht müde wurde, das Missgeschick auf seine große Nervosität zu schieben, warfen sich die anderen nur vielsagende Blicke zu und ließen ihn stehen. Der Vater hatte gleich nach Neujahr Professor Fabulatius um ein Gespräch gebeten und beide waren schnell einig geworden, die wöchentlichen Gesangsstunden zu beenden. Alexander durfte zwar weiterhin an den Chorproben teilnehmen, aber wenn er einmal nicht kam, verlor niemand darüber ein Wort.

Alexander wusste nicht mehr, was er tun sollte. Sollte er noch mehr üben oder sich damit abfinden, dass er nicht besser singen konnte? Sollte er zukünftig eher recht und schlecht im Chor der Schneekönige mitmachen, oder ganz mit dem Singen aufhören?

Die Wochen verstrichen und Alexander flog ziellos umher, ohne darauf zu achten, dass die Tage wieder länger und die Lüfte wärmer wurden. An einem sonnigen Tag im Mai hörte er im Wald plötzlich eine laute Vogelstimme, eine Stimme, die ihm so vertraut erschien. Wie magnetisiert zog es ihn zu dieser Stimme hin, und nicht lange, da hatte er den Vogel gefunden, dem diese Stimme gehörte.

„Übst du singen?", wollte Alexander wissen.

„Singen?", der Vogel sah Alexander belustigt an, „ein Kuckuck singt doch nicht, er ruft. Und was sollte *ich* daran üben?"

Alexander sah den großen Vogel verdutzt an.

„Dann bist du gar kein Zaunkönig?"

Jetzt verstand auch der andere nichts mehr.

„Ich bin genau so ein Kuckuck wie du!", sagte er verwundert.

Alexander war fassungslos.

„Ich bin ein Kuckuck, kein Zaunkönig?"

„Ja, das bist du", sagte der andere, „und ich bewundere schon jetzt deine kräftige Stimme, die klar und schön ist, und bei der die Menschen aufhorchen werden und sagen: *Habt ihr gerade diesen Kuckuck rufen gehört?*"

Yogi richtete sich wieder auf und beendete das Programm.

„Na, wie war das?", fragte er sichtlich stolz auf seine Idee, eine Computerstimme vorlesen zu lassen.

„Nicht schlecht", gab Arne zu, „aber die Lesestunde heute morgen mit Pater Jakob fand ich trotzdem besser!"

23

D ie Winterfelds saßen an ihrem festlich gedeckten Frühstückstisch an diesem letzten Adventssonntag vor Weihnachten, als das Telefon klingelte.

„Wer kann denn das sein, jetzt am frühen Sonntagmorgen?", fragte Frau Winterfeld und ließ ihre Teetasse ärgerlich auf den Unterteller knallen.

Sie hatte sich heute mit dem Frühstück besondere Mühe gegeben, es gab Schoko-Croissants, Butterhörnchen und Lachs. Frau Winterfeld ahnte schon, dass der Anruf irgendetwas mit dem Holzhauser Adventskalender oder dem Einbruch gestern bei Hannes zu tun haben würde. Dabei hatte sie sich gewünscht, jetzt einfach in Ruhe mit ihrer Familie zu frühstücken.

„Lassen wir es klingeln oder gehst du, Leo?", sagte sie resigniert, als es hartnäckig weiter läutete.

Leo sprang auf und ging ran.

„Leo Winterfeld!"

„Guten Morgen Herr Winterfeld", sagte eine weibliche Stimme, „mein Name ist Heide Jäger. Bitte entschuldigen Sie die Störung zu dieser unmöglichen Zeit, aber es geht um die Ereignisse gestern und ist sehr wichtig."

Leo überlegte krampfhaft, wer mit *Herr Winterfeld* gemeint sein könnte. Normalerweise war das immer sein Vater, sollte er ihn jetzt an den Apparat holen?

„Ich rufe im Auftrag von Herrn Dr. Siebeneich an, er ist der Intendant des Fernsehsenders *SATSehenPro*", fuhr die Frau fort.

Leo entschloss sich, erstmal seinen Vater nicht ans Telefon zu holen, vielleicht wollte die Frau tatsächlich ihn sprechen und wusste nicht, dass er ein elfjähriger Schüler war.

„Ich werde jetzt zu Herrn Dr. Siebeneich durchstellen", sagte die Frau.

„Wen will Dr. Siebeneich denn sprechen", fragte Leo nun doch, „meinen Vater oder mich?"

„Ich soll ihn mit einem Herrn Leo Winterfeld verbinden, das sind doch Sie?"

„Ja", sagte Leo und dann knackste es in der Leitung.

„Guten Morgen Leo – ich kann doch noch *du* sagen, oder?", sagte eine Männerstimme.

„Ja", sagte Leo wieder.

„Mein Name ist Gregor Siebeneich, ich bin Intendant von *SATSehenPro.* Du weißt doch sicher, was ein Intendant ist?"

„Das ist so was wie der oberste Chef einer Sendeanstalt", wusste Leo zu antworten.

„Genau. Gestern Abend habe ich nun von dem Einbruch und der Verhaftung meiner Mitarbeiter erfahren und auch von den üblen Machenschaften einer meiner Programmdirektoren, der den Raub des Audikulars in Auftrag gegeben hat. Ich kann nur sagen, dass ich entsetzt bin und noch immer kaum glauben kann, dass so ein krimineller Übereifer in meinem Hause passiert ist. Ein Anwalt hat schon im Gefängnis mit diesen Mitarbeitern gesprochen und erfahren, dass ihr den ganzen Einbruch sogar in Bild und Ton aufgenommen habt, stimmt das?"

„Ja, das ist richtig", sagte Leo und strich sich mit dem Zeigefinger nervös über den Nasenrücken, „das Gespräch der Männer beim Einbruch ist sicher ein ausreichendes Geständnis."

„Leo, ich will offen mit dir reden: Dieses Video in der Öffentlichkeit, Berichte über den Einbruch meiner Leute in Zeitungen und auf anderen Sendern wäre eine schlimme Katastrophe für das Unternehmen, das ich leite und für das ich verantwortlich bin. Ich möchte also mit dir darüber verhandeln, ob es nicht eine Möglichkeit gibt, dass du die Anzeige fallen lässt und das Video unter Verschluss hältst, ohne dass die Täter deswegen straffrei ausgehen."

Leo schluckte, was sollte er jetzt tun?

„Ich alleine kann das nicht entscheiden", druckste er, „eingebrochen wurde ja bei meinem Freund Hannes, und es waren auch noch andere Freunde daran beteiligt, das Audikular zu finden und Ihre Leute zu schnappen."

„Gut, dann schlage ich dir Folgendes vor", sagte Dr. Siebeneich, „du beratschlagst dich schnellstmöglich mit deinen Freunden, unter welchen Bedingungen ihr den Einbruch und alles, was davor passiert ist, auf sich beruhen lassen könnt. Ich würde euch gerne heute Nachmittag aufsuchen, eure Bedingungen hören und gemeinsam eine Vereinbarung mit euch treffen."

„Das kommt jetzt ziemlich plötzlich", stammelte Leo, „ich weiß nicht, ob wir das so schnell hinbekommen.

„Leo, es ist sehr wichtig, dass wir zügig zu einem Ergebnis kommen. Ich selbst habe auch Familie und einen Tag vor Weihnachten eigentlich etwas anderes tun wollen. Ich möchte dich gerne in einer Stunde noch einmal anrufen und hoffe, dass du mir dann eine Uhrzeit und einen Ort nennen kannst, wo wir uns treffen können. Ist das in Ordnung?"

„Okay, das ist in Ordnung", sagte Leo erleichtert.

Nachdem er wieder aufgelegt hatte, ging er an den Frühstückstisch zurück und biss nachdenklich in sein Butterhörnchen.

„Wer war es denn jetzt?", wollte seine Mutter wissen.

„Der Intendant von *SATSehenPro,* wir sollen ihm die Bedingungen nennen, unter denen wir keine Anzeige erstatten und den Film über den Einbruch nicht veröffentlichen."

Die Küche in dem alten Fachwerkhaus platzte einmal wieder aus allen Nähten, Hannes war selbst verwundert, wie viele Menschen dort hineinpassen. Er dachte belustigt an einen Wettbewerb vor vielen Jahren im Fernsehen, als dutzende Menschen es sich zur Aufgabe gemacht hatten, krakenartig in einem normalen Personenwagen Platz zu finden.

Leo war mit seinen Eltern da, Kati und Yogi ebenso, Arne hatte seinen zaubernden Bruder Ulf mitgebracht, der auch unbedingt das Ding sehen wollte, um das sich seit Tagen alles drehte. Und gleich würde auch noch Dr. Siebeneich dazu kommen, für den Hannes den stabilsten der wackligen Stühle reserviert hatte.

Leo hatte gleich nach dem Frühstück damit begonnen, reihum seine Freunde anzurufen, um deren Meinung zu hören. Dabei wurde vereinbart, den Intendanten am späten Nachmittag zu Hannes zu bestellen, vorher jedoch noch gemeinsam ihr Vorgehen abzusprechen und sich Bedingungen zu überlegen. So war daraus ein geschäftiges Kaffeetrinken geworden und alle hatten Kuchen, Plätzchen oder Schokoladenweihnachtsmänner dabei gehabt, ohne dass das vorher verabredet worden wäre. Sie hatten gegessen und getrunken, überlegt und debattiert, gekrümelt und gealbert, jedoch zum Schluss herrschte Einigkeit über die Bedingungen. Aber ob der Intendant darauf eingehen würde? Leo konnte sich das eigentlich nicht vorstellen.

Kurz vor fünf begann Nudel ärgerlich zu bellen. Leo guckte durchs Fenster und sah eine stattliche Limousine langsam die Zufahrtsstraße herabkommen.

„Er ist da. Hannes, kommst du mit raus?"

Hannes nickte und nahm Nudel am Halsband; er wusste nur zu gut, dass sie erst Ruhe geben würde, wenn sie an dem neuen Besucher geschnuppert hatte. Die Limousine hielt im Hof, ein Chauffeur sprang hinaus und öffnete die hintere Tür. Ein großer Mann mit Brille und grau melierten Haaren stieg aus und sah sich interessiert um. Er war vielleicht sechzig Jahre alt, trug einen eleganten dunklen Anzug und eine bunte Krawatte. Er ging ohne Zögern auf Leo zu und gab ihm die Hand, obwohl Nudel begierig an seinem Hosenbein schnüffelte.

„Du bist bestimmt der Leo, den unsere Leute nicht überlisten konnten?"

Leo nickte und griente ein wenig geschmeichelt.

„Alle Achtung", sagte Dr. Siebeneich und wandte sich dann Hannes zu.

„Und Sie sind der Besitzer dieses Hofes?"

„Ja, Hannes Schenker ist mein Name", sagte der und ergriff die angebotene Hand, „kommen Sie herein, Herr Dr. Siebeneich, ihr Chauffeur braucht natürlich auch nicht draußen zu bleiben."

„Er wartet gerne im Wagen, dort hat er seine Lektüre und sogar eine Standheizung", gab Dr. Siebeneich zur Antwort und trat in die Diele.

In der Küche begrüßte er alle Anwesenden einzeln, betrachtete ausgiebig den Holzhauser Adventskalender auf dem Tisch, strich mit dem Finger über die emaillierte Fläche und ging dann zur Regulatoruhr. Er öffnete die Glastür, schaute hinein und schüttelte ein wenig den Kopf. In der Küche herrschte eine eigenartige Spannung, niemand sagte ein Wort – was dachte dieser Mann wirklich und wie würde diese Begegnung enden? Endlich setzte Dr. Siebeneich sich auf den angebotenen Stuhl.

„Es tut mir außerordentlich leid, dass das alles passiert ist", begann er und schaute dabei in die Gesichter der anderen, „und ich möchte mich bei allen hier dafür entschuldigen. Insbesondere bei Ihnen, Herr Schenker, denn in Ihrer Küche wurde die Abhöranlage installiert, bei Ihnen wurde eingebrochen und Ihren Hund hat man zu vergiften versucht. Das übrigens finde ich besonders verwerflich. Ich weiß, dass dies alles nicht nur eine schlimme Entgleisung war, sondern auch kriminell, und die Täter sollen auch nicht geschont werden."

Er machte eine kleine Pause, als ob er nach den richtigen Worten suchen würde, alle sahen ihn gespannt an und er fuhr fort:

„Aber ich bin auch verantwortlich für alle anderen Mitarbeiter unserer Sendeanstalt, die nichts mit der Sache zu tun haben. Wenn diese üblen Machenschaften an die Öffentlichkeit kommen, wird es dem Ruf des Senders enorm schaden, wir werden weniger Aufträge bekommen und im schlimmsten Fall Konkurs anmelden müssen. Darum möchte ich versuchen, mit euch zu einer Einigung zu kommen, um eine Anzeige gegen den Sender zu vermeiden. Was also kann ich tun?"

Dr. Siebeneich sah Leo auffordernd an und ließ dann seinen Blick von einem zum anderen wandern. Leo räusperte sich umständlich, aber dann sagte er mit fester Stimme:

„Wir haben uns vorhin beraten und sind dabei zu einem Angebot gekommen, das wir Ihnen machen möchten. Es ist nicht wenig, aber wir finden es wichtig."

Er holte tief Luft und schaute Arne und Kati an, die ihm aufmunternd zunickten.

„Wir möchten, dass es auf Ihrem Kanal dauerhaft eine Sendung gibt, in der Kinder- und Jugendbücher vorgestellt und besprochen werden, in der Lust auf Lesen und Vorlesen gemacht wird."

Jetzt war es raus, Leo sah den Intendanten fragend an, bei dem keine Regung zu erkennen war.

„Aber das ist noch nicht alles", fuhr Leo fort, „morgen ist Weihnachten, und wenn alles gut geht, werden wir morgen das Audikular in den Händen halten. Wir haben durch den mechanischen Adventskalender in den letzten Wochen eine tolle Zeit gehabt, haben viele interessante Geschichten gehört und neue Freunde gefunden. Wir haben ein richtiges Abenteuer erlebt, das morgen mit dem letzten Türchen zu Ende geht. Dieses Ende und die Entdeckung des verlorenen Audikulars möchten wir gerne mit so vielen Kindern wie möglich teilen. Darum wollen wir, dass das Öffnen des vierundzwanzigsten Türchens morgen auf Ihrem Sender live hier aus der Küche übertragen wird. Natürlich ist es wichtig, dass Ihre Sprecher diese Sondersendung vorher bei jeder Gelegenheit ankündigen."

Dr. Siebeneich schaute lange auf den Küchenfußboden vor seinen Füßen – in der Küche war nur das leise Ticken der Uhr zu hören. Endlich hob er den Kopf und sah in acht Augenpaare, die ihn gespannt musterten.

„Das sind keine einfachen Bedingungen", sagte er langsam, und alle merkten ihm an, dass er noch fieberhaft überlegte, während er weiter sprach, „die wöchentliche Lesesendung kann ich mir ganz gut vorstellen. Natürlich müssen wir vorher ein gutes Konzept machen, aber da können wir sicher auch auf eure Mitarbeit zählen. Aber die kurzfristige Sendung morgen, da sehe ich schwarz. Das Fernsehprogramm an Heiligabend steht doch seit Wochen fest."

„Es gibt doch ständig Sondersendungen im Fernsehen", wandte Leo ungläubig ein, „dauernd fallen andere Sendungen aus, weil irgendwo auf der Welt etwas Besonderes passiert ist. Die Entdeckung des Audikulars ist auch etwas Besonderes."

Dr. Siebeneich wiegte voller Bedenken den Kopf.

„Wir wollen von dieser Bedingung nicht abrücken", setzte Leo nach, und freute sich innerlich, dass er so mutig gewesen war.

Die Augen des Intendanten wanderten an der Küchendecke umher, als würde dort die Antwort zu finden sein, wie er diese Forderung erfüllen könne.

„Gut, wozu bin ich Intendant", sagte er schließlich, „das Kamerateam wird morgen um ein Uhr hier sein!"

Das aufgeregte Durcheinanderschwatzen in der alten Küche ebbte erst ab, als Hannes mit einem Seitenblick auf die Küchenuhr anmahnte, dass es jetzt Zeit sei, das nächste Türchen zu öffnen. Dr. Siebeneich und die anderen Erwachsenen waren längst wieder gegangen und im Anschluss hatte es eine stürmische Diskussion gegeben, wie die Sendung hier aus der Küche morgen gestaltet werden müsse und wer welche Rolle einnehmen soll. Herausgekommen war, dass Kati, Arne und Leo ihre Erlebnisse aufschreiben und morgen im Fernsehen vortragen sollten, denn es war ja eine Kindersendung. Leo war es zum Schluss vorbehalten, das letzte Mal die Zahlenkombination einzustellen und das 24. Türchen zu öffnen. Ob sie dann das Audikular oder etwas anderes hinter dem Doppeltürchen finden würden, konnte niemand sagen. Den Schluss ihrer Sendung mussten sie einfach auf sich zukommen lassen und darauf vertrauen, dass das letzte Fach dieses geheimnisvollen Adventskalenders zumindest nicht leer sein würde.

„Bevor ihr in Gedanken schon bei dem letzten Türchen seid, müssen wir erst noch das vorletzte aufbekommen", erinnerte Hannes die angehenden Fernsehjournalisten.

Damit hatte er recht und schon war das Gespräch bei den Zahlen, die heute einzustellen waren. Aber es gab kein langes Rätseln und Zaudern mehr. Alle hatten gut aufgepasst und da war es schnell klar, dass rechts die *22* und links die *17* eingestellt werden musste. Auch das Einstellen hatte mittlerweile an Feierlichkeit verloren. Leo drehte behände an den Rädern, kontrollierte zum Schluss kurz mit Kennerblick die Einstellungen und zog dann ohne viel Aufhebens am mittleren Rad. Es knarrte wie üblich, das Türchen sprang auf und niemand wunderte sich großartig darüber, dass das Rot, das ihnen entgegen schimmerte, wieder etwas dunkler geworden war. Längst hatten sie ja verstanden, dass die Hintergründe der Türchen den Regenbogenfarben folgten, aus denen das Licht besteht. Routiniert las Leo den Text von der Innenseite ab, aber dann stutzte er.

„Die neue Geschichte ist von einer *Magdalena Rabe,* aber diesen Namen hatten wir schon mal – nur bei welcher Geschichte?", fragte er gedehnt.

„Wie heißt denn diese Geschichte?", wollte Arne wissen.

„Der Titel ist: *Geht auf allen Wegen"*, sagte Leo, und jeder konnte seinem Gesicht ansehen, wie seine grauen Gehirnzellen dabei in Bewegung geraten waren.

„Ich erinnere mich, dass wir die Geschichte ausgedruckt haben, nachdem ich im Internet nach der Autorin gesucht hatte", überlegte Hannes, „wenn wir Glück haben, ist es dieses Mal auch so. Am besten, wir schauen gleich nach."

Alle Kinder standen auf und gingen gespannt mit Hannes in das Bürozimmer hinüber, in dem der Computer damit beschäftigt war, in einer atemberaubenden Geschwindigkeit bunte Röhrensysteme auf den schwarzen Hintergrund des Bildschirms zu zeichnen.

„Der Titel klingt wie ein Vers aus dem Weihnachtslied *Alle Jahre wieder"*, bemerkte Arne, während Hannes den Bildschirmschoner wegklickte und den Namen der Autorin eintippte.

„Genau, *Alle Jahre wieder* hieß auch die erste Geschichte von *Magdalena Rabe*“, strahlte Leo, „das war die Geschichte, die so unerwartet aufgehört hatte, die von den beiden Geschwistern, die an Heiligabend in dieses gespenstische Haus in den Bergen geraten waren.“

Kati und Arne sahen ihn fragend an und Leo sah ein, dass er den beiden jetzt wohl eine Erklärung schuldig war.

„Die Geschichte handelte von einem Geschwisterpaar, das sich an Heiligabend im Gebirge verirrt hatte und an ein einsames verlassenes Haus kam. Als sie die Räume untersuchten, stellten sie fest, dass das Haus offenbar genau vor einem Jahr während der Weihnachtsfeier überstürzt verlassen worden war und seitdem in einem Dornröschenschlaf verbracht hatte. Sie suchten nach einer Erklärung, bis sie plötzlich draußen merkwürdige Geräusche hörten. Hier brach die Geschichte ab. Ich hätte natürlich zu gerne gewusst, wie es weitergeht, und war fast sauer über das abrupte Ende.“

„Ich hab sie“, war Hannes jetzt zu hören, und schon begann der Drucker, mit Papier zu knistern.

„Druck doch bitte die erste Geschichte auch aus“, bat Leo, „dann können wir sie für die anderen beiden vorher noch mal lesen.“

Wenig später lümmelten alle wieder in der warmen Küche, Hannes hatte eine große Kanne von seinem weltberühmten Kakao gekocht und suchte jetzt seine Lesebrille. Er fand sie schließlich auf der Fensterbank zwischen einer Fliegenklatsche und einem verrosteten Schälmesser, setzte sie auf und las zuerst für Kati und Arne die Geschichte von dem verlassenen Haus in den Bergen, währenddessen seine Zuhörer genüsslich ihre Becher leerschlürften.

„Das kann ich gut verstehen, dass du bei dem Schluss nicht zufrieden warst, Leo“, sagte Kati, als Hannes mit der ersten Geschichte fertig war.

„Vielleicht erfahren wir in der nächsten Geschichte mehr darüber, wie es weitergegangen ist“, überlegte Arne, „die Titel der Geschichten hängen doch nicht zufällig zusammen.“

„Also dann hört gut zu“, sagte Hannes und begann mit der zweiten Geschichte von *Magdalena Rabe*:

Geht auf allen Wegen

Ein weiteres Jahr voller Einsamkeit näherte sich seinem Ende und wieder war es Weihnachten geworden. Am Morgen des Heiligen Abend schlug Josef langsam die Bettdecke zur Seite, um endlich aufzustehen. Es war schon längst hell, aber heute hatte er immer noch nicht aus den warmen Federn gefunden. Sein Blick streifte das gemachte Bett neben sich - es erschien ihm unendlich lange her, dass er sich morgens vor dem Aufstehen hatte hinüberbeugen können, um seine Frau mit einem Kuss im neuen Tag willkommen zu heißen, der Frau, die ein Leben lang an seiner Seite gewesen war.

Eisige Kälte schlug ihm entgegen, als seine nackten Füße in die Filzpantoffel schlüpften. Hoffentlich war noch Glut im Ofen, sodass er schnell ein prasselndes Feuer entfachen konnte. Josef stand auf, aber nach ein paar Schritten blieb er bereits wieder stehen. In der Ecke stand eine Wiege, die seinen Blick gefangen hielt. Zitternd stand er vor ihr und starrte sie an. Es war Jahrzehnte her, dass ihn ein Kind daraus angelächelt hatte, aber niemals hatte die Wiege einen Weg aus dieser Ecke herausgefunden. Wie oft hatten sie später, längst gebeugt durch Jahre voller Mühen, gemeinsam vor diesem winzigen Bettchen gestanden und von der Zeit geträumt, als sie jung waren und eine Kinderschar ihr kleines Häuschen im Berg bevölkert hatte. Jetzt waren die Kinder erwachsen und lebten irgendwo anders, kein einziges hatte das harte kärgliche Leben eines Holzfällers erben wollen.

Endlich riss er sich los und ging hinüber in die Küche.

„Natürlich ausgegangen", murmelte er missmutig, aber er hatte im Grunde nicht damit gerechnet, dass der Ofen sein Unvermögen aufzustehen auch noch belohnen würde. Die Sonne guckte bereits über die zackigen Gipfel der Berge, als Josef sich angezogen hatte und in einer warmen Küche sein bescheidenes Morgenmahl einnehmen konnte. Heute war Heiligabend, das Fest der Mitmenschlichkeit, und Beklemmung machte sich breit, sobald er an die Stunden dachte, wenn die Sonne wieder untergegangen war und sich erneut eine sternenklare heilige Nacht über sein einsames Haus senkte. Würde seine tiefe Traurigkeit ihn abermals verführen, die vergangene Zeit herbeizuzwingen? Er wusste doch längst, dass er sich nicht selbst überlisten konnte, dass seine Seele den Betrug durch Tage mit noch größerer Schwermut beantwortete.

Nach dem Essen verspürte Josef einen unwiderstehlichen Drang, in den Wald zu gehen und einen Weihnachtsbaum zu schlagen; heute war Heiligabend, an diesem Tag hatte er das immer so getan. Er zog seine schweren Stiefel an, nahm den Mantel und die Säge und stapfte los. Es dauerte eine ganze Weile, bis er sich für einen Baum entschieden hatte; es war eine etwas verwachsene Tanne mit lichten Stellen, denn die Kinder mochten keinen makellosen Baum, wollten gerade an Weihnachten einem benachteiligten Bäumchen die Freude machen, auch einmal als Christbaum zu glänzen.

Wieder zu Hause stielte er den Baum gleich auf, stellte ihn in eine Ecke der guten Stube und schmückte ihn mit den Strohsternen und Nüssen, die er oben vom Schrank genommen und einzeln am offenen Fenster vom Sommerstaub hatte befreien müssen. Oben auf die schiefe Spitze steckte er wie immer den Holzstern, den er damals selbst geschnitzt hatte, als das erste Weihnachtsfest nach der Geburt seines ältesten Sohnes bevorstand.

Was würde es eigentlich heute als Festtagsschmaus geben?

Josef ging zu dem windschiefen Schränkchen und nahm für alle einen Teller heraus, holte dazu Besteck aus einer Schublade und deckte den Tisch. Weihnachten hatte es allzeit eine gute Suppe aus der großen Terrine gegeben, die ganz hinten im Schränkchen stand. Auch der festliche Kerzenleuchter mit den vier Armen gehörte schon immer zum Weihnachtsessen, aber Josef fand keine passenden Kerzen. Sich rechtzeitig im Tal um Kerzen zu kümmern war eine seiner Aufgaben, aber dieses Jahr hatte er es vergessen. Die Kinder würden Kerzen auf dem Tisch vermissen und die stummen Vorwürfe seiner Frau würden wehtun – irgendwo im Haus musste es doch noch lange Kerzen geben! Schließlich fand er noch einige im Stall und steckte sie erleichtert auf. Zum Glück hatte er die Schnitzereien für die Kinder den Herbst über fertiggestellt und konnte nun die bunten Schachteln unter den Christbaum legen – dieses Jahr waren die kleinen Holzfiguren wieder besonders anmutig geworden, die Kinder würden sich freuen.

Als die Sonne wieder hinter den Bergen verschwand, saß Josef am Fenster und beobachtete die Abenddämmerung, wie sie sich langsam über das Tal legte. Es war totenstill, nur das leise Knirschen seiner Backenzähne war zu hören, die eine Scheibe trockenes Brot zermahlten. Hungrig war er jetzt nicht mehr. Vielleicht brauchte er heute die Suppe nicht mehr kochen, letztes Jahr war auch so viel übrig geblieben.

Als es dunkel im Zimmer geworden war, gab Josef sich einen Ruck und steckte die Kerzen auf dem Leuchter an. Er holte seine Bibel und schlug das Lukas-Evangelium auf. Dann setzte er sich ans Ende des Tisches und las:

„Es begab sich aber zu der Zeit…"

Josef sah auf und seine Augen waren feucht geworden. Da waren sie wieder, diese vertrauten Worte, die blieben. Wieso konnte das Gute nicht bleiben? Josef senkte den Blick und las im Licht der flackernden Kerzen weiter.

„Da machte sich auf auch Josef …"

Josef stockte, wieso hatte er das noch nie bemerkt? Plötzlich war ihm, als hätte er diese Stelle das erste Mal gelesen, als wären hinter den Wörtern, die er schon so oft zitiert hatte, plötzlich neue Worte mit einer ganz neuen Bedeutung erschienen.

„Da machte sich auf auch Josef!"

Der gebeugte Mann in dem vergessenen Haus erschauderte – *Josef* hatte sich aufgemacht!

Der einsame Holzfäller sprang auf, es schien ihm, als ob plötzlich diese vier Kerzen den Raum taghell erleuchteten. Er erschrak vor der Klarheit, die sein Blick jäh bekommen hatte und er wusste, dass er sich aufmachen würde – jetzt!

Josef holte seine Laterne, packte einige Habseligkeiten, etwas Brot und Käse in einen Sack, zog Stiefel und warme Wanderkleidung an, blies die Kerzen aus, zog die Haustür von außen zu und stapfte los, ohne sich ein einziges Mal umzusehen.

Monate waren vergangen, in denen Josef gewandert war. Er fühlte sich den Hirten verbunden, die ebenfalls aufgebrochen waren, und hatte sich ihren Weg zum Vorbild gemacht. Es trieb ihn nach Palästina, ins biblische Land, und weil er den Weg dorthin nicht kannte, war er einfach der aufgehenden Sonne entgegen gewandert. Endlich war dem Winter die eisige Puste ausgegangen, und wärmende Sonnenstrahlen machten seine Wanderung angenehmer. Aber trotzdem war jeder Tag eine Mühsal, jeder Morgen brachte die Ungewissheit, ob er an diesem Tag etwas Essbares und einen trockenen Schlafplatz für die Nacht würde finden können.

Dennoch war Josef nicht verzagt, er nahm die Tage, wie sie kamen. Mit der Zeit hatten sich nicht nur die Landschaften verändert, durch die er kam, auch die Menschen unterhielten sich in immer wieder anderen Sprachen, die Josef nur bruchstückhaft verstand, und so musste er lernen, sich mit Gesten und Mienenspiel verständlich zu machen.

Eines Tages sah Josef in einem kleinen Dorf im Irgendwo vor einer armseligen Hütte einen Jungen sitzen, der sich mit offenen Augen in der Sonne wiegte. Josefs Blick blieb sofort an den viel zu kurzen Beinen des Jungen hängen, die kaum zum Laufen taugten, auch Arme und Hände konnte er unter dem Hemd keine erkennen. Der Junge bemerkte, wie Josef ihn anstarrte, und blickte betreten zu Boden. Auch Josef beschämte dieser Blickwechsel, er ärgerte sich über sein verletzendes Glotzen und eilte mit gesenktem Blick weiter. Aber je größer die Entfernung zu der Hütte wurde, desto unglücklicher wurde er: So stumm und unnahbar durfte diese Begegnung nicht enden! Nach einiger Zeit hielt er es nicht mehr aus und drehte um; es war ihm, als ob ein einzigartiges Gedicht gleich nach dem ersten Vers zu verstummen drohte.

„Wie ist dein Name", fragte er mit unsicheren Gesten, als er wieder vor dem Jungen stand, denn es war ihm kein besserer Anfang eingefallen. Der Junge hob den Blick und Josef sah, dass er helle kluge Augen hatte.

„Gabriel", sagte er mit einer kehligen, ungleichmäßigen Stimme, wie sie den Gehörlosen eigen ist.

„Ich bin auf einer langen Wanderung und würde gerne bei dir Rast machen", sagte Josef mit seinen Händen. Gabriel deutete mit den Augen auf den Platz neben sich und Josef nahm dankbar an. So saßen die beiden eine lange Zeit ruhig nebeneinander, nahmen die Gegenwart des anderen in sich auf.

„Soll ich dir von meiner Reise erzählen?", fragten Josefs Hände schließlich.

Gabriel nickte.

Da begann Josef, von dem Haus in den Bergen zu erzählen, von den Kindern, die längst in fernen Städten lebten, und von seiner Frau, die vor Jahren gestorben war. Seine Hände fanden Worte für die Einsamkeit, die ihn dort oben umgeben, und für seinen Aufbruch, der ihn unverhofft fortgezogen hatte. Er berichtete von den Mühen und Gefahren auf seinem Weg, aber auch von schönen Erlebnissen, und er war der Vorsehung dankbar, dass seine Hände in den Monaten der Wanderung das Sprechen gelernt hatten.

Josef erzählte immer noch, als am Abend die Mutter müde von einer Arbeit heimkehrte und Josef zum Bleiben einlud, weil seine Zugewandtheit sie anrührte. Auch Josef war angetan von der Herzlichkeit und Gastfreundschaft der Frau, und so bot er an, ihr für den warmen Schlafplatz bei der Arbeit auf dem Hof zu helfen. Er fütterte das Federvieh und die zwei Schweine, er melkte die Ziege und schnitt saftiges Gras für den Esel, der hinter dem Haus mit seinem Fohlen in einem winzigen Stall stand.

Am nächsten Morgen musste die Mutter wieder in aller Frühe das Haus verlassen, aber Josef versprach dazubleiben, und schon bald saß er wieder mit dem Knaben auf der Bank vor dem Haus.

„Was ist *dein* größter Wunsch?", fragten Josefs Hände.

„Ich möchte malen", presste Gabriel mehrmals heraus.

Als Josef endlich verstanden hatte, sah er den Jungen erstaunt an, aber Gabriels Blick blieb unbeirrt, und da wusste der andere, dass *er* selbst etwas mit diesem Wunsch zu tun hatte. An den folgenden Tagen überlegte Josef angestrengt, wie er Gabriel das Malen mit den Füßen würde ermöglichen können, aber er konnte sich nicht vorstellen, dass diese verkrüppelten Gliedmaßen das Zeichnen lernen konnten. Schließlich holte er sein Messer hervor und schnitzte aus hartem Holz ein Mundstück, das einen Stift oder feinen Pinsel halten konnte. Er baute ein Gestell für einen Rahmen und besorgte ein Stück einfache Leinwand, das er über den Rahmen spannte.

Gabriel beobachtete den Fortschritt der Arbeit mit leuchtenden Augen und strahlte, als Josef das Gestell schlussendlich vor ihm aufbaute und ihm das Mundstück zusammen mit einem Stift hinhielt.

„Was möchtest du malen?", fragte Josef ihn.

Gabriel verlangte nach dem Mundstück, beugte sich vor und begann, ungelenk mit dem Stift im Mund Striche und Kreise auf die Leinwand zu ziehen. Bald schon wurden seine Linien gerader und seine Schwünge ebenmäßiger, bis Josef glaubte, eine Bank zu erkennen, auf der zwei Menschen mit geschlossenem Mund saßen, ein großer hatte einen kleineren rechts neben sich und Josef konnte deutlich sehen, dass der kleinere keine Arme hatte.

In den folgenden Wochen waren Gabriels vormals leere Tage, in denen die Zeit stillgestanden hatte und er sich nur in unerfüllbaren Träumen wiegen konnte, reichlich gesegnet mit nie gekannten Erfahrungen. Er übte mit großem Eifer, lernte rasch den neuen Zeichenstift immer besser zu beherrschen, und als es eines Abends dunkel wurde und er an diesem Tag ein Bild nicht fertigstellen konnte, da hatte das erste Mal in seinem Leben die Zeit für eine Aufgabe nicht ausgereicht. Aber Gabriel war glücklich und hatte das Gefühl, neu geboren zu sein.

Josef hatte sich inzwischen bei Holzfällern in den nahen Wäldern verdingt, und kam ebenfalls erst abends zurück. Dann saßen sie zusammen über Gabriels Tagewerk und Josef zeigte dem Jungen, wie er Einzelheiten in seinem Bild hätte besser machen können. Es machte ihm keine Mühe, einem Motiv mit ein paar Strichen Klarheit zu geben, eine Szene in kurzer Zeit lebendig zu gestalten oder einem Gesicht Ausdruck zu verleihen.

So nahmen Gabriels Träume in Form immer neuer Bilder an den kärglichen Wänden Gestalt an: ein Junge, der auf einen mächtigen Baum geklettert war, ein Junge, der mit einem Kanu einen reißenden Fluss hinunter fährt und ein junger Mann, der mit einem schlanken Mädchen tanzt. Josef musste einen großen Teil seines Lohns verwenden, um in immer kürzeren Abständen wieder eine neue Leinwand auf den Rahmen spannen zu können.

Eines Nachts, als alles schon schlief und Josef noch im Schein einer Öllampe eine neue Leinwand für den nächsten Tag aufgezogen hatte, starrte er lange die leere weiße Fläche an. Dann nahm er einen Stift und begann selbst zu zeichnen. Er zeichnete schnell aber ohne Hast und konnte sich nicht erklären, weshalb seine Hände alle Striche und Schwünge schon lange zu kennen schienen. Als sein Werk nach kurzer Zeit fertig war, trat er einen Schritt zurück und stand unverhofft vor sich selbst, erblickte hinter dem Bild plötzlich eine Leiter hinauf zu den Sternen.

Am nächsten Morgen hing ein weiteres Bild an der Wand, das einen Jungen mit einem Stift im Mund zeigte, der auf einer Bank saß und malte, und das Bild schien so wirklich, dass Gabriel kaum den Blick von ihm lassen konnte. Josef aber spürte, dass es an der Zeit war, Abschied zu nehmen und sich auf den Weg nach Hause zu machen. Natürlich war Gabriel sehr traurig und bat seinen Gönner zu bleiben, aber Josefs Hände fanden die richtigen Worte, um dem Jungen begreiflich zu machen, dass der eigene Platz weit entfernt in dem kleinen Haus am Felsenberg sei.

Der Tag rückte näher, an dem Josef sich wieder aufmachen wollte. Am Abend zuvor hatte Gabriel wiederum den ganzen Tag gemalt und zeigte Josef nun stolz das Bild, auf dem ein Mann mit einem Rucksack einen kleinen Esel führte.

Und so kam es, dass Josef sich schweren Herzens am nächsten Morgen mit seinem neuen Gefährten an der Leine auf den Heimweg machte. Er hatte seinen verbliebenen Lohn der Mutter gegeben und ihr erklärt, wo Leinwände erhältlich und wie diese auf den Rahmen zu ziehen seien. Vielleicht wäre es möglich, Gabriels mittlerweile kunstvolle Bilder vermögenden Leuten zum Kauf anzubieten. Er hatte alles getan, nun ging er mit festen Schritten westwärts, und das Klappern der Hufe hinter sich war ihm bald zu einem vertrauten Geräusch geworden, das er niemals mehr würde missen wollen.

Die Adventskerzen brannten wieder hinter den Fenstern, als Josef endlich wieder die Sprache der Leute auf der Straße verstehen konnte. Er gönnte sich wenig Ruhe und wanderte mit kräftigen Schritten, denn sein großer Wunsch war es, Weihnachten wieder zu Hause zu sein. Er hoffte inständig, sein einsames Haus nach der langen Abwesenheit unversehrt vorzufinden, und in seinem Kopf stand seit Langem fest, was dann als Erstes zu tun sei: dem Esel hinten im Stall ein warmes Plätzchen bereiten, den Christbaum des letzten Jahres vor die Tür bringen und sich dann etwas kochen, aber nur seinen Teller auf dem Tisch stehen lassen. Die bunten Schachteln würde er für andere Kinder in der Stadt verwahren und dann würde er damit beginnen, das Bild zu malen, das seine inneren Augen schon längst betrachten konnten. Bei diesem Gedanken streifte sein Blick die Staffelei auf dem Rücken des Esels, die ihm ein reicher Kaufmann für eine Portraitmalerei überlassen hatte.

Am Heiligabend erreichte er endlich den Fuß des Gebirges, in dessen Seitental sein bescheidenes Häuschen stand. Er blieb stehen und betrachtete lange die vertrauten zackigen Berggipfel. Überglücklich streichelte er seinen grauen Gefährten – jetzt waren sie bald daheim.

Als sie näher kamen, sah Josef in der Ferne einen Mann am Straßenrand Ausschau halten. Schon von Weitem rief er ihm etwas entgegen, aber Josef musste erst näher kommen, um die Worte zu verstehen.

„Sind dir zwei Kinder begegnet, ein Knabe und ein Mädchen?", rief der Mann und große Sorge sprach aus seiner Stimme. Josef verneinte und daraufhin erzählte ihm der Mann von dem Besuch bei den Großeltern, von dem seine beiden Kinder längst hätten zurück sein müssen.

„Ich werde Acht geben und die Kinder bis zu deiner Haustüre geleiten, falls ich ihnen begegnen sollte", versprach Josef dem besorgten Vater, und schon wenig später bog er mit dem Esel auf einen verschlungenen Pfad in die Berge ein, der ihn direkt zu seinem Haus führte.

Es begann bereits zu dämmern, als das kleine Haus in seinem Blickfeld auf-tauchte. Er hielt inne und schickte einen dankbaren Blick zum Himmel hinauf, tatsächlich erschien alles gänzlich unberührt.

„Endlich sind wir zu Hause!", rief er glücklich aus und liebkoste seinen Esel, der daraufhin freudig mit den Ohren wackelte. Erst als Josef näher kam, bemerkte er vor der Tür die frischen Fußspuren im Schnee, die vier kleine Schuhe dort hinter-lassen hatten.

Die letzten Worte der Geschichte brauchten ihre Zeit, bis sie verhallt waren. Lange sagte niemand ein Wort, sei es aus Erleichterung, dass die quälenden Fragen aus der ersten Geschichte endlich eine gute Antwort gefunden hatten, oder aber aus dem Bedürfnis heraus, die schicksalhafte Reise dieses anderen Josef in Gedanken noch einmal nachzugehen.

„Fein", sagte Leo schließlich und nahm die leeren Becher auf dem Tisch zusam-men, „jetzt gefällt mir der Schluss richtig gut."

D icke Schneeflocken klatschten an das Butzenfenster der alten Bauernküche. Leo saß auf der Küchenbank, schaute hinaus und machte ein Spiel daraus, eine Schneeflocke oben in der Luft mit den Augen festzuhalten, bis sie auf dem Boden ankam. Heute sprach niemand vom schlechten Wetter, obwohl das Thermometer Minusgrade zeigte, die Wege verschneit und die Ohren rot gefroren waren. Heute war Weihnachten, heute freuten sich nicht nur die Kinder über den Schnee, sondern auch die Erwachsenen waren gnädig mit Petrus. Es gab keine Geschäftstermine mehr, sollten die Straßen doch glatt sein oder die Autos nicht anspringen: An Weihnachten darf es schneien, soviel es will.

„Hoffentlich bleibt der Übertragungswagen nicht in einer Schneewehe stecken oder der Intendant hat es sich plötzlich anders überlegt!", dachte Leo dann aber doch besorgt.

Er suchte das Blickfeld draußen nach einem dieser riesigen Kastenwagen mit den vielen Antennen und Satellitenschüsseln ab, wie er sie aus den Fernsehnachrichten und von Sportübertragungen her kannte. In zehn Minuten würde es ein Uhr Mittag schlagen und um drei Uhr sollte ihre Sendung beginnen. Leo hatte seit dem Frühstück nebenbei *SATSehenPro* im Fernsehen laufen lassen, und tatsächlich wurde dort hin und wieder auf eine halbstündige Sondersendung für Kinder aus aktuellem Anlass hingewiesen.

Den ganzen Vormittag war er gemeinsam mit Kati und Arne damit beschäftigt gewesen, bei sich zu Hause diese Sendung vorzubereiten. Sie hatten sich viele Stichwörter zu den Ereignissen in dieser Adventszeit aufgeschrieben, sich Fragen notiert, die ihnen gestellt werden sollten, und Antworten dazu überlegt. Sie hatten festgelegt, wer vor der Kamera den Holzhauser Adventskalender erklären wird und wer das Lösen der Geschichtenrätsel möglichst spannend erzählen konnte. Nur über die verdächtigen Antiquitätenhändler, über die getürkte Zaubervorstellung auf dem Markt und die Art und Weise, wie sie die Einbrecher überrumpelt hatten, durften sie leider nichts berichten.

Nudel kam und legte ihren zerknautschten Gummiball neben Leo auf die Bank.

„Okay, Nudel, ich komme mit raus und dann spielen wir, bis das Fernsehen kommt", sagte Leo ergeben und streichelte ihr den Kopf, „sollst es Weihnachten doch auch gut haben."

Er nahm seine Winterjacke und Handschuhe von der Stuhllehne und rief Hannes zu, dass er mit Nudel in den Hof gehen würde.

„Ist gut", rief Hannes zurück und Leo hörte, wie er in seinem Büro in Papieren blätterte.

Leo hatte gerade ein paar Bälle für Nudel geworfen, als er einen weißen Kleinbus bedächtig in die Hofeinfahrt einbiegen sah, gefolgt von einem großen Übertragungswagen.

„Sie kommen!", rief er laut ins Haus und nahm Nudel am Halsband.

Die Wagen fuhren in den Hof und hielten. Hannes war auch herausgekommen und wartete neben Leo auf die Fernsehleute. Die Türen des Kleinbusses gingen auf und drei Männer und eine Frau stiegen mit lässigem Schwung aus. Ein kleiner Mann mit krausen dunklen Haaren und rotem Schal kam auf die beiden zu.

„Guten Tag, sind wir hier richtig bei Schenker?"

Hannes nickte. Wirklich schnieke sah er heute aus. Er hatte eine ordentliche Jeans an, trug ein helles Hemd mit einem Pullover darüber und hatte sich sogar die strohigen Haare gekämmt. Vermutlich rechnete er damit, dass eine der Kameras auch ihn irgendwann erwischen würde. Nur der Bart war verzaust wie eh und je.

„Dann bist du sicher Leo Winterfeld?", fragte der Mann weiter.

„Ja", nickte Leo ebenfalls.

„Ich heiße Matthias Wodan und bin der Aufnahmeleiter hier."

Er gab beiden die Hand und fuhr fort:

„Ich denke, wir sollten uns zuerst einmal die Location ansehen, damit die Technik alles aufbauen kann. Danach können wir dann über die Sendung selbst reden. Gehen Sie vor?"

Inzwischen waren aus dem großen Übertragungswagen zwei weitere Männer in dunkelgrünen Jacken und mit schwarzen Wollmützen ausgestiegen, und alle zusammen folgten Leo und Hannes in die Küche. Dort begann sofort eine Fachsimpelei über Kamerapositionen, Scheinwerfer und Mikrofontypen. Einer der Männer zog ein Lichtmessgerät hervor, hielt es an verschiedene Stellen in den Raum und gab den anderen rätselhafte Anweisungen mit Begriffen, von denen Leo keine Ahnung hatte. Die Männer gingen wieder hinaus und begannen damit, fingerdicke Kabel zu verlegen und Stative mit verschiedenen Leuchten hereinzutragen. Nach und nach trafen noch einige Personenwagen mit anderen Fernsehleuten ein. Auf dem Übertragungswagen im Hof fuhren lange Antennen zum Himmel hinauf und Satellitenschüsseln richteten sich nach geheimnisvollen Regeln aus. Zwei Kameras wurden auf fahrbare Stative montiert, ein Tontechniker mit einem lose umgehängten Kopfhörer installierte Mikrofone und steuerte Sprechproben an einem kleinen Mischpult aus. Kurz darauf flammten schon die ersten Scheinwerfer auf und tauchten die ganze Küche in ein gleißendes Licht. Weiße Schirme lenkten das Licht auch in die hintersten Ecken und Hannes musste den Adventskalender auf dem Tisch vorsichtig verrücken, damit er besser ins Bild passte.

„Gegen zwei Uhr wird Herr Dr. Siebeneich hier ankommen und dann später persönlich die Sendung moderieren", erklärte der Aufnahmeleiter den beiden Freunden, die staunend beobachteten, wie sich die altertümliche Küche in eine Art Fernsehstudio verwandelte, „mit ihm könnt ihr den Ablauf besprechen."

Nudel hatte ständig etwas zu knurren, da die fremden Menschen überall herumliefen und in ihr Revier eindrangen. Das ärgerliche Grollen wurde aber zunehmend oft durch ein freudiges Begrüßungsbellen ersetzt, denn nacheinander trafen jetzt viele Bekannte ein, die alle für sie mögliche Ballwerfer waren. Arne kam zuerst mit seinem Fahrrad in den Hof gebraust, danach Kati mit ihrem Bruder. Wenig später trafen auch Leos Eltern ein.

„Fahr du schon voraus", hatte seine Mutter nach dem Mittagessen betont beiläufig zu Leo gesagt, „wir haben hier noch etwas zu tun!"

Jetzt saßen sie alle im hinteren Kaminzimmer oder quetschten sich im Flur an die Wand, denn die Fernsehleute liefen immer noch geschäftig hin und her, machten Probeaufnahmen oder befestigten lose Kabel mit breitem Klebeband am Fußboden. Die drei Kinder wurden immer zappeliger, je näher die Drei-Uhr-Sendung rückte. Wie ein Lauffeuer hatte es sich herumgesprochen, dass drei Schüler des hiesigen Gymnasiums heute am Nachmittag in einer Live-Sendung über einen uralten Adventskalender berichten würden, über seine Geschichte und seine Geschichten. Sie wollten darüber hinaus vor laufenden Kameras das 24. Türchen öffnen, hinter dem ein seit fast zweihundert Jahren verschollenes Wunderding vermutet wurde. Die ganze Schule würde vermutlich zuschauen, hoffentlich brachten sie nachher überhaupt einen Ton heraus.

Pünktlich gegen zwei Uhr rollte die Limousine von Dr. Siebeneich auf den überfüllten Hof. Der Chauffeur im grauen Anzug guckte etwas mürrisch drein, als er seinem Chef die Tür öffnete; er hatte vermutlich damit gerechnet, an Heiligabend freizuhaben. Dr. Siebeneich begrüßte alle seine Leute, bedankte sich einzeln für deren spontanes Kommen und wurde dann vom Aufnahmeleiter ins Kaminzimmer geleitet, wo seine Interviewpartner um einen Tisch herum saßen und schon wieder angespannt über ihren Notizzetteln brüteten.

Dr. Siebeneich setzte sich dazu und ließ sich reihum die Vorstellungen der Kinder zum Ablauf der Sendung schildern, las deren Fragen durch und stellte selbst noch einige zu der Entdeckung des alten Schränkchens, zu seiner Geschichte, der Logik der Zahlenrätsel und zur Funktionsweise der Stellräder.

„Mehr über das Audikular als das, was in den Reiseerzählungen dieses *Hermann van der Hüls* stand, könnt ihr mir vermutlich nicht sagen, oder?", fragte er zum Schluss.

Leo schüttelte den Kopf.

„Wir sind auch unheimlich gespannt, was hinter dem Türchen ist."

Dr. Siebeneich sah auf seine Armbanduhr und dann fragend seinen Aufnahmeleiter an.

„Wir haben nicht mehr viel Zeit, ich muss auch noch das Aufnahmeteam informieren", sagte der daraufhin und stand langsam auf.

„Eigentlich sind wir auch durch", meinte Dr. Siebeneich und faltete den Zettel mit seinen eigenen Notizen zusammen, „ich werde also, wie besprochen, die Sendung vor dem Haus mit einer kleinen Würdigung des Holzhauser Adventskalenders eröffnen, dann schalten wir auf die Küche um, ich stelle den Kindern ungefähr eine viertel Stunde lang Fragen und dann wird Leo das letzte Türchen öffnen. Ihr wisst doch die richtige Zahlenkombination dafür, nichtwahr Leo?"

Leo und Arne nickten eifrig. Dr. Siebeneich wandte sich wieder dem Aufnahmeleiter zu.

„Gut, den Rest müssen wir dann improvisieren. Gehen Sie jetzt ruhig und schicken Sie mir bitte anschließend die Maske hier her."

„Was denn für eine Maske?", wollte Arne wissen.

„Das ist die Visagistin, eine Frau, die dich kämmt und ein wenig pudert und schminkt, damit du hinterher auf dem Bildschirm nicht glänzt oder blass aussiehst", sagte Kati schnell, bevor der Intendant den Mund aufmachen konnte.

Er nickte Kati anerkennend zu und Arne fuhr sich erschrocken mit der Hand durch seine ungekämmten Haare. Während sie auf die Frau warteten, schlug Dr. Siebeneich für das Interview vor, möglichst viele kurze Fragen zu stellen, damit die Kinder keine langen Vorträge zu halten brauchten, bei denen sie sicher ins Stocken geraten oder gar hängengeblieben wären. Alle drei nickten dankbar und auch Hannes' Miene entspannte sich deutlich.

Die Visagistin steckte den Kopf zur Tür herein. Sie trug eine bunt gestrickte Wollmütze mit Ohrenklappen und einen breiten Gürtel, an dem Puderpinsel, Tücher und andere Schminkutensilien hingen. Sie stellte einen kleinen Koffer auf den Tisch und wie auf Knopfdruck nahm Dr. Siebeneich eine Haltung wie beim Friseur ein.

Er wurde gepudert, getupft und gekämmt, die Visagistin zupfte noch ein wenig an seinem Hemdkragen herum, dann war er fertig und stand auf.

„Alles klar?", fragte er in Richtung der Kinder und lächelte ermutigend.

Die Drei nickten stumm und Leo musste schlucken.

„Gut, dann sehe ich euch gleich in der Sendung am Küchentisch. Herr Schenker, Sie werden hoffentlich auch dort sein, denn zu Beginn möchte ich Ihnen ein paar Fragen zu dem Fundort des Schränkchens stellen!"

Hannes nickte ebenfalls.

„Es wird alles gut gehen", sagte Dr. Siebeneich, klopfte aufmunternd auf die hölzerne Tischplatte und ging hinaus.

Die Visagistin nahm sich nun einen nach dem anderen mit ihren Pinseln vor, zum Schluss war Hannes dran. Sie traute sich sogar an seinen Bart heran, wollte ein wenig Ordnung in diesen Wildwuchs bringen, blieb aber gleich hoffnungslos mit ihrem kleinen Kamm darin hängen.

„Och, das lassen wir einfach so", entschied sie und steckte den Kamm zurück in ihren Gürtel als Zeichen, dass sie mit ihrer Arbeit fertig sei.

Leo sah auf die Uhr, es war acht Minuten vor Drei.

„Gehen wir rüber?"

Alle standen auf, Leos Mutter nahm ihren Sohn in den Arm.

„Viel Glück!"

Herr Winterfeld klopfte ihm und Arne auf die Schulter, Yogi drückte seine Schwester zum Abschied, dann schlichen die Experten für uralte Kalender und Geschichten beklommen mit ihren Spickzetteln in die Küche hinüber, und die anderen ließen sich wieder in die Sessel fallen.

„Hoffentlich springt der Video-Reorder zu Hause an", dachte Herr Winterfeld, der seinem alten Apparat nicht traute. Aber das Technikgenie neben ihm würde bestimmt mit seinen Geräten eine zuverlässige Aufnahme zustande bringen.

Die Küche war hell erleuchtet. Zwei der Techniker lehnten an der Wand und tranken Kaffee aus einer Thermoskanne, als die Vier hereinkamen und sich auf die Plätze um den Tisch verteilten.

„Die Stühle bitte nicht verrutschen", sagte der Kameramann und Leo bemerkte, dass die richtige Position der Stühle mit einem Kreuz aus Klebeband auf dem Boden markiert war. Der andere Mann, der eine grob karierte Weste trug, nahm einige bereitliegende Knopflochmikrofone, steckte jedem eines an und setzte sich dann seine Kopfhörer auf.

„Sagt mal was!"

„Eins, zwei, drei", sagte Kati ganz professionell.

„Gut, und die anderen auch!"

Alle gaben ein paar Zahlen von sich und der Tontechniker drehte an seinen Reglern.

„Jetzt könnt ihr euch entspannen", meinte er dann und nahm die Kopfhörer wieder ab.

Durch das Küchenfenster konnten sie beobachten, wie Dr. Siebeneich mit einem Mikrofon in der Hand am hölzernen Gartenzaun stand und bisweilen mit dem Aufnahmeleiter verhandelte. Weiter draußen stand ein Kameramann mit einer tragbaren Kamera auf der Schulter, ein anderer stand mit Kopfhörern daneben. Der Aufnahmeleiter schien in Kontakt mit dem Sender zu stehen, denn er hielt sich eine Hand ans Ohr und sprach mitunter abgewandt einfach in die Luft hinein.

„Er wartet wohl auf das Startsignal vom Sender", zischte Arne.

Plötzlich ging der Arm des Aufnahmeleiters hoch, der Kameramann richtete die Kamera aus, der Intendant straffte sich und hielt das Mikrofon vor seinen Mund.

„Und ab", war die Stimme des Aufnahmeleiters zu hören, ein rotes Licht an der Kamera leuchtete auf, die Sendung nahm ihren Lauf.

Dr. Siebeneich sprach frei und mit einer lebhaften Gestik. Meistens blickte er in die Kamera, mitunter drehte er sich ein wenig und deutete auf das Fachwerkhaus hinter ihm. Es schien, als ob er überhaupt nicht aufgeregt sei, und Leo beneidete ihn darum. Da er vom Haus abgewandt sprach und das Fenster geschlossen war, konnte man drinnen nur Wortfetzen hören.

„... einmaliger mechanischer Adventskalender...", konnten sie verstehen, „...alle Rätsel der Geschichten gelöst ... Audikular ... kleine Sensation ... jetzt hineingehen".

Der Intendant ließ das Mikro sinken und ging auf die Eingangstür zu, während das Auge der tragbaren Kamera ihm folgte.

„Achtung", sagte der Kameramann in der Küche, „es geht los!"

Dr. Siebeneich kam eilig herein, setzte sich auf seinen vorbereiteten Platz, zwinkerte den Kindern zu und richtete seinen Blick dann auf eine der Kameras. Sein kleines Ansteckmikrofon wurde noch schnell in die richtige Position gezupft, dann ging das rote Licht auf der Kamera an und Dr. Siebeneich fuhr mit der Live-Sendung fort.

„Hier sind nun die Abenteurer, die den Holzhauser Adventskalender gefunden, alle Rätsel gelöst und damit alle Türchen geöffnet haben – bis auf das letzte."

Er stellte alle der Reihe nach mit Namen vor und alle nickten kurz, so wie sie das aus den Vorstellungsrunden der Talksendungen kannten. Und alle dachten dabei:

„Hoffentlich bin ich nicht als Erstes dran!"

Es traf Hannes, dem Dr. Siebeneich einige Fragen zu dem Fundort des Schränkchens stellte. Auf die Vorderfront mit den vielen offenen Türchen war eine zweite Kamera gerichtet, deren rotes Licht zwischendrin manchmal kurz aufleuchtete. Hannes erzählte von der alten Uhrmacherwerkstatt, der dicken Staubschicht auf den

Türchen und von der Fahrt ins Westfälische Uhren-Museum. Anfangs verhaspelte er sich ein wenig, zog an seinem Bart und suchte nach passenden Wörtern, aber als er das enorme Gewicht des Kalenders schildern sollte, da fielen ihm glücklicherweise einige anschauliche Sätze ein, sodass die meisten Zuschauer bestimmt überzeugt waren, selbst dieses Schränkchen niemals auch nur einen Zentimeter hochheben zu können.

Als Nächstes bat Dr. Siebeneich Arne, die Mechanik des Kalenders zu erklären. Zuerst fragte er nach der Funktion der drei Stellräder. Arne warf einen letzten kurzen Blick auf seinen Spickzettel und erläuterte als Erstes das Tagesstellrad, das das Türchen anwählt, dann die anderen beiden Stellschrauben, an denen die Auflösung des Zahlenrätsels aus jeder Geschichte eingestellt werden muss.

„Wenn alle Zahlen richtig eingestellt sind, muss man kräftig an dem Tagesstellrad ziehen, damit das Türchen aufspringt, aber das werden wir euch ja gleich zeigen können - hoffentlich", sagte er und grinste dabei erleichtert, weil er seinen Auftritt ohne schlimme Patzer hinter sich gebracht hatte.

„Konntet ihr nicht einfach alle Zahlenkombinationen durchprobieren, bis das Türchen bei der richtigen aufgeht?", ging die nächste Frage von Dr. Siebeneich an Kati.

„Nein, im Kalender läuft ein Uhrwerk und Meister Eduard, der Erfinder des Adventskalenders, hat nur genau eine Minute für das Einstellen der Lösungszahlen vorgesehen, nachdem ein Türchen angewählt wurde", formulierte Kati geschliffen und blickte dabei direkt in die Kamera; sie hatte sich diesen Antwortsatz wieder und wieder durchgelesen, während Arne die Stellräder erklärt hatte. Nachdem diese Einführung aber gut gelungen war, ließ die Aufregung etwas nach und sie konnte verständlich über den strengen 24-Stunden-Rhythmus berichten, den der Adventskalender den Rätsellösern auferlegt.

„Und was geschieht, wenn die Zahlen falsch eingegeben wurden?", wollte Dr. Siebeneich wissen.

„Dann sperrt der Kalender alle weiteren Türchen für ein Jahr, also bis zum nächsten Advent."

Leo rutschte schon nervös auf seinem Stuhl herum, er wusste: Gleich würde er dran sein. Ein letzter Blick auf den Zettel auf seinem Schoß, da kam die Frage an ihn auch schon:

„Leo, wie gibt euch dieser wunderbare Adventskalender denn die Rätselgeschichte für das nächste Türchen bekannt?"

Leo sah, wie die Kamera einen kleinen Schwenk auf ihn machte. Er schluckte schnell einen Kloß im Hals herunter und sagte mit etwas wackeliger Stimme:

„Der Titel der Geschichte steht immer ganz klein zusammen mit dem Verfasser auf der Innenseite des vorherigen Türchens. Leider ist der Text mit uralten deutschen Schriftzeichen eingraviert, die wir erst lernen mussten."

„Und was waren das für Geschichten, in denen die Zahlen versteckt standen?"

Leo hatte sich gefangen und erklärte, dass sie in den vergangenen drei Wochen die Aufgabe hatten, jeden Tag eine Kurzgeschichte immer von einem anderen Autor zu finden, außer für den heutigen Tag, da steckte das Rätsel in der Fortsetzung einer früheren Geschichte.

„Es muss doch sehr schwer gewesen sein, an jedem Tag eine weitere dieser steinalten Geschichten innerhalb weniger Stunden finden zu müssen?", fragte Dr. Siebeneich.

„Manchmal brauchten wir nur kurz im Internet zu suchen", gab Leo zur Antwort, „aber manchmal war es auch verdammt schwer."

Und dann erzählte er, wie vertrackt es gewesen war, die Geschichte vom Lied des Clowns zu finden, wie seine verzweifelte Suche einmal um den Globus gegangen war und ihn die Faxe aus New York nur ganz knapp vor Ablauf der Frist erreicht hatten.

„Und welches war deine Lieblingsgeschichte?", wollte Dr. Siebeneich wissen.

Diese Frage war nicht geplant. Leo stutzte, warum stellte dieser Fernsehmann plötzlich eine nicht verabredete Frage? Er überlegte hektisch, konnte sich aber nicht für einen Titel entscheiden.

„Alle Geschichten waren toll, eine wie die andere", sprudelte er schließlich heraus und lächelte versonnen, „und nicht nur die Geschichten selbst. Es war so gigantisch, jeden Tag eine neue spannende Geschichte vorgelesen zu bekommen, einfach nur zuzuhören und danach gemeinsam über diese Geschichte zu sprechen. Ich wünschte mir, das würde ewig so weitergehen!"

Leo sackte nach diesen Sätzen ein wenig durch. Er hatte seinen Spickzettel völlig vergessen und frei in die Kamera gesprochen, einfach so! Die unerwartete Frage hatte ihn völlig überrumpelt, sodass in seiner Not plötzlich eine innere Stimme die Antwort gefunden hatte; und es waren genau die richtigen Worte für seine Begeisterung gewesen, die er empfand, wenn er an diese schönen Lesestunden dachte. Leo war glücklich.

„Welche Zahlen wirst du denn jetzt für das letzte Türchen einstellen und warum?", schloss Dr. Siebeneich die nächste Frage an.

Leo setzte eine wichtige Miene auf.

„Die Geschichte gestern handelte von einem Mann mit Namen Josef, der sich auf den Weg macht, aber anders als bei Maria und Josef in der biblischen Weihnachtsgeschichte war sein Ziel nicht eine Volkszählung, sondern etwas zu finden, was für ihn selbst zählt und seinem Leben einen neuen Sinn gibt. In dieser Geschichte kommen ein vierarmiger Kerzenleuchter vor und zwei Menschen auf einer Bank, ein kleiner rechts neben einem großen. Wir müssen also heute am rechten Stellrad eine 2 und links eine *4* einstellen."

Leo stand auf und ging an die Vorderseite des Adventskalenders. Die beiden Kameras tauschten das rote Licht. Leo starrte auf das Doppeltürchen in der Mitte des Kalenders, das von dreiundzwanzig offenen Türchen eingerahmt wurde, dreiundzwanzig offene Bücher und ein fest verschlossenes. Endlich waren sie am Ziel, auf das sie die ganze Adventszeit hingearbeitet hatten. Sein Blick fiel auf die winzige Schrift auf dem Buchdeckel. *Das verlorene Audikular* stand dort. Man konnte es nur von ganz nah lesen, aber er wusste es nur zu gut. Viele Male hatte er die winzige Schrift betrachtet und von dem Moment geträumt, an dem sie dieses Türchen würden öffnen können. Jetzt war es soweit und es guckten viele Leute zu, sehr viele. Was würde dahinter sein?

Leo stellte mit zittrigen Fingern das Tagesstellrad auf die *24*. Am Kontrollmonitor konnte er sehen, dass die Kamera groß auf seine Hände gezoomt hatte. Er stellte links die *4* ein und rechts die *2*, kontrollierte rasch die Einstellungen und fasste dann das mittlere Rad an.

„Ich werde jetzt ziehen", sagte er hölzern.

Dann zog er - aber nichts geschah, das Schränkchen gab keinen Mucks von sich. Leo wurde bleich unter seinem Gesichtspuder.

„Zieh noch mal!", zischte Arne.

Leo zog erneut mit ganzer Kraft, aber es war immer noch keine Reaktion des Räderwerks innen zu hören.

„Lass mich mal", sagte Hannes hektisch und schob Leo beiseite. Er kontrollierte die Zahlen – alles war richtig. Er zog selbst noch mal, aber es blieb still.

„Es *müssen* die Zahlen *2* und *4* sein", murmelte Leo verzweifelt und hatte dabei das Gefühl, als würden seine Innereien sich auf einen kleinen Klumpen in der Magengegend verdichten.

Es herrschte ratlose Stille, Dr. Siebeneich sah sie versteinert an. Was konnten sie jetzt noch tun? Die wenigen Sekunden dieser denkwürdigen Minute tickten unaufhaltsam vorwärts, es war unmöglich, den Text der Geschichte in ein paar Augenblicken noch einmal zu überprüfen. Zum Kuckuck – gerade jetzt...

„Vielleicht müssen wir die Seiten vertauschen?", sagte Kati plötzlich, „der große Mensch auf der Bank hatte den kleineren auf seiner rechten Seite sitzen, und weil sie von vorne gemalt waren, sieht ein Betrachter den Jungen links auf dem Bild."

Leo sah seine neue Freundin verblüfft an. Dann stellte er in Windeseile die Zahlen um und zog wieder in der Mitte. In der Küche hätte man eine Stecknadel fallen hören können. Da endlich kam das ersehnte Knarren, zusätzlich erklang ein Glöckchen und die beiden großen Flügel des 24. Türchens sprangen bereitwillig auf.

Leo klatschte vor Freude unweigerlich in die Hände, boxte Hannes neben sich ausgelassen in die Seite und hätte Kati am liebsten umarmt, aber das traute er sich vor laufenden Kameras nicht – vielleicht hinterher. Auch bei den anderen ließ die Anspannung nach, die verbissenen Gesichter hellten sich schlagartig auf, es wurde gelacht und gescherzt – sie hatten es tatsächlich geschafft!

Dr. Siebeneich gab der Regie ein Zeichen, dass er sprechen wolle, und die erste Kamera nahm ihn wieder ins Bild.

„Liebe Zuschauer, das war jetzt wirklich ein packendes Finale, wie es spannender auch bei einem 100m Lauf nicht sein kann. Wie gut, dass ein zwölfjähriges Mädchen die Nerven behalten hat – danke und herzlichen Glückwunsch an Kati Kirsch!"

In der kleinen Küche kam spontaner Applaus auf – Kati war der Star des heutigen Tages.

„Aber meine Gratulation und meine Bewunderung geht auch an die anderen, an Leo Winterfeld, Arne Münz und Hannes Schenker, die als Team mit viel Einsatz und ihrer Liebe zu Büchern und Geschichten jetzt vielleicht eine große Entdeckung möglich gemacht haben. Leo, wir sind nun alle sehr gespannt, was hinter dem 24. Türchen ist. Magst du das Fach dahinter untersuchen?"

Leo nickte stumm und machte beide Türflügel ganz weit auf. Die zweite Kamera hatte wieder die Mitte des Adventskalenders fest im Blick. Leo ging nah heran und spähte hinein.

„Sagst du uns, was du siehst?", war die Stimme des Intendanten zu hören.

„Es sieht so aus, als ob die Rückseite des Fachs herausnehmbar ist", sagte Leo gedehnt, während er versuchte, den Mechanismus zu verstehen, „sie ist dunkelrot, hat rechts und links eine Art Schnappverschluss und in der Mitte steht etwas geschrieben."

Leo ging noch näher heran, um die Schrift erkennen zu können. Wie gut war es, dass er mittlerweile diese alten Schriftzeichen lesen konnte!

„Hier steht: ‚*Das ganze Spektrum mit den Ohren sehen'*. So etwas haben wir vermutet, weil die Hintergründe der offenen Türchen von Blau über Grün und Gelb zu diesem tiefen Rot verliefen – das sollte das ganze Farbspektrum darstellen!"

Leo fummelte in dem kleinen Fach herum, versuchte die Verriegelung der Rückwand zu öffnen.

„Die Verschlüsse klemmen", keuchte er angestrengt.

„Kein Wunder", bemerkte Arne, „die wurden ja auch die letzten einhundertfünfzig Jahre nicht geölt."

Leo nahm nun auch seine zweite Hand zur Hilfe und ruckelte energisch an den Verschlüssen der Rückwand; es *musste* klappen, schließlich waren sie auf Sendung.

„Soll ich mal versuchen?", fragte Hannes.

Leo schnaufte vor Anstrengung.

„Moment – ich glaube sie gibt nach."

Und wirklich löste sich die hintere Wand mit einem leisen schmatzenden Geräusch. Leo nahm sie ganz heraus und legte sie neben das Schränkchen auf den Tisch, ohne den Blick abzuwenden, den das Dunkel hinter der Wand wie ein Magnet festhielt.

„Dahinter ist noch ein Hohlraum", sagte er atemlos, „etwas Glänzendes liegt darin."

Er fasste vorsichtig mit der Hand hinein und zog das glänzende Ding heraus.

„Wow, das ist ja cool!", entfuhr es ihm, als er es in der Hand hielt. Das also war wohl das Audikular? Leo hatte schon oft überlegt, wie ein Audikular wohl aussehen würde, aber darauf wäre er nie gekommen. Er starrte es fasziniert an, vergaß völlig die Kameras, die auf ihn gerichtet waren. Ob es ihm passen würde?

Endlich wachte Leo aus seiner Betäubung auf. Er hielt das Audikular hoch, sodass alle es sehen konnten, die Freunde in der Küche und die Kameras, die das Bild sogleich in die Welt hinausschickten. Es war das Bild von etwas, das wie eine Brille aussah, eine mächtige Brille aus goldgelbem Metall, vermutlich Messing. Die Bügel waren schwenkbar, wie bei heutigen Brillen auch, aber an jedem war hinten ein Lederriemen befestigt, um dieses schwere Gestell hinter dem Kopf festschnallen zu können. In den runden Ausschnitten vorne gab es jedoch keine Brillengläser, sondern schwarz glänzende Halbkugeln, die einen Benutzer dieser Apparatur wie ein riesiges Insekt aussehen ließ. Das Gestell war so gearbeitet, dass auch von der Seite kein Licht an die Augen dringen konnte. Es deckte die Augen vollständig ab wie bei Schweißerbrillen, die Leo schon auf Baustellen gesehen hatte, wenn weder das grelle Licht der Flamme noch Funken die Augen der Arbeiter erreichen dürfen. Über die gesamte Oberfläche des Audikulars waren merkwürdige Rillen und ovale Vertiefungen in das Metall eingearbeitet, die an den breiten Bügeln entlang in Richtung Ohr verliefen. Der hintere Teil der Bügel bestand aus seitlich abstehenden Eierbecher-großen Halbschalen, an deren Rändern jeweils drei goldene Spiralen mit ihren Spitzen zum Ohr eines Benutzers hin ausgerichtet waren. Die Halbschalen selbst durchzog ein feines System aus Röhrchen, zwischen denen es Löcher mit sternförmigen Zacken gab.

Leo löste den Blick vom Audikular und sah seine Freunde an, die gebannt dieses Wunderding bestaunten.

„Es sieht doch irre aus, fast unheimlich und ganz anders, als ich es mir vorgestellt hatte", brachte er überwältigt von diesem Anblick heraus. Dann wandte er sich der Kamera mit dem roten Licht zu und sagte fast feierlich:

„Jetzt endlich kann ich der alten Geschichte von *Hermann van der Hüls* glauben, und wenn es wirklich stimmt, dass Zuhören damit zum Erlebnis wird, dann haben wir alle was davon."

Weihnachtlich-würziger Tannennadelduft stieg die Treppe empor und kroch durch die Türritzen in Leos Zimmer hinein. Leo lief wie aufgezogen zwischen seinen Möbeln umher und wartete auf den Ruf des Glöckchens, das wie jedes Jahr von der Spitze des Christbaums herab klingelte, wenn er zur Bescherung kommen durfte.

„Und mach deine Tür zu, damit das Christkind kommen kann", hatte seine Mutter ihm mit auf den Weg nach oben gegeben. Natürlich war die Ernsthaftigkeit, mit der sie ihn früher in sein Zimmer geschickt hatte, in den letzten Jahren durch ein Augenzwinkern ersetzt worden. Die Spannung allerdings, die Leo daraufhin aufgeregt umhertigern ließ, war durch die Entzauberung seiner kindlichen Vorstellungen von den geheimnisvollen Vorgängen am Heiligabend nicht geringer geworden – im Gegenteil. Dieses Mal aber wusste er zumindest schon von einem Geschenk: Hannes hatte ihm zum Abschied eine kleine, krumpelig in Geschenkpapier eingepackte Schachtel überreicht, in der nach Größe und Gewicht eigentlich nur die goldene Taschenuhr aus der alten Uhrmacherwerkstatt sein konnte.

„Ist für dich", hatte er gebrummt und Leo kurz etwas unbeholfen gedrückt, „frohe Weihnachten, du Held." Im Trubel der letzten Wochen hatte Leo die kleine Uhr völlig vergessen, und nun gehörte sie ihm. Er wollte Hannes eigentlich ein schönes Buch zu Weihnachten schenken, aber das war in der Geschäftigkeit der letzten Tage einfach untergegangen. Auch Arne und Kati gehörten für ihn jetzt zu dem kleinen Kreis derer, denen er zu Weihnachten gerne etwas schenken würde. Vielleicht konnte er das irgendwann nachholen.

Leo musste wiederum das Audikular betrachten, das jetzt matt funkelnd auf seinem Schreibtisch lag. Er hatte zusammen mit seinen Freunden das geschafft, worum sich andere Kinder vor endlos langer Zeit vergeblich bemüht hatten. Wie gerne hätte er nach Forschermanier ein Telegramm in die Vergangenheit geschickt:

„Alle Rätsel gelöst – stopp – 24. Türchen geöffnet – stopp – Audikular wohlbehalten vorgefunden – stopp – sind überglücklich!"

Leo strich über das kühle gelbe Metall, fuhr mit der Fingerkuppe über die geheimnisvollen Wölbungen der zierlichen Halbschalen und berührte vorsichtig die Spitzen der goldenen Spiralen.

„Wie wird es mit dem Holzhauser Adventskalender und insbesondere mit dem Audikular weitergehen?", hatte der Intendant zum Schluss ihrer Sendung gefragt und anschließend in ratlose Gesichter geblickt.

„Das schwere Schränkchen wird sicher erstmal als Leihgabe an das Westfälische Uhrenmuseum gehen", war Leos erste Idee dazu gewesen, „aber das Audikular besitzen wir ja erst seit ein paar Minuten."

Und das sollte heißen, dass er keine Ahnung hatte, was damit passieren würde. Dr. Siebeneich hatte daraufhin angeboten, Kontakte zu Wissenschaftlern zu vermitteln, die diese einmalige Apparatur sicher mit großem Interesse untersuchen würden.

Nach der Sendung war er einfach mit ihnen am Tisch sitzen geblieben, während das Aufnahmeteam sofort damit begonnen hatte, die gesamte Technik wieder abzubauen. Alle am Tisch hatten reihum das Audikular kurz ausprobiert und tatsächlich den Eindruck gewonnen, plötzlich genauer hören zu können. Aber heute war nicht der Tag, sich in aller Ruhe auf diese glorreiche Entdeckung einzulassen – Weihnachten stand vor der Tür und die Dämmerung war bereits angebrochen. Dr. Siebeneich hatte irgendwann hastig seine Visitenkarte hinterlassen und versprochen, sich gleich nach den Feiertagen um die wöchentliche Lesesendung und alles andere zu kümmern. Dann war er nach draußen geeilt, wo sein Chauffeur die Limousine schon ungeduldig in eine günstige Startposition rangiert hatte, um dann unverzüglich damit aus der Hofeinfahrt zu schießen. Auch Arne, Kati und ihr Bruder hatten sich kurz darauf verabschiedet, sich auf ihre Fahrräder geschwungen und waren eilig davon gestrampelt.

„Komm doch mit zu uns", hatte Leo seinem Freund Hannes vorgeschlagen, den er jetzt für die Abendstunden nur sehr ungern allein in seinem verschneiten Haus zurücklassen wollte. Aber Hannes hatte seinen Hund gestreichelt, von einem köstlichen Rollbraten und einem guten Buch erzählt und die Winterfelds herzlich nach draußen geschoben.

Hannes war eben ein Eigenbrötler, aber an Weihnachten brauchten auch Eigenbrötler die Gewissheit, Freunde zu haben. Er würde seine Mutter bitten, Hannes morgen zum Weihnachtsessen einladen zu dürfen. Ja, das war eine gute Idee! Morgen wollte er ihn sowieso anrufen, um sich für die wertvolle Uhr zu bedanken, die Hannes sicher auch für viel Geld hätte verkaufen können. Dieses schöne Geschenk würde er sich bis zum Schluss aufheben, gleich beim Auspacken.

Was machten seine Eltern eigentlich so lange da unten? Oder hatte er das Glöckchen längst überhört? Leo schloss die Augen und lauschte. Plötzlich hörte er sie miteinander sprechen, konnte einige Wortfetzen verstehen, konnte hören, wie ein Sessel verrückt wurde, ein Sektkorken leise knallte und die Schranktür klappte, hinter der die Zündhölzer lagen. Es kam ihm vor, als würde er mit seinen Ohren durch ein Schlüsselloch blinzeln.

„Kann das Glöckchen denn jetzt läuten", hörte er gerade seinen Vater fragen.

Leo schlug die Augen auf – ein verrückter Gedanke war ihm durch den Kopf geschossen. Das Audikular auf dem Schreibtisch glotzte ihn schnippisch mit seinen schwarzen Insektenaugen an.

„Vielleicht müssen wir nur die Augen fest genug schließen?", dachte Leo erstaunt.